CW01656112

10
18
12, AVENUE D'ITALIE. PARIS XIIIe

Sur l'auteur

Né en 1906 dans le Frioul, en Italie, Dino Buzzati est mort d'un cancer en 1972. Il fait ses débuts dans le journalisme au *Corriere della Sera*, pour lequel il sera correspondant de guerre lors du second conflit mondial. C'est avec *Barnabo des montagnes* (1933) et *Le Secret du bosco Vecchio* (1935) qu'il inaugure sa carrière littéraire. En 1940 paraît son œuvre majeure, *Le Désert des Tartares*, qui rencontre immédiatement un succès mondial. Dino Buzzati publie ensuite une série de contes, qui comprend notamment *Les Sept Messagers* (1941), *L'Écroulement de la Baliverna* (1954), *L'Image de pierre* (1960), ainsi que des nouvelles – parmi lesquelles *Le K* (1966), qui demeure la plus célèbre. Buzzati est aujourd'hui unanimement considéré comme l'un des plus grands écrivains italiens.

DINO BUZZATI

NOUVELLES INQUIÈTES

Traduit de l'italien et préfacé
par Delphine Gachet

10
18

« Domaine étranger »

dirigé par Jean-Claude Zylberstein

ROBERT LAFFONT

Du même auteur
aux Éditions 10/18

PANIQUE À LA SCALA, n° 3942
LES NUITS DIFFICILES, n° 3943
►NOUVELLES INQUIÈTES, n° 4182

Titre original :
Le cronache fantastiche di Dino Buzzati
(*Delitti **Fantasmi)

© Arnoldo Mondadori Editore S.p.A., Milan, 2003.
© Éditions Robert Laffont, S.A., 2006,
pour la traduction française.
ISBN 978-2-264-04793-9

Préface

À l'occasion du centenaire de la naissance de l'écrivain Dino Buzzati, il nous a paru important de proposer des écrits nouveaux aux lecteurs français. Ces *Nouvelles inquiètes* proviennent d'une anthologie en deux volumes publiée en Italie, il y a trois ans : *Le Cronache fantastiche di Dino Buzzati.* Lorenzo Vigano y a recueilli des écrits de Buzzati, tous sans exception publiés dans des journaux, mais qui n'avaient pas toujours été à ce jour repris en volume. Ce sont donc des récits relativement brefs qui sont donnés ici à lire : nous avons voulu, en intitulant ce choix de textes *Nouvelles inquiètes*, jouer dans notre langue sur la polysémie du terme « nouvelles » qui évoque à la fois l'univers du journalisme et celui de la littérature.

L'univers de la littérature, car Buzzati, en tant qu'écrivain, a cherché à exploiter le plus grand nombre de possibilités que celle-ci lui offrait, tant dans ses genres que dans ses formes. Ainsi est-il auteur de romans – notamment du célèbre *Désert des Tartares* (1940), qui fit sa renommée – mais aussi d'une douzaine de pièces de théâtre (dont *Un cas intéressant,* traduit et mis en scène par Camus), de quelques recueils de poésie, d'un étonnant récit en bande dessinée (*Poèmes-bulles,* 1969), d'un livre illustré pour les enfants (*La Fameuse Invasion de la Sicile par les Ours*, 1945), de livrets d'opéra et d'autres textes inclassables...

Mais Buzzati a aussi, et peut-être surtout, montré sa prédilection pour la forme brève. Ce sont les notations, fragments, textes courts de ses carnets (*En ce moment précis,* 1950). Ce sont aussi des recueils de nouvelles. Pendant plus de trente ans, avec une grande régularité, Dino Buzzati publie des nouvelles : sept recueils au total, des *Sept messagers* (1942) qui, suivant la publication du *Désert,* assoiront sa notoriété, aux *Nuits difficiles* (1971), parues quelques mois avant la disparition de l'auteur. Des centaines de textes qui montrent l'attachement de Buzzati à la forme courte du récit, forme où ont pu se rencontrer les talents de l'écrivain et du journaliste qu'il était.

« Nouvelles » aussi en hommage à ce second métier qu'exerça Buzzati. Entré en 1928 au *Corriere della Sera*, le fameux quotidien milanais, Buzzati est resté fidèle à « son » journal jusqu'à son dernier jour, en janvier 1972. Une longue carrière donc, durant laquelle il occupa des postes très différents : chroniqueur, correspondant de guerre, éditorialiste, critique musical, critique d'art, journaliste sportif, envoyé spécial, rédacteur...

Toutefois, l'espace privilégié de l'écriture buzzatienne au sein des pages du journal est celui de l'*elzeviro*. En italien, ce terme désigne un texte publié sur la première – ou les deux premières – colonne de la page culturelle des quotidiens : essai, critique, réflexion, récit.

Au fil du temps, l'*elzeviro* est devenu avant tout un texte littéraire signé par des écrivains reconnus[1].

La majorité des *Nouvelles inquiètes* sont des *elzeviri*. Il serait exagéré de dire que le talent de Buzzati culmine dans ce « calibre » que sont les deux colonnes de l'*elzeviro* (les cinq pages d'un livre) car ce serait faire fi des autres formes évoquées plus haut, où l'écrivain s'est révélé tout aussi convaincant, et ne retenir qu'un critère quantitatif. Mais il n'empêche que Buzzati a pu trouver dans la dimension de l'*elzeviro* une forme propice à la mise en œuvre de sa conception de l'écriture, littéraire et journalistique. D'abord parce qu'il était le lieu où pouvait être revendiqué ce glissement du réel vers le surréel propre à son écriture – Buzzati mieux que quiconque avait ce don de tirer des chroniques, des faits d'actualité, des faits divers la matière à ces élucubrations fantastiques. Ensuite parce qu'il lui imposait des contraintes qui devenaient pour lui les nécessaires bastions de la créativité. Cette longueur imposée était en quelque sorte une contrainte libératrice.

On verra donc dans ces textes-là, publiés dans des journaux (pour l'essentiel dans *Il Corriere della Sera* et *Il Corriere d'informazione* qui est l'édition de l'après-midi du précédent), se dessiner ce que Lorenzo Viganò a appelé dans sa préface « l'“autre monde” de Buzzati », ce monde qui se trouve de l'autre côté du mur ou derrière la porte qu'il nous suffirait de pousser. « Un monde où souvent rien n'est ce qu'il paraît

1. Le nom dérive de celui du caractère d'imprimerie traditionnellement utilisé, l'elzévir, qui tient lui-même son nom de son inventeur, l'imprimeur hollandais Louis Elzevier. Les quotidiens italiens ont publié ces *elzeviri* jusqu'à la fin des années 1960.

être, où passé et présent se confondent, où réalité et imagination sont des paroles qui n'ont pas de sens[1]. »

C'est de là que pour nous naît l'inquiétude de ces *Nouvelles inquiètes* : s'apercevoir que le monde n'est pas exactement ce que nous pensions qu'il était, que le rêve a une puissance insoupçonnée, que la frontière que nous considérions infranchissable entre la vie et la mort est poreuse, que le diable existe mais qu'il n'est pas celui que l'on croit, que les hommes que nous donne à voir Buzzati sont bien nos semblables. Qu'on y prenne garde : l'inquiétude n'est pas la peur, encore moins l'horreur ; elle est quelque chose d'infimement (et d'infiniment) dérangeant mais qui n'empêche pas le sourire. Le Buzzati qu'on découvrira dans ces pages est celui de toujours. Certes un écrivain tourmenté par certaines obsessions qui sont la clef de voûte de son œuvre : on retrouvera ici les thèmes dominants du temps qui passe, de l'attente, du destin, de la mort qui pèse sur nos vies... Mais ce poids est justement ce qui donne sens à la vie. Et Buzzati est également celui qui nous en fait prendre conscience, qui nous permet aussi, par la distance ainsi créée, de sourire et même de rire de nous-mêmes. Il y a dans certains textes une ironie mordante qui montre cette rébellion de l'homme face au destin qui l'accable. Oui, l'œuvre de Buzzati est tout entière marquée au sceau d'un pessimisme existentiel. Pourtant celui-ci n'est pas forcément renoncement, mais plutôt une forme de lucidité, qui seule sauve de la désespérance.

---

1. Lorenzo Viganò, introduction à *Le Cronache fantastiche di Dino Buzzati*, Milan, Mondadori, 2003, p. X.

Pour constituer ce volume unique des *Nouvelles inquiètes* nous avons opéré une sélection parmi les *Cronache fantastiche*.

Notre premier critère a été de proposer des textes inédits pour le lecteur : en effet, certains de ceux rassemblés par Lorenzo Viganò ont fait l'objet d'une publication en volume et d'une traduction française.

Le second critère, forcément plus subjectif, a été de garder des textes à la fois représentatifs de l'ensemble du volume, garants d'une bonne qualité littéraire, et lisibles aujourd'hui par un lecteur français. Ainsi nous avons, par exemple, écarté ceux qui sont trop en prise avec l'actualité, notamment italienne, de l'époque, ou ceux qu'une tendance moralisatrice nous semblait rendre plus faibles... Quant au caractère de représentativité, nous l'avons établi en faisant une analyse détaillée des deux volumes des *Cronache fantastiche* et en repérant, au-delà de la distinction opérée par Lorenzo Viganò entre récits mettant en scène des « délits » et textes mettant en scène des « fantômes », un certain nombre de thématiques récurrentes : la fuite du temps, l'omniprésence de la mort, les manifestations du surnaturel, les êtres de l'au-delà (êtres diaboliques ou fantômes), la critique de la société d'aujourd'hui, les hommes tels qu'ils sont, les difficiles rapports qu'ils entretiennent...

Nous avons cherché, dans la construction du recueil, à allier des principes de continuité et de rupture : le lecteur attentif percevra qu'une nouvelle succède à l'autre parce qu'elle lui fait écho, d'une façon ou d'une autre. Quant au principe de diversité, il vise à ne pas lasser le lecteur en lui proposant par exemple des thématiques certes liées mais traitées différemment, des récits ayant des tonalités différentes, des textes brefs alternant avec de plus longs... Ainsi, selon ces principes, nous avons voulu ouvrir le recueil avec *Le dernier combat* qui pouvait rappeler au lecteur le climat typique du *Désert des Tartares*, nous l'avons clos sur une nouvelle au titre tout indiqué, *Partir ?*, qui elle aussi parle de l'imminence du « grand départ ». En manière de contrepoint, la deuxième nouvelle, *Grève du mal* – le mal comme la mort, inhérents à la condition humaine, sont au cœur de l'œuvre de Buzzati –, adopte une tonalité bien différente et nous permet de voir une autre facette de son écriture...

Le travail de traduction qui a été le nôtre a cherché à rester au plus près de la spécificité de la langue buzzatienne de ces textes-là. Textes peut-être légèrement différents du fait même de leur condition de publication : une large part laissée au dialogue, une langue souvent très fluide mais aussi parfois au mépris des règles traditionnelles de la ponctuation (des phrases longues, rythmées seulement de quelques virgules, des successions de « et » qu'il a fallu parfois supprimer pour alléger la version française). Nous avons, autant que faire se peut, transposé les particularités stylistiques : rupture de construction syntaxique, notamment changements brutaux de temps grammaticaux, récurrence des « mais », antéposition fréquente de l'adjectif, richesse du vocabulaire utilisé (champ sémantique de l'angoisse, de l'inquiétude et de la peur, description de l'architecture urbaine, évocation des brouillards et des nuages... pour ne citer que quelques exemples). Tous ces choix confluent dans la volonté de garder à la langue de Buzzati cette apparence de simplicité, de facilité, qui est le fruit du travail patient de l'écrivain.

Delphine GACHET
Août 2006

Le dernier combat

Vers dix heures et demie du soir, le soldat X, sentinelle sur le chemin de ronde de l'enceinte du fort, vit une ombre noire glisser au fond des douves et grimper le long du talus ; le ciel était nuageux et la nuit, de ce fait, sombre. Il lui sembla que l'ombre avait grossièrement la forme d'une grande limace. Il ne l'avait jamais vue, et pourtant il la reconnut aussitôt, parce que en sa présence l'homme éprouve des nausées, le froid l'envahit, et il comprend tout de suite de quoi il s'agit même si c'est la première fois qu'il la rencontre.

La sentinelle cria : « Qui vive ? »

Alors l'ombre : « Je suis la mort, dit-elle, et tu sais pourquoi je suis venue. »

Le soldat savait. Dans le fort était enfermé le vieux et célèbre général condamné à la prison à vie. Et le général, sous le poids des ans et des chagrins, était tombé malade ; il était sur le point de mourir. Mais dans ce monde on n'est sûr de rien ; alors, avec un soupçon d'appréhension, la sentinelle demanda : « Pour qui ? »

« Pas pour toi, fit l'ombre avec une espèce de ricanement à vous glacer le sang dans les veines. Son Excellence le maréchal m'attend. »

L'ombre se hissait déjà sur le rebord du bastion, avançant quelque chose qui devait être une tête mais qui n'avait ni yeux, ni nez, ni bouche. « Allez, passe ! » dit le soldat avec un mouvement de recul instinctif. En effet, sans parler du risque, à quoi bon lui tirer dessus ? Depuis de nombreux mois dans le fort on l'attendait.

L'ombre se glissa dans la forteresse, se laissant couler le long de la muraille intérieure qui soutenait le chemin de ronde. Puis elle s'avança sur l'esplanade, se dirigeant vers la construction basse et misérable, sorte de casemate exiguë, où le vieux était en train d'agoniser. Et là elle rencontra l'abbé Bic qui sortait après avoir apporté son réconfort au prisonnier. L'abbé la reconnut au premier coup d'œil : une si vieille connaissance ! « Ah, tiens ! Te voilà, toi ? » et il secoua la tête. « Après tout, c'est peut-être mieux comme ça. »

L'ombre arriva au pied du misérable bâtiment. Là se trouvait une autre sentinelle qui écarquilla les yeux en se mettant au garde-à-vous. On l'attendait, donc. Pas de cris, de paroles hypocrites, pas de scènes déchirantes, de hurlements d'effroi. L'affaire, grâce au Ciel, serait cette fois-ci rondement menée.

L'ombre retint sa respiration pour se faire plus mince, puis elle franchit la porte, passa un petit vestibule qu'une bougie éclairait faiblement, et pénétra, à droite, dans une vaste pièce.

Il y avait là un médecin officier. Il était en train de lire, mais quand la lumière de la lampe à pétrole eut une soudaine faiblesse, il tourna la tête. « Ah, la voilà, murmura-t-il en apercevant l'ombre, sans cacher son soulagement. Par ici, je vous prie, par ici. » Et, sans se lever, il indiqua la chambre du malade. Lui non plus, donc, ne s'étonnait pas. Jamais l'ombre n'avait rencontré auprès des hommes, habituellement si mal disposés, une adhésion aussi immédiate et parfaite.

Dans la chambre, au chevet du malade, se trouvait son épouse. Elle était assise dans un fauteuil à côté du lit et tenait tendrement dans sa main droite la main de son mari. Tous deux étaient immobiles ; l'on entendait seulement le léger chuintement de la lampe, le râle du malade, et dehors, comme un écho très lointain, le hurlement sinistre de l'océan.

Mais lorsqu'elle éprouva une sensation de froid dans le dos, la femme se retourna à son tour, de sorte qu'elle découvrit l'ombre. Alors elle se leva et dit : « Si c'est la volonté de Dieu... » Puis elle s'agenouilla et cacha son visage dans ses mains comme pour laisser le vieil homme seul, afin que dans la plus solennelle intimité son mystère s'accomplisse.

À ce moment l'ombre venue du fond des âges se dressa de toute sa formidable hauteur ; en se grandissant ainsi, elle ressemblait à une muraille si haute qu'on ne parvenait pas à en voir le sommet. C'était là une mise en scène inutile : cette fois-ci l'ombre pouvait se dispenser d'afficher sa terrible puissance destructrice, ce ne serait qu'un jeu d'enfant. À ses pieds, le célèbre général était comme une misérable petite araignée, une fiole fragile, une dentelle d'os minuscules.

Mais le grand moment était venu et l'ombre fit, selon la tradition, ce pas en avant destiné à écraser l'homme et à s'en rendre maîtresse. Elle ébaucha un mouvement pour avancer et trébucha.

Elle recula, prit de nouveau son élan : quelque chose, juste au bord du lit, l'empêcha pour la deuxième fois de continuer. Étrange. Se pouvait-il que ce fantoche d'homme lui résistât ?

« Noble général, qu'as-tu ? demanda-t-elle, mais gentiment, comme lorsqu'on parle à un enfant. Tu n'as peut-être pas envie de venir ? Tu n'es pas prêt ? »

Le vieux n'avait pas la force de parler, il leva légèrement l'index de la main droite et le remua à peine de droite à gauche. Il répondait que non, il n'avait pas la moindre envie d'obéir.

« Excellence, répéta l'ombre avec une patience hors du commun, pourquoi ne veux-tu pas venir ? Tu espères peut-être qu'on va te faire grâce ? Qu'on va te laisser rentrer chez toi ? »

Le doigt décharné fit un signe négatif.

« Maréchal, insista l'ombre. C'est parce que tu aimes la vie, alors ? La bonne chère, le plaisir du sommeil, le soleil qui réchauffe, le spectacle des filles splendides, les soldats qui présentent les armes, la foule qui t'applaudit, la liberté, c'est ça ? Mais à quoi tout cela te servirait-il maintenant ? Tu es vieux, trop vieux. »

À nouveau le doigt fit signe que non.

« Alors tu le fais simplement par dépit ? C'est une espèce de vengeance ? Pire qu'un enfant... Et Dieu sait que j'en ai eu, de la patience. Avec lequel de tes semblables ai-je été aussi généreuse ? Ça te paraît loyal de te rebeller ? »

Mais le doigt pour la quatrième fois dit non. Puis la main se replia, le poing se ferma, faisant davantage saillir les os sous la peau, comme pour dire : « Ça suffit maintenant, tant qu'il me reste un souffle de vie, je ne me rends pas. »

La raison d'une telle attitude, la voilà : après être arrivé à la forteresse, le vieux général s'était longtemps demandé s'il avait fait quelque chose de mal ou pas.

Et à force de réfléchir, il en était venu à soupçonner que, dans un même temps et dans un même lieu, on pouvait avoir plusieurs patries : une patrie, par exemple, qui correspondait au drapeau, au serment, aux injonctions de ce qui est à faire et à ne pas faire, définie par les tables rigides des normes, facile à comprendre et en même temps irrationnelle, sphinx, déité, mystère ; il y en avait peut-être une deuxième, plus grande encore, sans étendard ni revendication, non pas écrite sur le papier mais constituée d'hommes les uns à côté des autres, multitude immense qui se perdait à l'horizon, et à l'intérieur de chacun de ces hommes, une sorte de flamme, de scrupule, de fidélité, un amour ainsi fait que, parmi les triomphes ou au milieu des larmes, il les faisait avancer toujours dans la même direction ; et il y avait d'autres sortes de patries encore, dont souvent des personnes bien informées lui avaient parlé, mais lui n'en avait jamais été réellement convaincu.

Les derniers temps, toutefois, étendu sur son lit, il avait vu toutes ces choses compliquées s'éloigner, exactement comme si les mots les plus recherchés et les plus solennels perdaient leur substance ; et il ne restait absolument plus rien de ce qui s'était passé sur la terre, de ce qu'il avait fait lui ; rien, pas même la trace d'un souvenir (demeurait cependant le vent qui allait et venait depuis l'océan, en gémissant, aujourd'hui, demain et après, éternellement).

Ainsi tous les souvenirs s'étaient effacés, fusionnant en un enchevêtrement inextricable où se mêlaient les faits très anciens et les faits récents, les ennemis et les amis, les soldats et les généraux. De positif, il y avait seulement la sentinelle qu'il voyait aller et venir depuis sa fenêtre, au pied de la muraille opposée. À quoi il fallait ajouter l'odeur de caserne, nauséabonde et romantique, semblant monter des profondeurs cachées de son passé ; et les échos de voix dans la cour, et les pas rythmiques, et les appels du clairon.

De quoi d'autre avait-il besoin pour se leurrer ? Lui, le prisonnier ? Mais ici c'était sa forteresse, et il en était le commandant, et les sentinelles étaient ses soldats fidèles qui montaient la garde pour repousser l'ennemi, fidèles mais peu nombreux et mal armés, sans plus l'enthousiasme d'autrefois. Quelle garantie lui offraient ces jeunes gens qui ne pensaient qu'à jouer au football dans la cour ? Avec ces fusils antédiluviens ? Avec ces mines hâves et mélancoliques ?

Il savait donc que pour résister véritablement il ne pourrait compter que sur lui, aussi malade et diminué soit-il. Voilà pourquoi il était resté sur ses gardes et quand sur le coup de dix heures et demie du soir l'ombre vint, il ne la vit pas de la même façon que les autres (c'est-à-dire sous la forme d'une limace) mais il vit mille dragons noirs qui se précipitaient vers lui sur leurs chevaux au galop.

« Excellence, maréchal, dit l'ombre, puisque l'autre lui résistait, il y a peut-être un malentendu entre nous. Je ne suis pas l'ennemi. Je suis ta libération, le repos, le paisible sommeil ! »

Mais le vieux tint bon. Quelque chose qui ressemblait vaguement à un sourire apparut sur ses lèvres, son poing se serra davantage. Les fantassins avaient cédé sur les murs d'enceinte ? Lui non, tant que Dieu était à ses côtés. Et c'était ridicule, absurde, invraisemblable, un fait sans précédent dans l'Histoire ; mais de cette loque à bout de souffle la mort n'arrivait pas à triompher.

« Vieille mule ! » Maintenant l'ombre pestait. « Tu ne veux pas comprendre que je suis venue te chercher ? »

Il s'entêtait. Il lui sembla être un guerrier, debout, au cœur de la bataille, à l'arme blanche. Et il sentait la victoire toute proche.

Ainsi luttait-il. Et quand derrière les grilles il vit que paraissait le jour nouveau, alors il s'assoupit doucement, semblable à une recrue de vingt ans, au milieu d'éclats merveilleux de fanfare.

Il Nuovo Corriere della Sera,
28 avril 1951.

Grève du mal

Vint le jour où le Démon – ou l'un de ses représentants –, dégoûté par la campagne d'épuration entreprise avec des moyens grandioses par le nouveau gouvernement, organisa la grève du mal.

« Qu'on me persécute un peu, se disait-il, c'est compréhensible et légitime ; et même je souhaite qu'il en soit ainsi : malheur à moi si on me laissait trop tranquille. Ça me sert au moins à garder la forme. Mais là j'ai l'impression qu'on va trop loin. Alors vous savez ce que je vais faire ? Je vais me retirer complètement de la scène, je vais vous laisser vous débrouiller tout seuls. Et rira bien qui rira le dernier. »

Cela faisait des mois que le nouveau gouvernement avait entamé une action d'envergure contre les crimes, l'immoralité, les vices et les maladies physiques. Mais la goutte qui fit déborder le vase, ce fut la campagne de vaccination collective contre le péché originel.

Ce vaccin, apparenté aux thymols et aux psychotropes à base de méprobamates, devait bouleverser radicalement l'attitude morale de l'homme. Au lieu d'être prédisposé au mal par son caractère, l'homme, après le traitement, ressentirait une attirance irrésistible pour le bien, comme Adam et Ève avant le faux pas ; en fin de compte, tout le monde devait accéder à une sorte de sainteté, et la grâce, si difficile à obtenir, ne servirait plus à rien.

Ce n'est pas que le Démon ait vraiment cru à l'efficacité du vaccin. Cela lui donnait même envie de rire. Mais rien que l'idée le faisait enrager. Jamais, depuis que le monde était monde, les hommes n'avaient osé le défier de la sorte avec autant d'effronterie. Voilà pourquoi il organisa la grève.

Dans tout le pays, l'activité maléfique s'interrompit d'une minute à l'autre, exactement comme cela se passe lors des grèves. Les hommes cessèrent de voler, tuer, duper, médire, forniquer, et cetera ; simultanément, ils cessèrent de tomber malades : ce jour-là il n'y eut pas même un ongle incarné.

Il fallut un certain temps, bien sûr, pour que les gens mesurent la portée du phénomène.

Une étrange paix s'installa à la préfecture de police, dans les commissariats et chez les carabiniers. Les téléphones restaient muets, personne ne demandait de l'aide, personne ne venait plus porter plainte.

Parallèlement, le nombre de clients diminua dans les pharmacies et les médecins devaient se contenter des maladies déjà en cours parce que, de nouvelles, il n'y en avait plus.

C'était une révolution. Et beaucoup avaient du mal à y croire. Se pouvait-il que la campagne du gouvernement pour la moralisation et la santé publique eût tant de succès ? L'homme, cet animal incorrigible, se laissait finalement dompter ? Les microbes et les virus s'avouaient vaincus par la science ?

Il y eut une grande fête, dans la capitale, quand les rapports venus de toutes les régions ne laissèrent plus aucun doute. Journaux, radio et télévision firent grand bruit. La courbe de la criminalité était tombée définitivement à zéro, plus une fille ne faisait le pied de grue sur les trottoirs nocturnes, le soir les *teddy-boys* restaient chez eux pour faire leurs devoirs, sourds aux exhortations de leurs parents qui les incitaient à se rendre au cinéma, au cha-cha-cha et à participer à des expéditions punitives. Et pendant ce temps les couloirs des hôpitaux se vidaient, au fur et à mesure que les anciens malades guérissaient ou partaient pour une vie meilleure.

La rédemption totale et soudaine d'un pays entier devint, et c'est bien logique, le *clou** [1] des préoccupations du monde entier. Personne ne s'occupait plus de conférences au sommet, de missions spatiales, de festivals et de procès indiciaires pour uxoricide à des fins de lucre. Venues de tous les coins du monde, des nuées de journalistes s'abattirent sur le territoire. On décida que l'heureux pays, dont on n'avait jusque-là guère tenu compte, était le champion du progrès et de la civilisation.

Des hommages mémorables furent rendus à l'inventeur du vaccin contre le péché originel. La retentissante victoire sur le diable lui était en grande partie attribuée, bien que les autorités ecclésiastiques ne fussent pas sorties d'une réserve prudente.

Seule une personne, le professeur Fulvio Stragioni,

1. Les termes en italique suivis d'un astérisque sont en français dans le texte. *(N.d.T.)*

professeur d'université en histoire de la philosophie, tint un discours alarmiste : « Méfiez-vous ! disait-il. Cette capitulation du mal aussi inattendue que totale est suspecte. Plût au Ciel que ce ne soit pas une manœuvre pour nous bercer d'illusions et nous conduire à baisser la garde. Et qu'ainsi demain l'Ennemi puisse nous prendre au dépourvu. Aussi sages et opportunes soient-elles, l'aggravation des sanctions pénales et les mesures sanitaires prises par le gouvernement ne suffisent pas à expliquer cet incroyable retournement de situation. Quant au vaccin contre le péché originel, il s'agit d'une ridicule esbroufe. On ne commet plus de délits et d'iniquités, c'est vrai, mais nous n'assistons pas pour autant au triomphe annoncé de la vertu. Tout comme avant, les gens se fichent de leur prochain, même s'ils ne lui font plus de mal. C'est ailleurs, soyez-en sûrs, que se trouve la cause du phénomène. Nous sommes à la merci d'une influence mystérieuse dont le but n'est pas clair. Des cérémonies... et puis quoi encore ! Il faut se tenir sur ses gardes plus qu'auparavant. »

On fit taire Stragioni, sinistre oiseau de mauvais augure. Ce n'était qu'un envieux – colporta-t-on – qui ne supportait pas le triomphe de collègues plus brillants que lui. Tant et si bien que sa voix fut couverte par le chœur des enthousiasmes.

Mais, après quelques mois d'allégresse et de triomphe, les choses commencèrent à se gâter. On constata que même l'éradication du mal avait des inconvénients. On prévoyait par exemple que de nombreuses catégories de personnes allaient se retrouver au chômage. Aux agents et aux fonctionnaires de la sécurité publique, aux carabiniers, aux magistrats, au personnel des pénitenciers, l'État certes garantirait un autre emploi, ou même une pension de retraite dans le cas où une reconversion se révélerait impossible. Mais les avocats, qui leur donnerait leur pain quotidien ? Du fait de la disparition totale des litiges, même les affaires civiles devenaient rares comme des merles blancs.

Les problèmes dans le domaine sanitaire étaient plus graves encore. Les industries pharmaceutiques, autrefois florissantes dans le pays, ne vendaient plus la moindre pilule. Dans les hôpitaux, maintenant presque complètement désertés, les médecins, les infirmières et les religieuses erraient comme des âmes en peine. Les pharmaciens, les orthopédistes, les herboristes, les rebouteux souffrirent de la faim. Même les mages, les guérisseurs, les grands pontes se serrèrent la ceinture. La crise toucha les facultés de médecine, les instituts de recherche, le commerce des sangsues, le marché des cobayes et des rats blancs.

Autre chose : l'immunité contre les maladies s'était étendue, peut-être par mimétisme, au règne animal. Les espèces indésirables et nuisibles, maîtrisées jusque-là, connurent une vigoureuse recrudescence : des moustiques aux mouches, des rats aux cafards, des sauterelles au phylloxéra. D'incalculables dommages matériels.

Mais le pire – et on le constata au bout d'un an environ – était, de loin, l'impact psychologique de ce grand changement. N'étant plus menacés ni par la racaille ni par les maladies, les gens perdaient toute combativité, toute tension nerveuse, tout mordant. Un relâchement général, un ennui pesant, un pays mort.

On voulut prendre des mesures d'urgence. Et les initiatives ne manquèrent pas. Rappelons la Journée nationale du vol, proclamée par le syndicat des avocats et des avoués pour redonner du zèle aux cambrioleurs recyclés dans des métiers plus tranquilles : par indulgence du gouvernement, de larges remises de peine minoraient les sanctions prévues par le code. Des primes conséquentes furent débloquées pour qui aurait commis un vol avec effraction dans les règles de l'art. Un philanthrope anonyme offrit la somme de dix millions à l'auteur d'un bel homicide avec préméditation. Des agents secrets du ministère de l'Intérieur distribuèrent de la cocaïne sous le manteau. On organisa des compétitions publiques de streap-tease. Et dans les sièges des associations les plus honnêtes, des conférenciers de renom incitèrent à la reprise de la prostitution, du viol et de la traite des blanches.

Rien. Les gens avaient inexplicablement perdu goût à ce genre de distractions. Les agents de police continuèrent à inscrire RAS tous les matins.

Même combat pour stimuler les maladies physiques. On annonça un grand concours d'ulcère gastrique ou duodénal. Un laboratoire de produits médicaux autrefois puissant lança l'oscar de l'infarctus. Une rente à vie fut garantie à qui aurait attrapé ne serait-ce qu'un rhume. On fit venir des étrangers ayant contracté d'horribles maladies infectieuses afin qu'ils propagent la contagion.

Rien. Personne ne voulut concourir. Et les microbes étrangers les plus malins, la frontière à peine passée, croisaient les bras, découragés.

L'inaction, à la longue, fut fatale aux cliniques et aux hôpitaux. Un reliquat de travail était garanti seulement par les accrochages, les incidents, les accidents de chasse et de ski. La ruée des médecins dans les services de traumatologie devint véritablement grotesque. Des dizaines de grands pontes rivalisaient de zèle autour d'une bien modeste jambe cassée.

Seule rubrique non déficitaire, et même en nette reprise : les suicides, l'existence étant devenue pour beaucoup d'un ennui insupportable. Mais comme ces démissionnaires ne rataient pas leur coup, les médecins n'en tiraient que peu de satisfaction.

Jusqu'au jour où tous furent persuadés que le mal avait été vaincu pour toujours et qu'il était absolument inutile de maintenir en état de fonctionnement les systèmes coûteux qui autrefois servaient à le combattre. Même les plus pessimistes en convenaient. Seul le professeur Stragioni n'était pas d'accord, et continuait imperturbablement à annoncer des malheurs.

Le pays se laissa gagner définitivement par l'inertie. Après tout, qu'avait-il à craindre ? Les hôpitaux furent transformés en écoles et en usines, les médecins se consacrèrent à l'agriculture et aux beaux-arts, les policiers devinrent des bureaucrates.

Mais comme la vie était ennuyeuse, sans vices, ni crimes, ni maladies, sans frissons ni peurs ! Une grise et molle apathie se répandit sur la nation. La luxure disparue, même l'amour n'était qu'une insipide et pénible formalité. Les visages devinrent mornes et inexpressifs. À neuf heures le soir, les villes étaient déjà mortes.

À peine neuf ans de ce régime suffirent : le pays amolli et affadi, la vie monotone, les gens sans énergie, les enfants à l'expression ahurie, les cerveaux atrophiés – ils n'étaient même plus capables d'inventer de nouvelles chansonnettes.

Jusqu'à ce qu'un beau jour, sans le moindre préavis, la grève du mal prît fin. Le Démon donna le signal et se posta au sommet du gratte-ciel le plus élevé pour profiter du spectacle. Cela en valait la peine.

Merveilleuse, en effet, fut l'ardeur avec laquelle le pays voulut rattraper ces neuf années complètement stupides. Rien que dans la capitale, en moins d'une heure, on dénombra pas moins de trente-quatre homicides.

Et cette bonne vieille peste, trouvant devant elle le champ libre, commença à faire des ravages, pendant que l'humanité, réjouie par le sang et la terreur, reprenait goût à la vie.

Il Corriere della Sera,
2 avril 1961.

Avenue Maino

De la fenêtre de ma chambre, je regarde en bas l'avenue Maino. Il est deux heures du matin, j'ai l'impression que même les réverbères sont fatigués. Comme les maisons alentour, comme les hommes qui dorment dans les maisons, comme les automobiles qui, à cette heure-ci, au lieu de passer à toute allure, selon leur habitude, se traînent comme des escargots en frôlant les trottoirs, donnant toujours l'impression de vouloir s'arrêter d'un moment à l'autre, et quelques-unes en effet s'arrêtent parfois, une ou deux minutes, puis repartent. (Jusqu'à trois, quatre heures se poursuit cet étrange ballet d'automobiles. Bizarre ? Mais en quoi est-ce bizarre ?)

Même les réverbères sont fatigués, disions-nous. Comme ces deux jeunes femmes, seules, qui, à cinquante mètres l'une de l'autre, se tiennent immobiles au bord du trottoir, fumant leur cigarette dans des positions professionnellement effrontées, prenant soin de rester sous la lumière des réverbères, bien en vue ; mais de temps en temps, elles se mettent à marcher, dégingandées, et elles arpentent le bitume, dans un sens puis dans l'autre, jusqu'à se rencontrer ; alors elles font des messes basses, en ricanant.

À cette heure il n'en reste plus que deux. Vers minuit elles sont plus nombreuses, et même les allées et venues des autos en chasse sont beaucoup plus intenses. Je peux dire que je les connais presque toutes ; de vue, bien entendu. Pardon ? Je ne vous permets pas ne serait-ce que d'y penser. Je les connais d'abord parce que, comme j'habite l'avenue Maino, lorsque je rentre chez moi le soir après les concerts de musique sacrée, les conférences culturelles ou les réunions d'affaires, je ne peux pas faire autrement que de les rencontrer. Ensuite parce que, dans un but, je vous prie de le croire, de pure enquête sociologique, depuis ma fenêtre – après avoir éteint la lumière de la chambre –, je les observe longuement (pendant que ma femme dort) grâce à une jumelle marine, spécialement conçue pour la vision nocturne. J'observe, avec le plus grand intérêt, leur manège, leur *silhouette**, leur visage que les faisceaux des réverbères éclairent par le haut, leurs vêtements, et, pourquoi pas, leurs jambes. À la longue, j'ai appris à les connaître pratiquement toutes, du moins celles qui couvrent le secteur.

Elle aussi, je la connaissais. Je crois la voir encore, avec sa frêle silhouette à la taille étroite, l'air comme indifférente et détachée. Je me rappelle une jupe rouge qu'elle portait et qui flamboyait absurdement dans la nuit noire de Milan. Sur elle, ma jumelle, toujours à des fins d'étude, s'attardait avec une prédilection particulière. Quand la lumière des lampadaires éclairait son visage sous l'angle propice, elle semblait très belle.

Et si c'était moi qui l'avais tuée ? Si les autres, ceux qui se disent coupables, avaient menti ?

Ne riez pas. Un homme de bonnes mœurs, sérieux et réservé comme moi ? C'est ce que vous pensez ? Vous êtes bien naïfs ! Vous croyez me connaître ? Mais ce que vous connaissez de moi n'est qu'un vernis, moins que rien en comparaison de ce qui est en train de naî...

Ne riez pas. Mais ne vous méprenez pas non plus sur mes propos. J'évoquais ça comme une hypothèse. Nous sommes entre amis, je vous parle en toute confiance, n'en profitez pas, de grâce. J'aimerais envisager avec vous la situation, peser le pour et le contre, en toute sérénité.

Maintenant, je vous pose la question : pourquoi devrais-je exclure l'idée que c'est moi qui l'ai tuée ? Non, votre petit sourire ironique est ridicule. Qu'est-ce que vous prétendez savoir, vous, de l'homme, de tout ce qui peut se cacher au plus profond de lui et des tentations refoulées et désespérées qui peuvent y fermenter ?

Ah, vous ne riez plus, maintenant, à ce qu'il semble. Bien au contraire. Mais n'exagérez pas dans l'autre sens. Il n'est pas de mise ici, dirais-je, de me fixer avec ces yeux de Jugement dernier. Comme vous avez été prompts à me croire. Découvrir le mal chez son prochain est toujours une grande satisfaction, n'est-ce pas ?

Dans le vide-poches d'une des portières de ma voiture j'ai découvert hier une paire de gants de femme, en daim, gris. Sur le bout des doigts du gant droit, de petites taches de couleur rouge. Seulement du rouge à lèvres ? ou quelque chose d'autre ?

Pendant un grand moment j'ai cherché à me rappeler à qui ils appartiennent. Mais j'ai tellement peu de mémoire. Les faits et les circonstances d'il y a trois jours, d'avant-hier, d'hier, se mêlent, se dissolvent dans une brume indéfinissable. Et cette brume, c'est le passé, c'est la vie elle-même.

Ce ne sont pas les gants de ma femme. Elle les aurait cherchés, elle me les aurait demandés. À qui sont-ils alors ? Je n'ai pas le souvenir, ces derniers temps, d'avoir emmené d'autres femmes dans ma voiture, si ce n'est...

Par pitié, ne me regardez pas comme ça. Vous me faites peur. On n'a plus le droit de plaisanter ? À certains moments, c'est vrai, le réel et l'imaginaire se ressemblent de façon tellement étrange. Moi, du moins, ça m'arrive. Je ne réussis plus à les distinguer. Cette chose-là, l'ai-je réellement faite, de sorte qu'on aurait pu la photographier, par exemple, ou est-ce une pure construction mentale ? Ou encore : ce que je suis en train d'imaginer a-t-il assez de puissance pour devenir réalité ?

Me penchant vers la droite, j'avais déjà ouvert toute grande la portière de la voiture. Avant de monter, elle eut un instant d'hésitation, elle faillit se dérober. Mais je lui souriais avec un sourire tellement distingué. Elle s'assit, je fis démarrer la voiture. Bien qu'elle ne m'effleurât même pas, je perçus la tiédeur de son corps. Les lumières du tableau de bord faisaient un léger reflet sur ses bas noirs. Elle se tut pendant au moins un kilomètre, bien après que nous eûmes passé la Porta Vittoria. Je me taisais. Du coin de l'œil j'observais son profil. Enfantin et délicieusement corrompu. La moue de ses lèvres, provocante, semblait courroucée. Combien d'hommes les avaient embrassées ? Mille ? Dix mille ?

Ah, donc vous y croyez ? Cette petite histoire vous

a convaincus ? Si vous voulez, je continue. Pour ce que ça me coûte.

Lorsque, enfant, au prix de longs efforts, vous aviez construit sur la plage un château magnifique et que vous vous apprêtiez à savourer la satisfaction du devoir accompli, à ce moment précis, ne le niez pas, vous étiez pris d'une envie à laquelle vous ne pouviez résister, et sauvagement vous vous mettiez à détruire votre chef-d'œuvre, le piétinant, le réduisant à un tas de sable dévasté et informe. Pourquoi ? Parce que l'homme est ainsi fait. Le goût de l'anéantissement et de l'abîme est embusqué en chacun de nous. Tant d'années de ténacité et de patience pour construire une vie comme il faut et, une fois le but atteint, l'envie infernale de tout détruire, de transformer en abomination, en boue et en souffrance une existence confortable, respectable, honorable. Les ténèbres !

Alors elle me regarda avec des yeux épouvantés. Nous nous étions arrêtés au bord d'une avenue peu passante, mais de temps en temps les phares d'une voiture venant vers nous entraient dans l'habitacle et l'éclairaient elle aussi en plein visage. C'est comme ça que j'ai pu voir ces yeux peureux. Quelle idiote. Peur de quoi ? Elle dit, avec une petite voix de gamine : « Tu ne vas pas penser que je... »

Vous m'écoutez, n'est-ce pas ? Vous m'écoutez avec une attention excessive. Vraiment, vous êtes comiques, avec cet air d'y croire et de ne pas y croire. Voilà que vous observez mon visage familier avec une curiosité nouvelle : le visage d'un assassin a toujours quelque chose d'irrésistible.

Tout commença au moment où elle cessa de se plaindre et de bouger. Immobile, abandonnée, de manière effrayante, désormais ce n'était plus un corps mais une chose. « Eh ! toi, là », criai-je ; je ne me souvenais plus de son nom.

Il faisait nuit. Les voitures passaient de plus en plus rarement. Je ne comprenais plus. Le cœur battant, je cherchai à tâtons le bouton pour allumer le plafonnier.

Alors je vis son œil gauche, grand ouvert, la pupille tournée vers le haut. Qui pouvait me venir en aide ? Je descendis de la voiture, rejoignis l'autre portière, l'ouvris, la saisis par la taille pour la sortir de là. Elle se laissa faire. Pardi.

Je la pris dans mes bras et me dirigeai en chancelant – elle était si lourde – dans l'obscurité vers un...

Bien, maintenant, trêve de plaisanterie, je vous serais reconnaissant de répondre à la question suivante. Si – c'est une hypothèse absurde (vraiment absurde ?) – si c'était vraiment moi qui l'avais tuée, que faudrait-il que je fasse ? Il y a trois possibilités : me tenir tranquille et continuer à mener la vie habituelle comme si de rien n'était, en faisant confiance à l'impéritie de la police ; me constituer prisonnier et avouer ; me constituer prisonnier, avouer et me faire passer moitié pour coupable, moitié pour fou.

Tout avouer, cependant, ne serait pas prudent. Immédiatement, les types de la police me croiraient sans douter de rien. Ils ne sont pas assez psychologues. Ils ne peuvent pas comprendre qu'un homme comme moi ne sera jamais en mesure de commettre un crime.

Rester tranquille, encore pis. Je suis un type trop bien pour qu'au bout d'un moment on n'ait pas des soupçons à mon égard. Dans les cas d'assassinat de courtisanes, tout le monde le sait, ce n'est pas dans le milieu que l'on doit chercher le responsable. Mais bien dans la bonne société, parmi les très respectables pères de famille.

J'avouerai à moitié. Et pour l'autre moitié, je me ferai passer pour fou. D'ailleurs, pourquoi attendre ? J'ai là un journal à ma disposition. D'une pierre deux coups. Je soulage ma conscience et en même temps je me fais une belle publicité. Donc, écoutez-moi, monsieur le commissaire.

À un certain moment elle me
ramène-moi avenue Maino
Pourquoi pas ? demanda-t-el
parce que je t'aime. Elle se
is pas. Ne ris pas, je te dis.
exactement sur le
ra davantage. Je la tenais entr
as. Arrête, arrête de rire ! Mais elle
avait désormais le
je serre pour la faire tai
était tendre. Non, non comme ça, de
elle continue à rir
anglais, c'était une sensa
extrêmement. Tout à coup elle
plus. Elle pousse un
petit geste des
pour me repousser, elle sembl
fines d'oiseau. Puis
lui retomba d'un côté, peut-être
quelque chose s'était cass
tout ça parce qu'elle n'av
lu croi
que je
mai.

Mais, dites-moi, monsieur le commissaire, vous ne m'avez quand même pas cru, j'espère ? Je disais ça comme ça, une simple hypothèse, une pure fiction. C'est sûr, la chose était possible.

Il Corriere della Sera,
26 mars 1959, repris dans
Lo Strano Natale di Mr Scrooge ed altre storie,
Milan, Mondadori, 1990.

Le kidnappeur

Moi, le ravisseur du petit Éric, je n'imaginais pas qu'un enlèvement d'enfant puisse être une affaire aussi douloureuse.

Du remords ? Mais le remords, c'est une légende, ça n'existe que dans les romans. Et d'ailleurs, remords de quoi ? Est-ce qu'on lui a fait du mal, à cet enfant, moi et Michel ? Comme un roi, on l'a traité : même chez lui, pendant ces deux journées, il n'aurait pas pu être mieux.

Quoi, alors ? Le remords d'avoir extorqué cinquante millions à quelqu'un qui en possède des milliers ? Et puis quoi, encore ! Moi et Michel, nous sommes à l'abri de tout danger. Monsieur Peugeot, on peut lui faire confiance ; il ne parlera pas, c'est certain. Le tout maintenant, c'est d'être prudents. Pendant quelques semaines, pendant quelques mois, ne pas dépenser un franc de plus qu'à l'ordinaire, vivre comme d'habitude. Pas de précipitation, surtout. On aura tout notre temps, ensuite, pour profiter du magot en toute tranquillité.

Mais cet enfant m'enquiquine, j'ai la sensation d'avoir comme un poids, je voudrais tant que ça s'arrête. Tout a marché comme sur des roulettes, il n'y a eu aucun problème, notre petite affaire s'est terminée en beauté : les parents au septième ciel, et nous deux casés pour le restant de notre vie. Que demande le peuple ? Et pourtant, quelle malédiction ! Ce petit me reste encore là sur l'estomac ; quand je rentre chez moi, j'ai une impression de nausée, comme s'il était encore là à m'attendre, avec ses yeux insupportables.

Il avait vraiment l'air d'un beau petit garçon, quand on le voyait jouer sur l'herbe : innocent, gracieux, inoffensif. Et au début ce fut vraiment le cas. Je m'approchai en souriant, je l'invitai à me suivre, j'avais pris une voix douce comme du miel : j'étais un ami de son papa, j'allais l'emmener faire une belle promenade.

Il ne fit pas de difficulté, le petit. Il me suivit. Ensuite je le pris dans mes bras, il eut l'air content de monter dans la voiture. Je ne pensais pas que ce serait aussi facile.

« Où est-ce qu'on va ? » demanda-t-il. « Dans un joli coin, dis-je. Et après, Maman viendra te chercher. Mais il fait froid, laisse-moi te couvrir. » Lui, il aurait voulu mettre le nez à la fenêtre ! Michel, qui conduisait, et moi, on le tenait fermement entre nous, enveloppé dans une couverture, pour qu'on ne puisse pas le voir de dehors.

Les ennuis commencèrent une fois que nous fûmes en sûreté, à la maison. Non pas qu'Éric ait fait des caprices, ou qu'il se soit mis à hurler, ou à faire du boucan. Non, au contraire, il restait tranquille, il nous regardait avec beaucoup de gentillesse, comme deux oncles bien-aimés. Bien sûr, il posait un tas de questions incroyables, pourquoi ceci, pourquoi cela, quand sa maman allait-elle arriver, et cetera. Mais sage, sage, avec une gentille petite voix, extrêmement bien élevé.

On lui sourit ; il fallait l'occuper, Michel sortit pour acheter des gâteaux ; il aurait voulu acheter aussi des jouets mais je le lui déconseillai. Un type comme lui en train d'acheter des petites voitures et des ours en peluche alors que la nouvelle se répandait déjà dans Paris, et que la police était sur les dents ! Cela aurait été la dernière des bêtises.

Éric apprécia les petits gâteaux. Et pendant ce temps le soir tombait. De temps en temps, je jetais un coup d'œil par la fenêtre. Rien de suspect, heureusement. Mais plus loin là-bas, dans les parages, je sentais qu'ils nous cherchaient, comme une myriade d'insectes redoutablement malins qui se seraient réveillés, et qui maintenant fourmillaient frénétiquement dans tout Paris, parcourant systématiquement toute la ville, traçant des cercles concentriques qui se rapprochaient petit à petit. Je demandai à Michel d'éloigner l'enfant et j'allumai la radio. Ils s'intéressaient à moi, les habitants, les grosses pointures, les autorités constituées. Quelques heures plus tôt, j'étais un malfrat quelconque, et maintenant l'homme le plus important de Paris. Mon Dieu, comme ils m'aimaient !

J'éteignis la radio, je m'apprêtai à aller de l'autre côté, là où Michel s'amusait avec le petit. Alors, pour la première fois, je m'aperçus que je n'avais plus le courage de continuer. À travers la porte j'entendais cette petite voix, si gracieuse, avec déjà cette façon aristocratique de prononcer les *r*, qui sentait les milliards à plein nez. Il ne pleurnichait pas, il ne faisait pas d'histoires, il ne disait rien d'insolent, il n'implorait pas la pitié. On aurait dit qu'il gazouillait. Et il nous faudrait peut-être le tuer.

Il mangea de bon appétit, il faut dire que nous avions préparé un bon petit repas bien comme il faut. Puis il s'assoupit dans un fauteuil. Une fois seulement il demanda quand sa maman allait arriver, mais sans trop s'impatienter. Il se laissa docilement mettre au lit, une minute après il dormait comme un bienheureux.

Pouvait-on rêver mieux ? Michel sortit pour téléphoner aux parents (depuis une cabine publique, bien entendu), puis lui aussi il alla dormir. Dormir ? La ville entière, la France entière s'était mobilisée contre nous, pour nous pincer. Il me semblait entendre le grondement que cela faisait, dehors, comme un trépignement immense qui de minute en minute augmentait. Mais ce n'est pas cela qui me faisait peur.

La peur se trouvait là, dans notre maison, étendue sur le lit, qui respirait doucement dans son sommeil, ses petits poings fermés. Un enfant de quatre ans, comme des milliers et des millions d'autres après tout, même si c'était un fils de milliardaire. Un petit corps tendre et fragile, semblable à ce que j'avais d'ailleurs été, moi aussi, autrefois. Qu'avait-il donc pour me faire éprouver une telle terreur ? Assis sur une chaise, immobile pour ne pas faire le moindre bruit, je le contemplais, fasciné. Comme la souris contemple, peut-être, le serpent qui sera sa perte.

Sur la table de nuit une petite *veilleuse** était allumée. Je pouvais examiner tout à loisir ce petit visage rond, les lèvres entrouvertes, l'infime mouvement régulier de la respiration. De temps à autre un léger frémissement, comme provoqué par une pensée douloureuse. À quoi rêvait-il ?

À un certain moment je ne résistai plus, lentement je me levai et passai dans l'autre pièce. Puis je dus m'éloigner davantage encore, je me réfugiai dans la cuisine. C'était un enfant, une créature stupide et innocente, et il ne savait rien de nous, il n'avait rien compris, et il n'avait pas peur. Pourtant je ne pouvais pas le supporter. Il était petit, mais minute après minute il grandissait démesurément, il n'y avait plus un coin de la maison qui ne fût pas empli de sa présence. Oui, de toutes mes forces je le haïssais.

Si devant moi avait surgi un policier, deux policiers, cent, les agents de la police entière, en ordre de bataille, pistolet au poing prêts à tirer ; s'il y avait eu le chef de la police, le ministre de l'Intérieur, le procureur général, je ne me serais pas senti aussi mal. Mais qu'avait cet enfant pour me mettre dans cet état-là ? Dans quel piège infernal étais-je allé me fourrer ?

« Et Maman, quand est-ce qu'elle arrive ? » Ce fut sa première question lorsqu'il se réveilla le matin. « Oui, oui, mon chéri, elle arrive. Elle a téléphoné qu'elle n'allait pas tarder, fit Michel, mielleux. Allez, on va se faire un bon petit café au lait. » Je le regardai, mon ami : lui aussi complètement à plat. Cette petite vermine nous terrorisait, nous étions totalement à sa merci ; esclaves, nous étions esclaves de ce petit monstre.

Les journaux avec leurs chroniques lacrymogènes ? Les ridicules commentaires des éditoriaux ? Les appels lancés à la radio et à la télévision ? Tout avait été prévu dès le départ. Tout cela, je le jure, ne me faisait ni chaud ni froid. La seule chose horrible, c'était cet enfant, vivant, souriant, gentil, dans notre maison. Qu'avait-il pour nous épouvanter de cette façon ? Quel mystérieux pouvoir se trouvait en lui ? À certains moments il me semblait qu'il aurait pu m'anéantir, s'il l'avait voulu, m'écraser, me dévorer de ses petites dents pointues.

Je ne suis pas expert en enfants, je n'en ai jamais fréquenté, je ne pouvais pas supposer qu'ils représentaient un tel danger. Je me considère comme un dur à cuire, je suis blindé, seulement passer vingt-quatre heures de plus en compagnie d'Éric, je ne m'en sentais pas capable. Cinquante millions ou pas, il fallait s'en débarrasser. Mais comment ?

Maintenant le lit est vide, la marque qu'il avait laissée a été effacée par précaution, toute éventuelle trace ou empreinte digitale enlevée avec une méticuleuse précision. Les cinquante millions sont arrivés. La police, à ce qu'il semble, est à mille lieues de nous soupçonner. Monsieur Peugeot restera muet comme une carpe. D'un point de vue technique, un triomphe sur toute la ligne.

Mais la peur – qui sait pourquoi – ne m'a pas quitté. Je voudrais ne plus voir un enfant de toute ma vie. Rien que des gens faits, mûrs, des vieux, des très vieux, des décrépits. Depuis que cette maudite affaire a eu lieu, dans la rue tous les enfants me regardent. Avec une espèce de curiosité préoccupée – comment dire, comme si j'étais l'un d'entre eux et que je les avais trahis de manière ignoble. Quelles bêtises ! Un type dégourdi comme moi s'arrêter à de telles pensées ! Quoi qu'il en soit le phénomène persiste ; même hier, même ce matin. Dans la rue, tous les enfants, je dis bien tous. Pourquoi me regardent-ils ?

Il Corriere della Sera,
16 avril 1960.

Les assises

« Monsieur le président, messieurs les jurés, commença maître Nunziedomini, avocat de la défense, je ne serai pas bref mais très bref. Vous avez devant vous un homme qui a tué. Il n'est pas jeune, il n'est pas vieux. Il n'est pas pauvre, il n'est pas riche. Il n'est pas maudit par le sort, mais pas non plus favorisé. Pas beau, mais pas laid non plus. Pas antipathique, mais pas séduisant non plus. Comptable dans une entreprise de transports. Marié, deux enfants. Casier judiciaire vierge. Un homme médiocre, un parmi tant d'autres, grise silhouette sans personnalité fondue dans la masse aussi grise des créatures entassées dans la ville immense. Son nom, même, est tout ce qu'il y a de plus banal : Bianchi Antonio. Un nom qu'on pourrait qualifier, sans crainte du paradoxe, d'anonyme. Regardez-le ! Regardez-le ! Même son attitude face à la majesté de la Justice est en tous points médiocre. Regardez-le ! Déprimé comme sont déprimés des millions d'autres accusés, pâle d'une pâleur modeste et ordinaire, effrayé, oserais-je ajouter, dans les limites prévues par les lois, sans verser dans le cynisme ni le désespoir hystérique. Et pourtant son crime pour vous tous ici, et même, que l'on me permette cette audace, pour l'éminent représentant de l'accusation, demeure tout à fait mystérieux... » À ce moment, l'avocat ménagea ses effets par une longue pause... « En apparence ! »

« Cet homme a tué, et a avoué avoir tué. Que peut-on lui demander de plus ? Qu'il nous explique le motif du crime ? Mais comment pourrait-il vous l'expliquer, ce monsieur Bianchi Antonio, si lui-même l'ignore ? Pour lui, davantage encore que pour nous, le fait est inexplicable.

« Regardons la victime. Qui est-elle ? Un modeste boulanger qui se rendait à son travail avant l'aube. L'accusé ne le connaissait pas, il ne l'avait jamais vu, il en ignorait jusqu'à l'existence. Et pourtant il l'a tué. Pourquoi ?

« À cette question qui pèse de tout son poids d'angoisse sur cette obscure affaire judiciaire, personne ici n'est en mesure de répondre. »

Nunziedomini se dressa de toute sa hauteur, ajusta sa toge sur ses épaules d'un geste hautement significatif, puis de toute la force de sa belle voix flûtée :

« Eh bien, moi, je vais vous expliquer pourquoi cet homme a tué. Ce sera une révélation pour lui aussi. Oui, sur les lieux mêmes du méfait, je vous prouverai, messieurs les membres de la cour, que cet homme est innocent ! Il est innocent et il ne le sait pas. Il n'a tué personne d'autre que lui-même. Mais il est indispensable que la très honorable cour et que messieurs les jurés se trouvent sur les lieux, à l'heure même où le crime a été commis ! Voilà tout ce que j'ai à dire pour l'instant. » Il poursuivit, baissant la voix pour retrouver un ton de procédure : « Pour la demande ci-avant formulée, je présente à monsieur le très illustre président une requête formelle. »

La rue Domenico Celeora (obscur juriste de la fin du XIXe siècle), après un trajet rectiligne d'environ cent cinquante mètres – sur les côtés, des habitations populaires de construction récente, des magasins, des dépôts, des hangars, et un inexplicable édifice massif de la compagnie nationale des chemins de fer –, décrivait une ample courbe en longeant un canal puis, perdant de plus en plus les caractéristiques d'une rue, s'enfonçait dans cette pseudo-campagne que sont les terrains vagues de la périphérie. À mi-chemin de la courbe, sur l'herbe des rives du canal, on avait trouvé le mort.

Les membres de la cour, les sept jurés populaires, le chancelier, les avocats des deux parties, un détachement d'agents de police descendirent de voiture là où commençait la rue Celeora et continuèrent à pied. Ils avaient presque tous l'air endormis, certains fumaient une cigarette. Il était trois heures moins le quart du matin, on présumait que le boulanger avait été tué vers trois heures. La route, abstraction faite des personnes citées, était absolument déserte, les pas et les voix résonnaient. Il faisait humide et froid.

Lorsqu'ils furent arrivés à l'endroit exact, maître Nunziedomini prit la parole :

« Regardez, mesdames et messieurs », dit-il lentement à voix basse, comme un conspirateur. Il délaissait les titres d'usage qui auraient sonné faux en ce lieu et à cette heure, car tous se trouvaient dans un état d'esprit bien particulier, aux relents d'aventure, unis par une complicité excitante, comme s'il s'agissait d'une expédition, d'un conciliabule secret et vaguement répréhensible. « Regardez, je ne vous demande rien de plus. Le reste viendra de lui-même obligatoirement. »

Ici le représentant de la loi ménagea un de ces extraordinaires silences dont il avait le secret ; ce qui permit au paysage alentour d'exercer son influence sur la psyché des personnes présentes avec une intensité maximale.

Puis, quand il estima que le bitume poisseux dont les bords se délitaient, les ombres obscures des bâtiments en léthargie, les flaques d'eau de pluie éparses, les réverbères blafards et trop éloignés les uns des autres, les rives boueuses recouvertes de quelque chose qui avait peine à ressembler à de l'herbe, les murs grêlés de crasse, l'ombre noire du canal, les tas d'immondes détritus, la file indienne là-bas des mûriers moribonds tendant vainement leurs bras squelettiques vers le ciel (qui n'existait plus), les champs détrempés au-delà du fossé où des formes goudronneuses semblables à des tanières se trouvaient tapies çà et là, les filaments de brouillard incapables de se détacher de tant d'humide pourriture, le gris, l'encore plus gris, le visqueux, les ténèbres, le goudron, la nuit, le graisseux, le malaise, la saleté, le bourbeux, la nuit encore, le brouillard, les vapeurs molles, la solitude, l'abandon complet, quand il put penser que tous ces fantômes avaient envahi le cœur des personnes présentes, Nunziedomini continua à voix basse :

« Vous avez vu, mes amis ? Et je vous prie d'excuser les mots outrageux que je vais employer, mais qui donc, dans cette misérable tombe, dans cette contrée totalement oubliée de Dieu, ne ressent pas un besoin de fraternité et de chaleur humaine ? Et maintenant, je vous en prie, répondez-moi. Qui, dans de telles conditions de vie, peut résister ? C'est dans ce pays noyé de brumes, sans une fenêtre allumée, sans une enseigne de cinéma ou de bar, que notre accusé vit depuis six ans. Eh bien, y a-t-il quelque chose, dites-le-moi, existe-t-il dans cette très lointaine Thulé un objet, un signe, un vague indice qui réponde aux désirs humains ? Avez-vous remarqué un caillou, un bout de bois, une couleur, une lumière, qui puisse parler à l'imagination et apporter une consolation au tourment quotidien ? Et les sons ? Un chant, une musique, un bruissement de vie ? Non. Seulement de temps à autre les bruits sourds des rats dans les égouts, le grondement souterrain d'un cloaque, le fracas de lointains rideaux métalliques. Et les odeurs ? Pourriture, et rien d'autre, miasmes d'immondices, puanteur douceâtre de putréfaction, relents nauséabonds d'excréments. Et l'humidité ? Rien n'est plus contraire à l'élévation de l'âme que l'humidité, l'humidité qui éreinte et qui humilie, qui intoxique et assombrit l'esprit. Le vice lui-même, qui dans notre monde est une fleur pervertie mais une fleur quand même, ne pourrait pas respirer ici.

« La via Domenico Celeora, reprit-il après un long soupir, c'est l'exemple d'une périphérie maudite, c'est la honte de nos grandes métropoles. Non pas romantique mais glauque, non pas sinistre mais abjecte, non pas infernale mais sordide. Et notre accusé, Bianchi Antonio, pendant six années entières n'a rien vu d'autre. Chaque matin, toute l'année, de la boue, des fossés, des ordures, des hangars, des immondices. Comment résister ? Soyez francs, messieurs. Quelles sont les pensées qui fermentent en vous, alors que vous vous trouvez ici depuis moins de cinq minutes seulement ?

— Effectivement, fit l'un des jurés populaires, en toussotant.

— Effectivement quoi ? demanda l'avocat de la partie civile, alarmé.

— Effectivement, moi... là, là, et de sa main droite il montrait le canal noyé d'obscurité.

— Là, quoi ?

— Me jeter dans le fossé, expliqua le juré populaire d'une voix hagarde. La tête la première. Plouf. Et on n'en parle plus.

— Oui, moi aussi, dit un autre juré populaire.

— Pas moi, fit un troisième. Moi, j'irais vers cette espèce d'arbre. Il a une bonne grosse branche sur le côté. On pourrait y attacher une corde.

— Et y pendouiller, approuva le quatrième juré populaire.

— Et se balancer de-ci, de-là, ajouta le cinquième.

— Pour se balancer, fit observer le sixième, il faudrait qu'il y ait du vent. Et j'ai l'impression qu'ici, le vent, on ne sait pas ce que c'est.

— Les pendus se balancent toujours, déclara d'un ton péremptoire le septième qui était professeur au collège et, donc, s'y connaissait. Quelles que soient les conditions atmosphériques. En ce qui me concerne, toutefois, je préférerais me brûler la cervelle. Au pied de ce mur d'usine, par exemple. Le lieu idéal. »

Ils se turent. Sur leur tête, pesaient des nuages d'un gris de plomb, lourds de pluie, chargés de mazout, amoncelés les uns par-dessus les autres pour mieux priver d'étoiles la rue Celeora.

Le magistrat poussa un soupir.

« Se poster derrière ce muret, ah !

— Pour quoi faire ? demanda le président de la cour, en faisant l'innocent.

— Le premier qui passe, expliqua le représentant de

l'accusation. Avec une masse en fer. Par-derrière. Pan ! Un bon coup sur le crâne. Et terminé.

— Un poignard, ça serait mieux, fit judicieusement observer le greffier. Ça pénètre si facilement, quand la pointe est bien aiguisée.

— Mes enfants, mes enfants... », les réprimanda le président de la cour, mais *pro forma* plus qu'autre chose.

Plouf ! Quelque chose, peut-être un rat, était tombé dans l'eau glacée du canal, juste en dessous d'eux.

« Et pourtant, dit l'un des jurés par association d'idées, quel joli bruit ferait un corps humain. Une bonne poussée. Direct à l'eau. Puis les hurlements. Les hurlements. De moins en moins quand même. Et glou, glou, glou. Après tout, ici, qui entendrait ? »

L'humidité avait déjà transpercé les manteaux, les vestes, les pull-overs, les chemises, les maillots, maintenant elle pénétrait à travers la peau, bientôt elle parviendrait au plus profond des entrailles.

« Brr ! s'exclama l'avocat de la partie civile, gagné par le froid.

— Et vous, monsieur le président ? s'enhardit à demander le plus jeune et le plus indiscret des jurés populaires.

— Ah, mon petit, moi, s'il faut que je vous l'avoue, je me mettrais sur la rive opposée, avec ma bonne vieille carabine... Je me débrouillais bien au tir à la cible, à l'armée. Je veux bien croire qu'encore aujourd'hui... C'est à combien, à peu près ? Vingt, vingt-deux mètres. Ça serait un comble, rater un homme à cette distance.

— Et après, j'insiste, monsieur le président, vous le jetteriez dans le canal, non ? reprit le jeune juré.

— Certainement.

— Pourtant, s'obstina l'autre, peu convaincu, un homme vivant fait un plus joli bruit. »

Maître Nunziedomini intervint, l'air dégagé, cachant son triomphe.

« Messieurs, dit-il, votre serviteur ici présent ayant accompli son devoir – c'est du moins ce qu'il me semble –, je suggère que nous nous en retournions. »

Le comptable Antonio Bianchi fut acquitté, bien entendu, pour avoir agi poussé par la nécessité. Mais la rue Celeora fut inculpée. Et condamnée à la prison à perpétuité.

Aujourd'hui, cette rue sordide est barrée, les maisons d'habitation se vident lentement et les crépis se détachent par plaques des murs misérables. Les souris et les cafards sont seuls maîtres à bord.

Voilà la mort civile qui devrait anéantir, avant qu'il ne soit trop tard, tant d'autres rues de la ville, ennemies de la bonté et de la joie : des rues que vous connaissez tous. Mais l'homme n'y pense pas. Ce n'est qu'une fois le crime commis, et c'est ridicule, qu'il se préoccupe de la question.

Il Nuovo Corriere della Sera,
6 février 1959.

Une femme redoutable

« Je commençai à remarquer le phénomène, me racontait la jeune fille, peu après être entrée au service de monsieur Mario Ronda. Sa première épouse, la célèbre Lidia, était morte depuis deux ans, lui pensait déjà à se remarier.

— Pourquoi “célèbre” ?

— Tout le monde la connaissait, au pays et à l’extérieur. Une femme pareille ! Sûr, c’était une grande et belle dame. Mais elle ne se prenait pas pour n’importe qui, toujours la tête haute, on aurait cru une statue, sûrement pas une femme comme nous autres. Pâle, comme l’albâtre, avec des yeux immenses. Elle ressemblait à un cygne. Un profil classique, comme on dit. Peut-être bien. Mais odieuse. Et si elle s’était limitée à prendre ses grands airs. Mais il en a vu des vertes et des pas mûres, avec cette harpie, ce pauvre monsieur. Et pour satisfaire ses caprices, il trimait du matin au soir comme un nègre. Il était pendu à ses lèvres, et c’était pourtant miracle si de cette bouche sortait une parole un peu gentille. Toujours à s’ennuyer, toujours sujette à une nouvelle maladie, de celles qu'ont seulement les gens riches, et les médecins : et, donc, les professeurs, les spécialistes, les rayons, les soins à l'étranger qui vont avec. Une plaie. Et vache en plus. Je me souviens, un soir – en ce temps-là je travaillais au Flora, le restaurant-dancing –, ils arrivent tous les deux, avec des amis. Lui : "Que prendras-tu, chérie ? — Ce soir je n'ai pas faim, dit-elle. — Deux tranches de jambon ? — Non, non, je t'en prie. — Deux gambas ? — Non, ça va m'abîmer la peau... Oh Mario, va fermer cette baie, il y a un de ces courants d'air ici... — Tout de suite, ma chérie... Mange au moins un aloyau !"

« Il insiste tant et si bien que, pour finir, elle y consent, Sa Majesté. En deux minutes, le beefsteak est servi, préparé dans les règles de l'art, je vous le jure, mais elle, à la première bouchée elle fait la grimace. "Oh, mais c'est trop cuit, c'est abominable, je m'en doutais, s'égosille-t-elle. Ici la cuisine est impossible, je ne comprends pas pourquoi tu t'entêtes à venir là chaque fois que nous avons des invités ! — Allons, calme-toi, ma chérie, on va t'en faire préparer un autre tout de suite." Et en effet ils en commandent un autre. On le leur apporte. Elle fait signe qu'elle n'en veut pas : "Mais tu crois que j'en ai encore envie, tu n'es pas un peu détraqué ? Tu veux que je sois malade ? Toi, bien sûr... ma santé c'est le dernier de tes soucis. Et encore ! Je parie que tu serais bien content si un jour je disparaissais." À ces mots, elle éclate de rire. Une vipère. "Mais ne te fais pas d'illusions, ne crois pas que tu vas pouvoir te débarrasser de moi comme ça. Même si je meurs, ne t'inquiète pas, je trouverai un moyen de t'avoir à l'œil, ah, je ne te lâcherai pas comme ça..." Jamais vu une femme aussi méchante.

— Et lui ?

— Lui, il était amoureux, les premières années, amoureux comme un imbécile. Ensuite... je crois que, une fois sa passion éteinte, il ne lui est resté que la peur.

— Et quand elle est morte ?

— Il n'a pas eu l'air d'en faire une tragédie, à vrai dire. Mais comment peut-on savoir ? Et puis les morts accidentelles ne sont pas comme les décès ordinaires, certains sont au bord du désespoir et d'autres restent hébétés. Les journaux ont écrit qu'elle était partie faire une promenade en barque sur le petit lac juste en dessous de la villa. Dieu sait comment, elle est tombée dedans.

— Et lui, il était où ?

— Il était dans la maison en train de travailler, du moins c'est ce qu'on a lu dans les journaux. Il a entendu un cri, il s'est précipité dehors, il a vu la barque vide à moins de trente mètres de la rive. Alors il s'est jeté à l'eau, pour la sauver, en tout cas c'est ce qu'ont dit les journaux. Mais elle avait déjà disparu.

— Et le phénomène ? Tout à l'heure tu parlais d'un phénomène.

— Oui. Voilà. J'étais entrée à son service depuis quelques jours seulement quand un soir, il faisait déjà nuit, je vois Monsieur monter dans la barque. Il venait à peine de quitter la rive, il devait être à trente mètres, à peine, et tout d'un coup, il s'arrête. Il lâche les rames, et avec je ne sais quel outil il se met à traficoter dans l'eau. C'était une nuit noire, on entendait les grenouilles, j'ai commencé à avoir peur.

— Pourquoi ?

— Je ne saurais pas dire. Il y avait un mystère ! Et je me disais : "Qu'est-il en train de fabriquer, Monsieur ?" Il s'est affairé pendant un quart d'heure peut-être. Et puis il revient. Je l'espionnais derrière un volet. J'ai bien vu qu'il essayait de ne pas faire de bruit. Mais peu après, par curiosité, je suis descendue jusqu'à la darse sans me faire repérer, avec une bougie. Et je cherche dans la barque. Et j'y trouve une de ces grandes cisailles dont on se sert pour couper les branches. Elle était encore toute mouillée.

« J'avais l'impression qu'il y avait derrière tout ça quelque chose de sinistre. J'en ai parlé à Berto, le vieux jardinier. "Ah, tu ne sais pas ? il m'a dit. — Non, je ne sais rien. — Ah, tu ne sais pas ? Tous les sept jours, dit-il, Monsieur va faire sa petite promenade en barque, dans l'obscurité, et il croit que nous n'en savons rien. Toujours au même endroit, là où Madame Lidia s'est noyée."

— Pour lui porter des fleurs ?

— Des fleurs, tu parles ! À l'endroit précis où Madame a coulé, un roseau sortait hors de l'eau. Il n'y avait que ce roseau sur le lac et cela faisait un drôle d'effet de le voir sortir de l'eau, tout seul. Et le sommet du roseau se balançait, il suffisait d'un peu de vent, ou d'une vague minuscule, et il se balançait, se balançait, on aurait dit un doigt qui continuait à faire signe que non. Et à une heure, quand il venait déjeuner, je l'observais, Monsieur, qui s'asseyait à table de façon à voir le lac, et quand il croyait que je ne le voyais pas, il levait de son assiette des yeux inquiets pour regarder le roseau qui se balançait, se balançait. Et lui il croyait que cette histoire de roseau personne ne s'en était aperçu.

« Tous les six ou sept jours, il y avait cette sortie nocturne en barque. Au matin, le roseau avait disparu, parce qu'il l'avait coupé, et puis, mais je me fais peut-être des idées, Monsieur me paraissait plus heureux, mais il avait toujours les yeux rivés sur le lac, au cas où ce maudit roseau serait sorti de nouveau. En effet, il ne se passait pas deux ou trois jours qu'à la surface pointait un truc, on aurait dit un crayon de loin, un doigt qui disait non, alors Monsieur redevenait tout à coup nerveux. Et ça continuait comme ça : le roseau grandissait, et il le coupait, et le roseau de nouveau grandissait et lui de nouveau il le taillait, et il était persuadé que personne ne s'en était aperçu.

— Il avait vraiment peur ?

— Non, au contraire. Je dirais qu'il était furieux, plutôt, fou de rage, faut dire que c'est vraiment une bonne pâte, cet homme... Nous, les femmes, il y a des choses qu'on comprend. Tout simplement, il la détestait, cette sorcière. Parce que c'était elle, sa femme morte, tout le monde le savait. Ce roseau, c'était elle qui ne voulait pas le laisser tranquille, qui voulait l'obséder, le terroriser. Jusqu'à le faire devenir fou. Mais lui ne cédait pas à la folie, non. Bien au contraire. Je le trouvais même plus beau depuis qu'il était veuf, il n'avait plus cet air timide et effrayé... Puis il s'est remarié.

— Une fille jeune ?

— Oui, bien sûr. Et mignonne encore, et sympathique, et gentille. La fille cadette de Romussi, le notaire, une vieille famille du pays. Et pas stupide pour un sou. Une femme qui connaissait son affaire. Deux jours après, même pas, elle avait compris de quoi il retournait. Je me souviens très bien, un matin pendant que je faisais le ménage, elle me demande, l'air de rien : "Teresa, qu'est-ce que c'est que ce bout de bois qui dépasse du lac ? — Quel bout de bois ? je réponds. — Ce truc, dit-elle, là-bas au fond, un de ces jours il faudra l'enlever, il est tellement vilain, même minuscule, il gâche tout le paysage." Ce sont ses mots. Comme si quelqu'un l'avait avertie. Mais peut-être qu'elle avait simplement deviné. Nous, les femmes, pour certaines choses on a de l'intuition. Mais justement ce soir-là, sans qu'elle s'en aperçoive, Monsieur est sorti en barque avec les cisailles pour l'amputation hebdomadaire. Et le lendemain matin le bout de bois avait disparu.

— Et qu'a-t-elle dit ?

— Rien. "Teresa, elle me demande, c'est toi qui l'as coupé ? — Coupé quoi ? je réponds. — C'est toi qui as coupé le roseau qui dépassait du lac hier ? — Non, ce n'est pas moi, dis-je, ça doit être probablement Monsieur. — Ah, je vois", fait-elle, et elle ne dit plus rien. Elle n'a plus jamais reparlé de cette affaire, même quand cinq jours plus tard le roseau a réapparu. D'une bonne vingtaine de centimètres, il dépassait de l'eau, il n'avait jamais été aussi gros. La morte devait être furieuse que Monsieur se soit remarié.

« Oui, mais la nouvelle femme n'était pas du genre à se laisser marcher sur les pieds. Vous savez ce qu'elle a fait ? Un après-midi, je me le rappellerai toute ma vie, elle prend la barque. Elle va jusqu'au roseau, elle le saisit à pleines mains, elle se met à tirer de toutes ses forces. Et elle criait : "Tu vas t'arracher, maudite plante ! Tu vas t'arrêter de pousser, dis, tu vas t'arrêter !" Mais le roseau résistait comme s'il était de fer et la barque, sous la poussée, commençait à tanguer... Je la regardais depuis une fenêtre. À un certain moment je la vois partir en avant comme si quelque chose la tirait depuis le fond du lac. Puis elle a jeté un cri que je n'oublierai jamais plus : "Non ! Nooon !" Et aussitôt elle a été entraînée dans l'eau. Un plongeon, la tête la première.

— Morte ?

— Non. Heureusement il y avait non loin un pêcheur avec sa petite embarcation, il est arrivé à temps pour la sortir de là. Ensuite Madame a raconté que le roseau qu'elle cherchait à arracher s'était mis à résister tout à coup comme si à l'autre bout, tout au fond de l'eau, il y avait eu une main qui tirait. Et elle, Madame, peut-être parce qu'elle en était tellement convaincue, elle n'arrivait plus à ouvrir les mains. Toujours est-il qu'elle a bien failli se noyer... Mais depuis ce jour...

— On n'a plus revu le roseau, c'est ça ?

— Mais si. Le lendemain il flottait. Comme une couleuvre morte. Il devait bien faire trois mètres de long, visqueux, avec d'innombrables petites racines. Monsieur le garde toujours, quelque part. Bien sûr, il n'en est plus repoussé d'autres. Regardez maintenant comme le lac est beau, tout dégagé. Vous pouvez le voir vous aussi depuis la fenêtre. Regardez donc. Ah, mais il a fallu la seconde épouse pour triompher de la sorcière !

— Et toi, Teresa, dis la vérité, tu n'as jamais pensé que c'était ton patron qui l'avait tuée ?

— Elle est bien bonne ! Mais c'est clair que c'est lui qui l'a tuée, ça ne fait pas l'ombre d'un doute.

— Et le roseau représentait le remords, alors ?

— Le remords ? Comment pouvait-il éprouver du remords ? Vous, Monsieur, vous éprouvez du remords s'il vous arrive d'écraser un scorpion ? »

Il Nuovo Corriere della Sera,
7 avril 1956.

Un après-midi intéressant

Le président du tribunal, portant toge et masque noir, annonça : « Aujourd'hui est inscrite au rôle l'affaire concernant... »

Il consulta un calendrier et poursuivit : « Disons... la journée du mercredi de la semaine dernière, le 26 juin. »

Dans la salle bondée, le public attendit dans un grand silence.

« Il est légitime de notre part, fit le président, de penser que le jour cité a été important pour quelqu'un. » Il s'éclaircit la gorge. « Par hasard, parmi les personnes présentes dans cette salle, y a-t-il quelqu'un, ou quelqu'une, particulièrement concerné par le mercredi 26 juin dernier ? »

Le silence en guise de réponse.

D'une voix plus forte et plus sévère le président répéta sa question.

Cette fois-ci, au milieu du grand silence, on entendit un bruit de pas. Tous les regards se tournèrent. Les tribunes pour le public étaient composées de gradins semicirculaires. Une petite silhouette de femme s'efforçait de gravir quatre à quatre les marches entre les rangées de sièges.

« Arrêtez ! Arrêtez ! » crièrent les gens. La manœuvre ne fut pas difficile à exécuter. Tout en haut de l'amphithéâtre deux gardiens surgirent devant la femme et l'arrêtèrent.

« Amenez-la ici ! » ordonna le président.

La femme fut contrainte à descendre, on la poussa devant le président, bien en vue de tous.

Elle devait avoir trente-cinq ans, plutôt petite et gauche, avec une figure en triangle qui donnait l'impression qu'elle était grosse alors qu'elle ne l'était pas, des traits qui s'affaissaient sur les côtés, des cheveux blonds oxygénés qui lui arrivaient aux épaules en une tignasse brouillonne s'élargissant vers le bas et qui renforçait l'impression de fatigue produite par la forme de son visage. Elle portait un tailleur vert dépourvu d'élégance. On remarquait ses genoux plutôt gros et ses mollets blafards. Elle était paniquée. Elle était laide.

« Qui êtes-vous ? demanda le président.

— Je m'appelle Marta Anfossi, répondit la femme d'une voix tremblante.

— Âge ? Lieu de naissance ? Adresse ? Célibataire, mariée ? Profession ?

— J'ai trente-sept ans, dit Marta tandis que le greffier prenait note. Je suis née à Ancona, je vis depuis douze ans dans cette ville, je ne suis pas mariée, je suis peintre.

— Quel genre de peinture ?

— Je peins des tableaux.

— Quel genre de tableaux ?

— En général... des natures mortes... des portraits...

— Et ces tableaux vous font vivre ?

— J'ai également une petite rente, que m'a laissée mon père.

— Et alors, pourquoi tentiez-vous de fuir ?

— Je ne fuyais pas, monsieur le président. C'est simplement que j'étais en retard.

— En retard pour quoi ? »

Les lèvres de Marta eurent un frémissement déplaisant, qui les retroussa aux commissures, comme font les chiens quand ils deviennent méchants : « J'ai un rendez-vous.

— Quel genre de rendez-vous ?

— Je... je suis en train d'exécuter un portrait... Nous avions fixé une séance de pose à quatre heures.

— Et comme il est quatre heures et quart passées, vous aviez hâte de regagner votre atelier. C'est bien cela ? »

Elle acquiesça avec un empressement excessif : « C'est exactement cela, monsieur le président.

— Voulez-vous nous dire, mademoiselle, pourquoi vous cherchiez à fuir ? Dans votre explication, et c'est une évidence qui crève les yeux, il n'y a pas un mot de vrai. Voulez-vous donc avoir la bonté de nous dire pourquoi la journée de mercredi 26 juin dernier a été pour vous aussi importante ? »

Pâle, serrant les dents, elle secoua la tête pour dire non. Puis, avec une voix chargée de larmes : « Non, non, je ne le dirai jamais !

— Vous rendez-vous compte, mademoiselle, fit le président, du préjudice que peut vous porter cette réserve ? Vous n'ignorez pas, j'imagine, que la justice dispose des moyens nécessaires pour inciter les suspects à être totalement sincères.

— Non, non, répéta Marta, je ne le dirai jamais. »

Le président fit un signe. Deux factotums en uniforme firent leur apparition et se mirent au garde-à-vous.

« Marta Anfossi, martela le président, veux-tu nous dire exactement ce qui t'est arrivé dans la journée du 26 juin dernier ? »

De la foule montait un bourdonnement confus. Le bruit que se tenait une séance intéressante devait avoir transpiré avec la rapidité de l'éclair, car par les portes entraient des flots serrés de spectateurs, lesquels, puisque les places assises étaient archicombles, s'agglutinaient en une masse compacte en haut de l'hémicycle.

« Le chevalet », ordonna le président.

Avec un empressement surprenant, deux autres factotums avaient apporté péniblement un grand chevalet de bois en forme de croix de Saint-André.

« Tu te décides à parler, Marta Anfossi ? répéta le président.

— Je ne peux pas, je le jure, épargnez-moi cette honte, monsieur le président.

— Attachez-la, ordonna le président.

— Il faut la déshabiller ? » demanda le plus âgé des factotums, dont la manche s'ornait de deux galons rouges.

Du public parvint un long murmure de convoitise.

Le président agita sa clochette : « Silence, ou je fais évacuer. » Puis, tourné vers le chef des factotums : « Non, ce n'est pas la peine. »

Avec des gestes précis de professionnels, les factotums ceignirent les poignets et les chevilles de la femme de gros anneaux de cuir, puis brutalement ils la tirèrent vers le chevalet, maintenu presque verticalement par une double hampe de bois, enfilèrent de minces cordes dans les attaches des bracelets et des anneaux de cheville en cuir, puis en un clin d'œil ils attachèrent la femme à la croix de Saint-André. Marta se retrouva suspendue, bras et jambes tendus, grands ouverts.

Le public n'osait souffler mot, mais on le voyait frémir comme une soufrière bouillonnante.

« Tu parles, oui ou non ? demanda encore une fois le président.

— Non, monsieur le président, pitié... je ne peux pas... » Et elle éclata en sanglots, son corps tout entier secoué de pleurs.

« Les pinces ? demanda le chef des factotums.

— Non, dit le président, on va commencer par les étaux sur les pieds. »

Ils lui ôtèrent ses chaussures, ils introduisirent les orteils entre deux petits blocs de bois, dont l'interstice intermédiaire se réglait au moyen d'une vis. Ils commencèrent à serrer la vis.

À un certain moment, tandis qu'ils continuaient à visser, le corps de Marta eut un brusque sursaut et un gémissement sortit de sa gorge. Puis elle fut parcourue de soubresauts frénétiques. Elle grimaçait convulsivement sous la torture infligée à son corps : son visage était horrible.

« Tu parles, oui ou non ?

— Non, non... arrêtez... je ne peux pas... pitié... oooh... Sainte Vierge... Nooon !... Arrêêêêtez ! Vous m'estropiez !

— Tu parles, oui ou non ?

— Ouh !... Ouuuuh !... non... vous me cassez les os... oui, oui, je vais parler, monsieur le président, faites-moi... faites-moi... dé... li... délivrer !

— Alors, parle !

— Oui, oui, je parle », gémit la femme, tordue par les spasmes.

Le président leva le menton, selon le signal convenu. Les factotums desserrèrent les vis.

Marta poussa un soupir, elle se détendit, goûtant au soulagement indicible de sa délivrance.

« Tu te décides à parler ? »

La femme fit une dernière tentative : « Monsieur le président... je vous en supplie... épargnez-moi cette honte... Je suis la plus malheureuse des femmes. »

Venue d'un des derniers rangs de l'amphithéâtre, une voix : « Les pinces ! Les pinces ! »

D'autres cris, avides de cruauté, vinrent en renfort : « Oui, les pinces, les pinces en fer !

— Ça suffit ! intima le président, s'emportant pour la première fois. C'est un scandale ! Une syllabe de plus et je fais évacuer la salle ! »

Son regard balaya lentement la foule comme s'il attendait un mot, un son, pour mettre sa menace à exécution. Mais plus personne ne pipait mot.

Le président attendit deux bonnes minutes. Puis, tranquillement, il ordonna : « Les pinces. »

Un factotum s'avança, tenant deux outils métalliques. Il demanda : « Où ?

— Sur la poitrine », répondit le président impassible.

La masse dense du public vibra longuement, savourant d'avance le supplice.

Le visage de Marta, tandis que l'homme aux instruments s'approchait, devint un masque de terreur.

« Non, non ! geignit-elle, je vais parler, monsieur le président. »

Un murmure confus de déception vint du public, le président avait pour la seconde fois relevé le menton.

« Tu parles ?

— Oui, oui.

— Bon, alors, que faisais-tu le mercredi 26 juin ?

— Faites-moi détacher, monsieur le président, je vous en supplie, je n'en peux plus.

— Allons, détachez-la ! » concéda le président.

La femme fut détachée. Elle s'affaissa au pied de la croix.

« Allons, apportez-lui une chaise ! »

Ils la soulevèrent à bout de bras, la firent asseoir.

« Tu nous as assez fait attendre, je crois, dit le président en détachant les mots d'une façon menaçante.

— Je m'étais rendue chez lui, commença Marta.

— Qui, lui ?

— Cela aussi, il faut que je le dise ?... Mon Dieu... Venturini, le sculpteur...

— Romeo Venturini ? »

Elle approuva de la tête.

« Pour poser ? »

Un rire perfide serpenta dans la foule.

« Non.

— Et alors pourquoi t'étais-tu rendue chez lui ? »

La femme cacha son visage dans ses mains, elle murmura : « Quelle honte, quelle honte !

— Pourquoi t'étais-tu rendue chez lui ?

— J'y allais... presque chaque semaine...

— Pour quoi faire ? »

Elle se tut.

« Il y avait peut-être... une relation... une relation intime entre vous ? »

Elle se rebella : « Non, non, je le jure, monsieur le président. »

De nouveau un rire sauvage dans le public.

Pour la première fois le président esquissa un sourire : « Donc les faits se précisent... Courage, Marta

Anfossi... Tu étais amoureuse de lui ?... Pas vrai que tu étais amoureuse de lui ? »

Marta baissa la tête.

« Et lui ?

— Lui... lui... » Elle se remit à sangloter.

« Parfait, commenta le président, ça a dû être un mercredi vraiment extraordinaire.

— C'est terrible, c'est terrible, gémit Marta Anfossi.

— Romeo Venturini... grand artiste... bel homme... la gloire... la fascination de la gloire... c'est bien ça ?

— Je n'en sais rien, je n'en sais rien, monsieur le président...

— Et toi, toi... pauvre vieille fille... Mais tu ne te regardais jamais dans un miroir... ? Réponds, tu ne te regardais jamais... ?

— Assez, je vous en supplie, monsieur le président.

— Mais c'est caractéristique... tout à fait classique... un cas exemplaire dans son genre... et toi tu te rendais chez lui sous des prétextes artistiques... et lui n'avait pas le courage de te dire la vérité... qui en aurait eu le courage ? »

Un rire strident, haut perché, isolé, s'éleva d'une des premières rangées du public.

Le président se raidit, fusillant du regard la zone suspecte : « J'espère que c'est la dernière fois. »

Puis, se retournant vers la femme : « Bien... le cadre est suffisamment posé... Et donc, si tu veux bien, venons-en au fait. Que s'est-il passé mercredi 26 juin dernier ? À quelle heure t'es-tu rendue chez le sculpteur Venturini ?

— Dans l'après-midi.

— Il t'attendait ? »

Marta acquiesça de la tête.

« Tu lui avais téléphoné ? »

Elle acquiesça de la tête.

« Il a eu pitié de toi et il t'a dit de venir. C'est cela ? »

La femme passa ses mains crispées sur sa figure, comme pour l'arracher.

« Et depuis combien de temps le connaissais-tu ?

— Six ans.

— Tu lui avais dit que tu étais amoureuse ?

— Je n'en sais rien, monsieur le président, je ne sais plus rien, je ne comprends plus rien, c'est terrible, il vaut mieux mille fois mourir que subir cette infamie, je n'en sais rien, je n'en sais rien, six ans, le supplice a duré six ans.

— Mais lui, juste pour savoir, il t'avait encouragée ?

— Je n'en sais rien, je n'en sais rien, monsieur le président, parfois j'en avais l'impression, je m'accrochais à tout, un sourire, un mot, une cigarette qu'il m'offrait, il suffisait d'un rien pour que je... »

Le silence était de nouveau tombé, on entendait jusqu'à cette sorte de râle infime qu'émettait la femme juste avant de parler.

« Mais toi, Marta Anfossi, tu t'étais rendu compte que tu lui cassais les pieds, oui ou non ? Tu le comprenais, oui ou non, qu'un homme... ?

— Non, non, monsieur le président, ne me dites pas ça.

— Pourquoi ? Tu ne le croirais pas ?

— C'est vrai, monsieur le président, mais moi... je ne sais pas... moi chaque fois que je me rendais chez lui... même si je savais que ça ne servait à rien... ce jour-là j'étais heureuse, vous saisissez ?... Je me réveillais en chantant, tout me paraissait tellement beau, la vie elle-même... Jusqu'au moment où j'entrais dans son atelier, alors là aussitôt de nouveau cette angoisse, comment expliquer, si vous saviez, monsieur le président... l'enfer, vous comprenez. »

Le président, de son crayon, frappa trois coups sur la table.

« Au fait, au fait... Mercredi 26 juin dernier que s'est-il donc passé ? »

Marta se tordit les mains. « D'habitude il était si gentil... tout à coup... comme s'il était devenu un autre... même sa voix avait changé... même ses yeux... Et il m'a dit...

— Qu'est-ce qu'il t'a dit ? »

C'était une sorte de plainte : « Il m'a dit que je... il m'a dit qu'il... il m'a dit que c'était inutile... il m'a dit que... Il s'était moqué de moi, vous comprenez, monsieur le président, que pendant six ans il s'était moqué de moi ?

— Et lui, où était-il assis ?

— Sur le canapé, près de la fenêtre.

— Et toi ?

— Juste en face, sur un petit fauteuil.

— Mais à un certain moment tu t'es levée, n'est-ce pas ? et tu es venue t'asseoir à côté de lui.

— Non, ce n'est pas vrai.

— Et en t'asseyant tu as trouvé moyen de poser ta main juste à côté de la sienne, pour pouvoir la toucher. Et tout en parlant tu approchais ton visage du sien, tu étais à moins de vingt centimètres, et lui a cru que tu lui demandais un baiser et il s'est reculé, puis aussitôt, sous un prétexte quelconque il s'est levé, et t'a laissée.

— Non, ce n'est pas vrai.

— "Excuse-moi, je crois que j'ai laissé un robinet ouvert...", a-t-il dit. Le plus idiot des prétextes. Et quand il est revenu, tu le regardais et tes lèvres tremblaient, s'étiraient en un petit rictus. Et cela te rendait encore plus laide. C'est vrai, oui ou non ?

— C'est de la méchanceté pure. Monsieur le président, il y a quelqu'un à qui mon humiliation profite, je ne vois pas d'autre explication. Je voudrais que Venturini soit là. Il démentirait absolument tout...

– Tu voudrais que le sculpteur Venturini soit ici présent ?

— Lui, il dirait la vérité, monsieur le président.

— Mais Venturini, c'est moi, dit le président en enlevant son masque.

— Non, non, c'est une infamie ! sanglota Marta, cachant à nouveau son visage dans ses mains.

— Venturini, c'est moi, répéta le président, dont le visage ressemblait effectivement à celui de Venturini. Et Venturini, ce sont aussi tous les hommes présents dans la salle. Regarde. »

Elle regarda : tous les hommes, les juges, le greffier, les avocats, les hommes dans le public étaient tous Romeo Venturini et ils la fixaient. Ils ne riaient pas, ils ne souriaient pas, leur visage était sans expression aucune, seulement une vigilance lourde et figée.

« Et tu sais, continua le président, tu sais ce que j'étais allé faire dans la salle de bains à côté ? »

Elle se tut.

« Il y avait une petite jeune fille, dit le président, mais sans que sa voix prenne d'inflexion particulière. Une petite jeune fille de dix-sept ans. Une jolie jeune fille. Quand je suis entré dans la salle de bains, elle était entièrement nue.

« Oh, je savais bien que mercredi 26 juin dernier, c'était une affaire intéressante ! Te voilà devant nous, malheureuse, souillon, mal fichue, vieille fille... Il faut admettre que ton cas est absolument merveilleux. Allez, emmenez-la, jetez-la dehors, on finit tous par avoir mal à l'estomac à force de voir ton faciès. »

Sur un signe du président, les factotums soulevèrent Marta à bout de bras et la flanquèrent dehors, comme un sac, hors de l'enceinte de la cour. La foule tout entière s'était levée, et jubilait. Elle l'attrapa au vol, la hissa sur des épaules, un cortège se mit en route dans les rues du centre, avec force tapage, il y avait dans l'air une allégresse bruyante, le malheur de Marta faisait le bonheur de tous.

Plus que jamais déplaisante à regarder, encore plus échevelée qu'auparavant, courtaude et malingre, elle ballottait sur le conglomérat humain compact qui l'emportait au loin en lui faisant un triomphe ignominieux.

À ce moment précis, Marta se réveilla et éprouva un soulagement indicible à la pensée que cela n'avait été qu'un rêve. Mais aussitôt elle pensa à lui et cette pensée se ficha dans sa poitrine comme une lance de fer pointue d'un diamètre de quinze centimètres. La vie ne valait pas mieux que l'horrible rêve, la vie était identique au rêve, la vie était encore pire que le rêve.

Nuovi racconti italiani,
Nuova Accademia Editrice, Milan, 1962.

L’amour sanctionné

Comme c’est étrange. Dans ce pays, l’amour, s’il n’est pas réciproque, est durement sanctionné par la loi (art. 13.908 CP). Non pas au moyen d’amendes ou de peines de prison, bien sûr. Pis.

Ma sœur Rina m’envoie un télégramme : « Viens tout de suite, je t’en prie, je t’expliquerai. » Elle habite dans une maison à la campagne, tout près de Tridula, une des plus belles régions d’Europe : tout autour, des prairies, des bois, des prairies, à perte de vue. Et des collines aux ondulations mystérieuses. Et derrière, les montagnes, graves, pensives, immobiles.

Soixante-dix kilomètres environ. J’arrive vers une heure. C’était au mois d’avril. Cette mobilité des feuilles, de la terre, de l’eau, de l’air, des objets, lumière qui parle de lendemains, trouble des fibres les plus intimes oubliées de l’existence. Le soleil. La route lisse. L’auto étrangement joyeuse. De temps à autre une cigarette. Qui se souvient encore du télégramme ? Voilà la maison. Au milieu de plus vert que le vert, elle resplendit. Quiconque la voit en passant pense inévitablement : « C’est une maison heureuse. »

Heureuse, elle l'était, hélas, dans la nuit des temps. Au temps où j'étais enfant et qu'armé d'un fusil à bouchon, je guettais, tapi contre les haies, les rouges-gorges. Au temps où j'étais enfant et que là-bas, sous le chêne... La voiture en freinant fait crisser les graviers blancs. Rina est debout sur le seuil. Elle s'avance pour venir à ma rencontre.

« Que se passe-t-il ? demandé-je.

— Ignazia, me répond-elle. À cause de son histoire avec De Witt, ce violoniste de malheur. Ça durait depuis trop longtemps. Ils ont découvert le pot aux roses. Ils l'ont condamnée. »

Ignazia est sa fille de vingt ans. Mince, une abondante chevelure blonde, une petite frimousse obstinée de gamine, un corps parfait, intelligente, distinguée, gâtée comme il n'est pas permis. Depuis quelques mois, elle s'était éprise de De Witt, quarante ans, divorcé, vaniteux, célèbre, entouré de femmes, qui s'était amusé à jouer un peu avec elle, mais avait d'autres idées en tête. Maintenant il voyageait à travers le monde, on ne savait pas où il était. Elle lui écrivait, il ne répondait pratiquement jamais. Jusqu'au jour où la loi était sortie.

On commet des homicides et des attaques à main armée et les coupables restent impunis. Pour l'amour non partagé en revanche, il n'y a pas d'échappatoire. En quelques jours une police ultrasecrète et invisible intervient. Comment font-ils pour savoir ? Peut-être disposent-ils d'instruments spéciaux qui interceptent les ondes des passions malheureuses ?

« Condamnée ? dis-je. Tu en es vraiment sûre ?

— Tu vas le voir par toi-même.

— Elle a pris combien ? Des mois ? Des années ? »

Ni ma sœur Rina ni sa fille ne le savaient. Dans ces cas-là, la police spécialisée est secrète et le jugement rendu l'est tout autant. Sans crier gare, la sentence s'abat sur le malheureux ou la malheureuse ; et il ne reste plus qu'à attendre la grâce : laquelle arrive des mois et des mois plus tard, parfois des années et des années, et quelquefois n'arrive jamais.

À tout prendre, il vaudrait mieux que le châtiment ait les formes habituelles : arrestation et peine d'emprisonnement. Mais non. Les coupables sont laissés en liberté, une apparence de liberté. Ils sont chez eux ; ils sont même libres de se déplacer, de voyager, de se rendre à l'étranger. Mais même là-bas, au-delà des frontières, la police locale, aussitôt avertie, intervient.

« Et en ce moment, où est Ignazia ?

— Dans sa chambre, dit ma sœur. Elle s'y enferme toute la journée. Elle ne parle pas, elle ne veut pas en sortir, elle n'a envie de rien. Elle est collée à la fenêtre, elle passe son temps à regarder désespérément en direction de la rue, pour voir si quelqu'un arrive.

— Qu'est-ce qu'elle attend : une lettre de lui ? Ou la grâce qui la délivrera ?

— La lettre, bien sûr. »

Nous entrons dans la maison. Au premier étage se trouve la chambre d'Ignazia, on dirait une place d'armes tant elle est grande, pleine à craquer de choses les plus invraisemblables, des livres, des fleurs, des disques, des tableaux abstraits, des photographies d'acteurs et de chiens, des masques africains, des éventails, une guitare, des miroirs, des bataillons de crèmes et de parfums, des poupées, des poupons, des estampes japonaises, des rosaires, des petits drapeaux d'universités américaines, un téléphone, un chevalet de peintre, des marionnettes siciliennes. Trois grandes fenêtres donnent sur le parc.

Ignazia est debout devant la fenêtre du milieu. J'entre, elle se retourne et me salue. Je reste là, incapable de parler. Parce qu'elle n'a pas changé bien qu'elle soit pâle et que ses yeux soient marqués par la fièvre qui la brûle. Mais le paysage que l'on découvre depuis les fenêtres ouvertes, lui, a épouvantablement changé. L'instant d'avant, quand je suis entré, le paysage alentour disait la fête du printemps, et toute l'exaltation spirituelle qui lui fait cortège. Mais depuis la fenêtre, désormais, on ne voyait plus les châteaux de feuillages aériens, ni les prés, ni les tout petits nuages blancs qui voguent au-dessus de la terre et réconfortent les hommes. Tout au contraire, à perte de vue, une lande aride et roussâtre ; seuls de rares troncs roides et desséchés émergeaient de cette désolation. Et le ciel était bleu, certes, mais lourd du poids de la mort. Et le soleil brillait, certes, mais de cette lumière atone et immobile qui éclaire au mois d'août les exploitations de bitume abandonnées. (Les policiers invisibles avaient donc fait du bon travail.)

Ignazia m'embrassa en souriant faiblement. « Comment ça va, petite ? »

Elle répondit : « Assez bien » et elle regagna son poste de guet, devant la fenêtre.

« Tu as vu ? fit ma sœur à voix basse, indiquant d'un geste la désolation qui régnait à l'extérieur. Elle a écopé de la peine maximale, j'en ai bien peur. Ou peu s'en faut. Je ne voudrais pas que... je tremble à l'idée que... tu comprends ? »

Je comprends. Dans certains cas, heureusement assez exceptionnels, l'amour non partagé peut même être puni de mort. Et point n'est besoin de guillotine ou de potence. Le coupable, automatiquement, se fait justice lui-même.

Mal à l'aise, Rina et moi arpentons la chambre, furetant un peu partout, essayant d'adopter une attitude désinvolte. Machinalement je pris un livre sur une étagère. C'étaient les *Quatuors* d'Eliot. J'ouvris par hasard à la page où le poète dit : « *To comunicate with Mars, converse with spirits,/ To report the behaviour of the sea monster,/ Describe the horoscope, haruspicate or scry / Observe disease in signatures...* »

Mais il venait de se passer quelque chose de terrible qui affectait même les pages du livre. Les représentants de la loi avaient poussé le zèle jusque-là : à la place du texte original on ne pouvait désormais plus lire qu'une suite incompréhensible de mots dépourvus de sens : « *To comm tu comm tu communicmarsconvers versewithship the beha the beha horo harn horo...* »

J'essayai un autre livre. À mon grand étonnement, je découvris que la bibliothèque contenait même un exemplaire des *Fiancés* de Manzoni. Dans l'édition Sansoni de 1951. Je cherchai le célèbre chapitre 33, où don Rodrigo est frappé par la peste. Qui ne connaît pas ces premières phrases tellement romantiques et sinistres, pleines de présages ? « *Una notte, verso la fine d'agosto, proprio nel colmo della peste, tornava don Rodrigo...* »

Mais voilà que tout avait été réduit en une visqueuse bouillie verbale. Je lisais : « *Una notte verso la, verso la, a casa fedel Griso, a straviaziare tornava don tre o quattro che malinconia di quel tempo malinconia di...* » Je fermai le livre. Le remis à sa place. J'avais besoin de me changer les idées. Musique. La musique dans de pareilles circonstances fait des miracles.

Je cherchai parmi les disques. Je trouve. Tant mieux. Un 45 tours de *Crazy Love* de Paul Anka, ces premières notes merveilleuses qui vous emportent comme un coup de vent triomphal, cet élan de passion sauvage, cette jeunesse débordante.

« Ça t'ennuie, Ignazia, que je mette un peu de musique ?

— Non, non, vas-y, tonton », répond-elle calmement, sans se retourner. Je mets le tourne-disque en marche.

L'appareil ne fonctionne pas ? Le disque est rayé ? Je vérifie. Non, tout semble en parfait état. Pourtant, le sortilège néfaste s'est infiltré là aussi. Ce n'est pas la mélodie attendue mais un glapissement, une insupportable cacophonie entrecoupée de sanglots, qui envahit l'espace de la chambre.

Ignazia n'a pas réagi. Elle reste là, comme une statue, elle doit avoir honte. J'arrête le disque, je cherche à engager la conversation sur n'importe quel sujet, mais au bout de quelques échanges, le dialogue se meurt. « Il est déjà une heure vingt, on passe à table ? propose Rina pour finir, et elle me glisse en aparté : Trouve un prétexte pour goûter ce qu'il y a dans l'assiette d'Ignazia, tu verras. »

Le prétexte est facile à trouver : Ignazia laisse la moitié d'un délicieux *vol-au-vent**. Je lui dis : « C'est moi qui le finis, si tu n'aimes pas ça. » Je goûte : ces fumiers, avec leurs drogues, l'avaient rendu immangeable ! C'était devenu une mixture rance, mélange de craie, de sable et de feuilles sèches. Pour ne pas lui faire de peine, je l'avalai bien que cela me retournât l'estomac.

Ignazia ne mangea pratiquement rien, évidemment : comment toucher à ces nourritures nauséabondes concoctées par les gardiens de la loi ? Mais où étaient-ils ? Où préparaient-ils tous ces philtres ? Ils se cachaient derrière les rideaux ?

Avec désinvolture, la jeune fille, en quittant la table, alluma une cigarette américaine. La fumée vint jusqu'à moi : elle avait une odeur répugnante de tissu moisi, d'urine de chat, d'acide sulfhydrique. En effet, après avoir tiré quelques bouffées, elle la jeta en faisant la grimace.

« Pourquoi tu pars comme ça ? Ton oncle est là, quand même, la réprimanda sa mère.

— Je sais. Je remonte dans ma chambre. »

Alors je la pris par les épaules et doucement je la poussai dehors, dans le jardin. Elle se taisait, la tête baissée, fixant la pointe de ses chaussures.

« Écoute, Ignazia, lui dis-je, tu comprends qu'on ne peut pas continuer comme ça ? Tu comprends que c'est de la folie ? Tu comprends que tu te ruines la santé ? Tu comprends que si tu continues comme ça, jamais tu ne seras graciée ? »

Elle s'agrippe à ma veste, en sanglotant : « Je... je... la grâce, j'en veux pas... j'attends... je suis sûre que...

— Qu'il va faire signe ? Qu'il va revenir ? C'est ce que tu veux dire ? »

Elle acquiesce de la tête trois fois de suite. Elle porte les mains à son visage. Elle rentre en courant à la maison.

Puis ce jour-là aussi prit fin : le soleil qui se couche, le crépuscule, l'obscurité, la nuit noire qui se nourrit des angoisses de l'homme.

Nous étions au salon, Rina et moi, nous lisions en silence. Qu'avions-nous à nous dire de plus ? Ignazia, bien entendu, était à l'étage au-dessus, dans sa chambre, à la fenêtre, sentinelle infatigable de son amour déraisonnable.

Mais voilà qu'on l'entend descendre quatre à quatre

l'escalier de bois, voilà qu'elle surgit dans le salon, les yeux fous.

« Chérie, qu'est-ce qu'il y a ? demande sa maman.

— Il y a quelqu'un qui arrive, à bicyclette.

— S'il vient ici, il sonnera.

— Non, non, j'y vais, je vais ouvrir. »

On entendit des pas sur le gravier, dehors. Quelqu'un était là. Le murmure d'une brève conversation. Un « merci beaucoup », un « bonne soirée ».

Ma nièce réapparut, une lettre à la main, elle se précipita vers la lampe. Elle n'arrivait pas à ouvrir l'enveloppe, tant ses mains tremblaient.

« Une lettre, à cette heure-ci ?

— C'est un recommandé.

— C'est lui ?

— Oui, maman. »

Avant même d'avoir réussi à extraire la feuille, elle suffoqua de joie. Elle semblait au bord de la folie.

« Il m'a écrit, il m'a écrit, jubilait-elle. Tu comprends, maman ? Je suis sauvée ! »

Rina et moi échangeâmes un regard. Sauvée, sûrement pas. Cette lettre, comme les précédentes missives de De Witt, était un tissu de discours faux et creux, sans autre fin que de donner le change, d'attiser les espérances vaines, d'alourdir la peine. Une minute de répit, puis, nés des lignes mêmes de la lettre, surgirent de nouveaux doutes, des jalousies, des inquiétudes, des peurs. Et demain, elle sera plus damnée que jamais.

Il Corriere della Sera,
17 janvier 1960.

Le cas Hedda Lennon

Madame Hedda Lennon, veuve d'un entrepreneur dans le bâtiment installé au Caire, avait une fille mariée qui habitait en Angleterre. (Je restitue ici l'essentiel de l'histoire parce que le déroulement chronologique serait trop long et trop complexe.) Hedda Lennon habitait, à l'extrême périphérie du Caire, une villa entourée d'un jardin. Un jour, c'était en 1934, elle reçut une lettre de sa fille, appelée Lois, qui devait entrer en clinique à la suite d'une hémorragie. Deux jours plus tard, venant du mari de Lois, Harry Thomson, ingénieur dans une usine de câbles électriques, elle reçut un télégramme lui annonçant la mort de Lois.

À cette époque on n'avait pas l'habitude d'utiliser les lignes aériennes. Hedda Lennon partit en paquebot, elle se rendit Marseille, de là en train jusqu'à Cherbourg, puis Londres. Elle demeura abasourdie quand elle arriva à la maison de son gendre, à Coventry. Sa fille Lois était vivante et se portait comme un charme.

Sa fille comme son gendre eurent l'impression que c'était elle, Hedda, qui était devenue folle. En pure perte la mère répétait qu'elle avait reçu la lettre et le télégramme ; malheureusement pour elle, les deux messages étaient restés au Caire et elle ne pouvait pas les leur montrer. Bref : à peine un mois plus tard, Hedda Lennon, assez bouleversée, rentra au Caire. Où immédiatement elle se mit à chercher la lettre de sa fille et le funeste télégramme de son gendre. Mais elle ne put les retrouver.

Trois mois passèrent. Puis elle reçut une lettre de sa fille Lois qui lui annonçait qu'elle devait entrer en clinique à la suite d'une grave hémorragie. Deux jours après arriva le télégramme du gendre annonçant le décès. Elle partit de nouveau. À Coventry, elle trouva la maison en deuil. Lois était bel et bien morte. Hedda Lennon dut être accueillie dans une maison de santé, où elle mourut durant la guerre.

Commentaire

On ne dispose pas pour l'épisode Lennon d'une documentation complète comme pour l'affaire de Mortara. Cependant les témoignages sont dignes de foi. Ici aussi il paraît avéré qu'on se trouve devant une déformation du temps. Lequel, pour Hedda Lennon, prit un rythme bien plus rapide que pour le reste du monde, sans qu'elle s'en rendît compte. De cette manière, elle reçut l'annonce de la mort de sa fille quatre mois avant que celle-ci ne se produisît. Les conditions spéciales dans lesquelles elle vivait le temps ont cessé toutefois au moment où, à Londres, elle se mêla à la vie des autres, qui suivait un cours normal. Comme si le tissu-temps avait formé une minuscule protubérance juste là où elle se trouvait, protubérance qui disparut automatiquement quand elle mit pied sur le sol anglais.

« Étranges déformations de ce qu'on appelle le temps »,
Pianeta, n° 9, septembre-novembre 1965.

Le cas Skoerri

En 1929, aux assises de Dresde, eut lieu le procès d'un jeune conseiller d'État, Rudolph Skoerri, issu d'une vieille famille de bonne réputation, homme cultivé, aimable, bien élevé, jouissant jusqu'alors de l'estime et de la sympathie générales. Celui-ci avait étranglé sa femme, dont il semblait très amoureux. Il s'agissait d'une jeune et magnifique créature, elle aussi très attachée à lui. Pourquoi l'avait-il tuée ?

À cause d'un cauchemar, expliqua M. Skoerri qui juste après l'assassinat paraissait revenir de l'enfer. Et nous reproduisons ici, traduites dans notre langue, les déclarations telles qu'il les a faites au procès (notons toutefois que le texte-source est tiré d'un journal de l'époque, le *Dresdener Nachrichten* ; il est donc probable qu'il ne corresponde pas littéralement à l'aveu de l'uxoricide, sans nul doute beaucoup plus explicite et scandaleux) :

« ... Nous étions tous les deux, ma femme et moi, proches de la satisfaction quand j'eus l'étrange sensation d'être tiré en arrière.

Le président : — Je vous prie de préciser : qu'entendez-vous par “tiré en arrière” ? Il y avait une troisième personne dans la chambre ?

Skoerri : — Non, monsieur le président, c’était une sensation nerveuse et psychologique. Comme si l’excitation de l’accouplement, au lieu d’aboutir à l’heureux épilogue naturel, se renouvelait mais en sens opposé. En d’autres mots, au lieu d’aller du désir à son assouvissement, dans ces moments-là, j’avais le sentiment de faire le parcours inverse.

Le président : — Et c’était ça, le cauchemar ?

Skoerri : — Qu’à Dieu ne plaise, monsieur le président. Si ce n’est que, comme je me sentais à nouveau dans les mêmes conditions physiques et psychiques qu’au début de l’acte charnel, c’est-à-dire exactement comme si j’étais à ce moment-là sur le point de commencer, je me sentis prêt à me lancer à nouveau dans la lutte et la possession. “Que se passe-t-il, chérie ?” demandai-je à Dotti (sa femme). Et elle : “Rien, pourquoi ?” Je crus que c’était moi qui avais été sujet à une étrange et fugace sensation, ou à un léger délire, comme cela arrive dans ces moments-là. Et de nouveau je me trouvai entraîné dans le tourbillon du désir, tendant vers son accomplissement. Mais quand je me sentis sur le point d’y parvenir, je fus repris presque brutalement par une force qui me retenait, même plus, qui me poussait en arrière. Je conçus alors le soupçon – que par la suite j’ai mille fois regretté et maudit – que c’était elle, ma Dotti, qui provoquait intentionnellement ce phénomène, pour en tirer de la volupté. Et comme je l’aimais de tout mon cœur, je me laissai faire.

« Malheureusement, ce cycle incessant que j’ai tenté de décrire continuait à se répéter sans arrêt. Comme si j’étais devenu la proie d’une volonté maligne et ennemie qui se proposait de m'amener jusqu'aux limites de mes possibilités physiques et donc de m'anéantir. À mes paroles angoissées elle ne répondait pas, égarée dans une sorte de délire luxurieux. Trois, cinq, dix, quinze fois. Je sentais que je me consumais, du fond de mon être j'essayais de résister mais le tourbillon incessant me tirait vers le bas, toujours plus bas. Mon cœur battait la chamade dans ma poitrine avec une fureur croissante. Bref, monsieur le président, je me mis à penser que Dotti avait résolu de me faire mourir ainsi. Après que ce mouvement épuisant se fut répété une vingtaine de fois, le souffle commença à me manquer. Et je vous le jure, je n'étais pas capable de m'arrêter, de me soustraire à cet enchantement pervers. Je ne me suis même pas aperçu que mes mains s'étaient nouées autour de sa gorge, et qu'elles serraient... »

Commentaire

Nous n'avons rapporté ici qu'un bref passage des aveux de M. Skoerri, lequel fut reconnu malade mental et placé dans une maison de santé. Mais dans d'autres dépositions, antérieures ou postérieures, le phénomène se révèle être décrit dans les mêmes termes, ce qui ne permet pas de douter.

Cette nuit-là, dans la chambre à coucher de la maison Skoerri, le tissu-temps s'était froncé de minuscules plis, de telle sorte que le temps lui-même avançait et retournait en arrière en des vagues successives, conduisant à la folie homicide un parfait gentilhomme.

Beaucoup contestent que l'épisode Skoerri puisse constituer une pièce au dossier des déformations temporelles. L'opinion prédominante va toutefois en ce sens. Dans quantité d'autres cas, le même phénomène, observé par les intéressés, n'a pas eu de conséquences néfastes ; et même les personnes concernées ne s'en sont pas rendu compte.

Supposons une personne qui en toute sérénité se laisse aller aux méditations et aux rêveries ; si le temps, se plissant à l'improviste, commence ce mouvement d'aller-retour, l'homme ne peut pas s'en apercevoir, c'est évident.

« Étranges déformations de ce qu'on appelle le temps »,
Pianeta, nº 9, septembre-novembre 1965.

Le vieux chauffeur

À cinquante-quatre ans, Claudio Tirelli, Fofi pour ses vieux copains, dans l'industrie pâtissière, a épousé en secondes noces la très jeune Luisa. Laquelle lui dit : « Écoute, mon trésor, un de ces jours tu devrais prendre une décision au sujet de Tommaso. »

Tommaso est le vieux chauffeur de la famille Tirelli, très dévoué mais maintenant décati. Luisa – elle l'a dit dès le premier jour – en veut un plus frais, plus présentable.

« Ça fait au moins trente ans qu'il est chez nous, Tommaso, lui répond son mari. Comment est-ce que je peux m'y prendre pour... ?

— C'est ton problème. Mais moi je ne vais plus me promener avec ce brontosaure.

— On pourrait l'employer comme valet de chambre.

— Comme valet de chambre ? C'est pire. L'avoir sous les yeux toute la journée. Surtout maintenant qu'il a perdu la moitié de ses dents.

— Le pauvre.

— Quoi, le pauvre ! Tu n'as qu'à t'occuper bien de lui. Des indemnités de départ confortables. »

Le jour suivant, Tirelli le fait venir.

« Tommaso, depuis combien d'années vis-tu ici parmi nous ?

— Trente-quatre, Monsieur l'ingénieur.

— Combien de fois faudra-t-il te dire que je ne suis pas ingénieur. Appelle-moi Monsieur Claude, si tu y tiens... Bien, je voulais te parler... Pour nous, ici, certaines choses ont un peu changé maintenant... »

Il ne sait pas comment continuer. L'autre se tait.

« Voyons. Tu as un certain âge, n'est-ce pas ?

— Bientôt cinquante-neuf, Monsieur Claude.

— Bien, et il est normal de se reposer, à un certain moment, non ?

— Je crois, Monsieur Claude, que j'ai toujours fait mon devoir.

— Mais bien sûr, mon cher Tommaso. Mais maintenant, vois-tu...

— Vous n'allez pas me faire ça, Monsieur l'ingénieur !

— Non, non, il ne faut pas le prendre comme ça. » Tirelli à présent se sent sûr de lui. « Tu vas travailler dans le service de l'expert-comptable Rota, il est au courant, tu vas voir que cela va te plaire. »

Le soir même arrive Lucien, le nouveau chauffeur, blond et svelte.

Un peu plus d'un mois se passe puis, alors qu'il était en train de rentrer sa voiture dans le *garage** de sa maison, un soir où il était seul, Tirelli voit Tommaso, le vieux chauffeur, en uniforme et képi, au volant de la Daimler, une pièce de collection désormais, celle qu'avait achetée M. Tirelli père, fondateur de l'entreprise, il y a une vingtaine d'années.

« Tommaso, crie-t-il avant même de descendre de sa voiture. On peut savoir ce que tu fais là ? »

Mais le vieux chauffeur ne répond pas. Immobile comme une statue, les deux mains bien à leur place sur le volant, les yeux rivés devant lui sur la rue qui n'existe pas.

De quoi s'agit-il ? D'une plaisanterie ? D'une moquerie ? D'une forme de revanche ? Tirelli est à la fois contrarié et mal à l'aise.

« Tommaso ! crie-t-il en sortant du véhicule maintenant à l'arrêt, moteur coupé. Tu vas me répondre ? »

Mais l'autre ne bronche pas. Il ne tourne même pas la tête pour le regarder.

Tirelli s'approche. C'est bien lui, Tommaso, avec le képi et l'uniforme d'autrefois. Immobile, les deux mains gantées à leur place sur le volant, les yeux ouverts fixés devant lui, sur la rue qui n'existe pas.

C'en est trop. Devenu furieux, Tirelli ouvre la portière massive de la Daimler, saisit le chauffeur par un bras...

Non, il n'a rien attrapé du tout. Parce que sur le siège il n'y a plus personne, ni Tommaso, ni son ombre, ni sa trace, rien. C'était un fantôme.

Silence. Le froid qui monte par la colonne vertébrale jusqu'au cerveau. Et le grondement assourdissant, dans le crâne de Tirelli, que font tant de choses amères et lointaines.

Il est sorti du *garage** sans même éteindre la lumière ; au tout dernier moment, il s'est retourné, la peur au ventre. Mais la vieille automobile était vide. Et les autres aussi étaient vides.

Le matin, pendant la réunion quotidienne, le comptable Rota, directeur administratif, lui dit, au détour de la conversation, qu'il a appris le décès de Tommaso, le vieux chauffeur, mort la veille au soir.

« Mort de quoi ? D'un accident ?

— Il semble que non. Une hémorragie cérébrale, je crois. Mais qu'y a-t-il, monsieur, vous ne vous sentez pas bien ? »

Maintenant, quand il arrive chez lui de nuit, il laisse sa voiture dans la rue parce qu'il a peur de rentrer dans le *garage**. Mais même cette précaution est inutile. D'autres voitures, qui ne lui appartiennent pas, sont garées sur la chaussée. Et au moment où lui, Tirelli, rentre, immanquablement, dans l'une d'entre elles, à la place du conducteur est assis le vieux Tommaso, en uniforme et képi, les deux mains sur le volant, les yeux fixes. Et si Tirelli l'appelle, il ne répond pas. Et s'il essaie de le toucher, il disparaît. Mais bien sûr personne d'autre que lui, Tirelli, ne voit le fantôme du chauffeur. Ce qui rend les choses plus difficiles.

« Mais qu'est-ce qui se passe, mon trésor, ce soir non plus, tu n'as pas faim ? lui demande sa jeune épouse Luisa. Tu devrais aller voir le médecin. Tu ne peux pas rester comme ça. »

Les autres aussi, d'ailleurs, se rendent compte que Tirelli n'est plus le même. La tête qu'il fait ! Même ses amis du Cercle des cadres le voient.

Jusqu'au jour où Giuseppe Osnaghi, le propriétaire des papeteries, un type encore plus blasé que lui, l'attrape par le col et le secoue :

« Hé là, mon vieux Fofi, il faut se réveiller ! Tu files du mauvais coton. Je le vois bien. C'est le moment de réagir. Je sais bien, à notre âge, on se prend quelques gifles, mais il faut t'y faire.

— Des gifles ? Mais de quoi veux-tu parler ?

— Pourquoi ? Tu ne veux pas admettre que tu es amoureux ? Tu aurais ce culot ? »

Alors Tirelli l'entraîne à l'écart et lui raconte tout, son retour la nuit, le *garage**, le vieux chauffeur assis dans la Daimler qui ne répond pas et qui, au moment où il va le toucher, disparaît, et le jour suivant on lui dit qu'il est mort la veille au soir et maintenant tous les soirs, quand il rentre chez lui, Tommaso est toujours là à l'attendre embusqué dans une voiture. Et s'il ne sort pas le soir c'est pareil : il suffit qu'il se mette à une fenêtre et il le voit, en bas dans la rue, assis dans l'une ou l'autre des voitures, à la place du conducteur, avec son képi et son uniforme, immobile.

À ce moment-là Osnaghi l'interrompt.

« Tu l'avais licencié ?

— Pourquoi ?

— Licencié sans raison ?

— Comment tu le sais ? »

Il a une moue de compassion, Giuseppe Osnaghi, homme plus volontaire et plus direct que lui.

« Bon, dit-il, je ne crois pas que cela vaille la peine d'en faire un drame. Je ne dis pas que ce soit agréable, mais nous tous, qui fournissons des emplois, certains plus que d'autres...

— Tu ne vas quand même pas me raconter que tous les pourvoyeurs d'emplois sont persécutés par des spectres.

— Mais bien sûr que si. Tu me fais rire. Comment ne pas être cruel et injuste quand on commande ? À qui cela n'est-il jamais arrivé ? Mais après on paie.

— Et toi, par exemple... ?

— Moi... par exemple... Tu vois comment elle est, ma maison ? La petite allée privée pour y arriver ? Il faudrait que tu la voies la nuit, à une heure, à deux heures. Il y en a une foule.

— De fantômes ?

— Bien entendu. De fantômes. Un vrai plaisir, je t'assure.

— Tous des gens dont... ?

— Vas-y, dis-le !

— Tous des gens dont tu as causé la ruine.

— La ruine, la ruine ! En voilà des mots. Comment faire ? Quand on a des centaines de salariés... »

Prenant sur lui, Tirelli se met à rire.

« Beppino, tu te paies ma tête. Des fantômes tu n'en as jamais vu, toi. C'est moi qui ai quelque chose de déglingué dans la tête... Tu ne veux quand même pas me faire croire que Rabusi, le pétrolier, voit des fantômes, et pourtant celui-là, il est bien pire que nous en matière de scrupules !

— Rabusi ? Bien sûr qu'il ne les voit pas les fantômes, Rabusi. Lui, il ne fait même pas partie du genre humain. Lui, c'est un crétin achevé, une brute. Des types comme lui ne pourront aller qu'en enfer.

— Et nous ?

— Quoi, nous ?

— Nous, on n'ira pas en enfer ?

— Inutile, absolument inutile. Nous, aller en enfer ? Et pour quoi faire ? En enfer, on y est déjà, non ? »

Son monocle a glissé de son œil. Il demeura suspendu au bout du cordonnet de soie.

Il Corriere della Sera,
18 juin 1967.

La villa sur la via Appia

Une immense voiture américaine décapotable, couleur vert Véronèse, s'arrêta avec un soupir au kilomètre 3,5 de la via Appia antica, à douze heures quarante-cinq, par une magnifique journée. À bord se trouvaient une fille aux cheveux roux d'une extraordinaire beauté, un homme d'une quarantaine d'années, gros, élégant, qui conduisait, et un autre homme, la trentaine environ, maigre, pâle, romantique, un regard fiévreux et halluciné.

La femme n'était autre que Dorrè Morrè, actrice de cinéma déjà célèbre, l'homme grassouillet s'appelait Lucio Pompri, producteur, et le troisième Aldo Rezzonico, un jeune archéologue intelligent, toujours à la page et d'un tempérament rebelle.

Ce Rezzonico était tellement persuadé de la grandeur de l'Antiquité qu'il prétendait en convaincre son prochain, fût-il réticent ou mollement indifférent. Dorrè Morrè avait fait sa connaissance par hasard, lors d'une exposition d'art ; elle était habituée à être admirée exclusivement en tant que femme, et ce jeune archéologue qui lui parlait gravement de choses complexes, comme si elle pouvait soutenir la conversation, lui avait procuré une impression étrange ; ainsi quand il avait proposé une promenade sur la via Appia, la jeune femme, qui n'y était jamais allée, avait accepté aussitôt.

Il faisait chaud. Les voitures étaient rares. Entre chacun de leur passage, avec une force inexplicable, se répandait alentour le grand silence des millénaires, lourd des bruissements de l'été, vols d'insectes, frou-frou de petites bestioles, respiration profonde de la terre, sommeil, béatitude, abandon.

« Dorrè Morrè, vous ne dites rien ? demanda vivement Rezzonico. Vous ne prononcez pas un mot, face au plus bel endroit du monde ? Vous ne voyez donc pas que même vous, vous devriez être jalouse ? Vous ne percevez donc pas la magnificence de ce qui nous entoure ? Allez, beauté, parlez ; plutôt que de rester muette, dites une bêtise ! »

La belle ingénue rit, amusée. « Quelle chaleur ! » dit-elle, et elle enleva sa veste de *tailleur**, gardant seulement une léger chemisier très décolleté, qui lui découvrait totalement les bras. Rezzonico pâlit légèrement et resta bouche bée à la contempler.

« Bon ? » fit-elle en souriant, mais sans malice parce que au fond c'était une jeune femme candide, qui n'avait pas encore pris la mesure de ses charmes ; elle était comme un enfant inconscient qui s'approche du feu en manipulant le paquet de TNT trouvé par hasard au milieu des buissons... « Bon ? Vous avez perdu votre langue, tout à coup ?

— Écoutez, mademoiselle, commença le jeune archéologue, dépité de n'avoir pas su lui transmettre son enthousiasme. Est-ce que je peux vous poser une question, sans indiscrétion ?

— Quelle question ?

— Mais où donc êtes-vous allée le chercher, ce nom que vous portez ? Dorrè Morrè... ça vous paraît un nom chrétien, ça ?

— Qu'est-ce qu'il a de bizarre ? On m'appelle comme ça depuis que je suis toute petite, répondit-elle avec sa façon indolente de traîner les mots, en enfant gâtée et sensuelle. C'est une vieille histoire... Je vous la raconterai peut-être un jour, si vous êtes sage.

— Pourquoi ? Aujourd'hui je n'ai pas été encore assez sage ?

— Non, non, ce n'est pas ce que j'ai voulu dire, au contraire. Vous m'avez amenée ici, mon cher Rezzonico, dans ce petit coin pas mal du tout... Je dirai mieux : j'adore ce site... Plus j'y pense, plus j'ai le pressentiment que cet endroit me fera faire un caprice, un caprice comme on n'en fait plus... Et tout sera de votre faute, mon cher Rezzonico. »

La voix de Pompri se fit enfin entendre. On y décelait un soupçon d'appréhension : « Quel genre de caprice ? »

Dorrè se leva d'un bond et de son bras droit tendu indiqua le côté gauche de la chaussée : « Vous voyez, là, à cet endroit précis, je vais me faire construire une villa. »

Rezzonico la regarda avec haine : « À quel endroit ?

— Là, fit-elle en traînant les mots plus qu'à l'accoutumée, comme Salomé lorsqu'elle demandait la tête de Jean-Baptiste, à cet endroit exactement, à côté de cette vieille pierre qui ressemble à un chameau couché par terre.

— Adorable Dorrè, l'archéologue parlait exprès comme elle, à cet endroit-là, vous ne construirez rien du tout.

— Non, mais vous savez que vous êtes un drôle de type ? Ce n'est quand même pas vous qui allez me l'interdire !

— Moi non, assurément. Mais grâce à Dieu, il y a des lois. Ceci est une zone classée, c'est un territoire sacré, personne ne peut y construire de nouvelles maisons.

— C'est vrai, ça ? demanda la jeune femme à Pompri.

— En partie, oui. Mais si tu y tiens vraiment, chérie, je peux peut-être... je peux peut-être trouver un moyen pour...

— Attendez, interrompit Rezzonico, écoutez bien ce que je vais vous dire : même si par quelque magouille vous y parveniez, sachez que ce n'est pas votre intérêt.

— Si cela me plaît, à moi...

— Vous êtes ici sur un lieu occupé depuis l'Antiquité, sur la terre des morts, les pierres que vous voyez tout autour de vous sont pour la plupart des tombeaux ; à la nuit tombée errent une multitude d'esprits et les esprits veulent qu'on les laisse tranquilles, gare à qui viendra les déranger.

— Eh bien moi, à cet endroit précis, mon cher Rezzonico, je ferai construire une villa, que cela vous plaise ou non. Et j'en connais déjà une qui en crèvera de rage. »

Un nuage, dans sa course vers la mer, passa devant le soleil ; et les pins, les cyprès, les ruines, les étendues d'herbe, la route devinrent tout à coup blafards.

« Mademoiselle, reprit l'archéologue d'un ton coupant, écoutez ce que je vous dis. Vous êtes via Appia antica. Méfiez-vous. »

Dorrè Morrè regarda autour d'elle, mal à l'aise, puis elle remit sa veste. « J'ai froid », dit-elle.

Invisible, moi, Mamercus Proculus, chevalier romain, mort sous le consulat de Domitius et Camillus Scribonianus, j'écoutais, étendu sur le bord de la route. Et tout autour de moi, insaisissables pour des yeux humains, ils étaient des milliers et des milliers d'autres, nés et morts dans l'Antiquité, certains enterrés dans cette contrée, mais pour la plupart exilés de Rome que la folie des hommes et leurs ignobles voitures ont rendue désormais inhabitable aux esprits qui se respectent. Bien que les vivants n'en sachent rien – à de rares exceptions près – c'est notre présence, tellement dense et vivace en dépit des siècles écoulés, qui touche leur cœur et les appelle à revenir vers les ruines des civilisations défuntes. Si nous n'étions pas là, qui viendrait visiter la via Appia ? Personne ne viendrait. Les monuments, la solitude, la nature n'y suffiraient pas.

J'écoutais. Le corps splendide de cette jeune femme ne suffisait pas à faire pardonner sa proposition. Ce n'était pas l'ombre portée du nuage, comme elle le croyait, mais bien notre colère glacée qui avait fait courir des frissons sur sa peau. Et la menace proférée par le jeune archéologue au regard halluciné était aussi la nôtre. Méfie-toi, beauté, ici c'est la terre des morts, de tristes événements y attendent les intrus. Oui, faites comme bon vous semble, vermines, détruisez ce qui reste des gloires inhumées, profanez les sommeils éternels, vous mesurerez après la portée de vos actes. Moi, Mamercus Proculus, je ne fus pas un homme cruel et je ne me suis jamais réjoui outre mesure du malheur qui frappait mes ennemis. Mais pourquoi nous confisquer notre dernier refuge ? Pourquoi détruire la noble solitude qui pourtant vous procure, quand vous venez ici, une émotion mystérieuse ? Pourquoi nous obliger à fuir et nous contraindre à errer sans fin dans des lieux sauvages et étrangers, sur les falaises désertiques ou par-delà les vallons obscurs, pour y pleurer la paix disparue ?

Mais les caprices des belles femmes ébranlent jusqu'au trône des dieux. Au grand dam du jeune archéologue, au mépris des lois, à l'endroit précis qu'elle avait désigné se dresse aujourd'hui la somptueuse villa de Dorrè Morrè. Sur le côté, on a creusé une piscine couverte de mosaïque rose où Mlle Morrè barbote à demi nue au milieu de nuées d'amis, pendant que, juste au-dessus, sur la colline, les garçons venus de la banlieue regardent avidement pendant des heures et des heures ce qui se passe en contrebas.

Les soirées d'été sont un perpétuel va-et-vient d'automobiles, la piscine est éclairée par le fond, et les plongeons et les cris et les éclats de rire, sur fond d'échos de musique, outragent à n'en plus finir la grandeur de notre royaume.

Tenus à l'écart de cette agitation, nous autres, esprits d'une époque oubliée, nous restons là, inquiets, contre le petit mur qui délimite le terrain de la villa, à attendre : parce que la jeunesse a toujours soif de joies nouvelles et qu'elle résiste vaillamment aux sévices des plaisirs, mais vient un moment où, elle aussi, elle capitule. À une certaine heure, en effet, les désirs exacerbés languissent, une à une les automobiles semblables à des cachalots d'onyx partent en glissant dans la nuit, les cris et les rires s'éteignent, les groupes se dispersent, la piscine devenue noire a été désertée, seule demeure la lueur blême de la lune, la lune rousse du vingt-deuxième jour. Mais l'aube, qui nous est fatale, ne fait pas encore pâlir l'horizon du ciel, derrière les arcs de l'aqueduc Claudio, nous avons donc encore deux ou trois heures devant nous pour assouvir notre vengeance.

Alors, après avoir escaladé le mur, notre armée envahit, malgré notre dégoût, la villa silencieuse. Et nous nous mettons à l'ouvrage. Nous sommes les cendres, nous sommes le temps qui passe et consume tout.

Les invités sont tous partis, les domestiques sont déjà plongés dans le profond sommeil qui succède au dur labeur, même les amis intimes se sont retirés. Dans sa chambre, conçue par l'architecte mondain le plus cher de toute l'Europe, elle est enfin seule. Autour d'elle, tout est richesse, calme et volupté. Pourquoi, alors, ne dort-elle pas ? Que fait-elle, les yeux grands ouverts, devant son miroir ? Pourquoi donc s'observe-t-elle longuement, de pied en cap, et s'essaie-t-elle à rire, à sourire, et tord-elle la bouche dans tous les sens pour tester toutes les expressions possibles ?

Maintenant elle s'arrête, elle tend l'oreille, puis elle appelle : « Marta ! Marta ! »

De la chambre voisine, la vieille gouvernante qui l'a vue naître, tout ensommeillée, lui répond.

« Marta, tu dormais ?

— Non, Mademoiselle, je ne dormais pas.

— Marta, qui se promène à cette heure dans le jardin ? Il y a quelqu'un qui marchait, à l'instant.

— Non, Mademoiselle, je n'ai rien entendu. Allez vous coucher, il est tard. Ce doit être une feuille morte que le vent agite. »

Mais Dorrè ne va pas se coucher. Elle n'arrive pas à se détacher du miroir ; une jeune femme l'y regarde fixement, une jeune femme pensive, aux cheveux roux, presque identique à elle mais qui n'est pas elle ; et qui lui paraît être une étrangère.

Peut-être que tu as peur ? Peut-être que tu commences à comprendre que notre présence t'est nocive ? Tu es belle, c'est sûr, une des plus belles femmes au monde, il serait ridicule de le nier. Et pourtant un changement presque imperceptible s'est produit ; un dixième de millimètre, là où les traits purs du visage confluaient en une sorte de miracle qui les rassemblait harmonieusement, quelque chose s'est comme durci. « La physionomie y a gagné en personnalité et en caractère », disent les bons amis. Caractère ? Personnalité ? Tu ne trembles pas en entendant ces expressions lugubres ? Hélas, le charme est rompu, malgré tes vingt ans. Nous, toutes les nuits, nous travaillons sur toi, sans que tu t'en rendes compte. Il y a encore un an tu étais une fleur intacte et merveilleuse. Tu n'es plus une fleur. La lumière qui émanait de toi, nous l'avons éteinte.

Tu te flétriras, tu comprends ? Tu seras vieille avant l'heure. Fidèles parmi les fidèles, nous ne te lâchons pas, nous ne te laisserons pas tranquille. Bientôt nous te ferons connaître les euphémismes de la courbe descendante. On te dira : « Tu es fatiguée, Dorrè ? Tu travailles trop. Tu devrais prendre un peu de repos. » On te dira : « La crise... on est désolés... une artiste comme vous... ! Les budgets de production sont un peu à la baisse. » On te dira : « Un deuxième rôle ? Mais vous voulez rire... C'est justement sur ce rôle-là que repose l'intérêt du film... » Fini les yeux des hommes immenses de désir posés sur toi, cette façon effrontée de marcher, ce rire tellement facile, semblable à de l'eau, cette sensation d'être généreuse, cette attente joyeuse du lendemain, cette fête perpétuelle qu'était la vie pour toi. Il est très cruel, tu t'en apercevras, de se détacher de ces choses-là quand on sait qu'elles ne reviendront jamais plus. Et dans la magnifique villa, peu à peu, de moins en moins de gens, de moins en moins influents et célèbres, de moins en moins de liesse et d'animation. Pour les remplacer, nous. La nuit, nos pas légers sur le gravier, allant et venant dans le jardin, et de temps en temps un souffle glacé, lorsque je t'effleure de la main. Ta décadence tient à peu de choses ; une ombre microscopique aux commissures des lèvres, par exemple, un voile indéfinissable sur la figure, comme lorsqu'on dort, une plénitude d'œuvre accomplie pour laquelle le meilleur n'est plus à venir. Comme une formule magique qui maintenant a été dite.

Fuis donc, Dorrè Morrè, tant qu'il est encore temps. Décampe, fais tes bagages, congédie tes domestiques, ferme la villa, vends-la. Non, au contraire, ne la vends pas, cela ne servirait à rien, détruis-la plutôt. Fais appel à une entreprise, donne-leur l'ordre de tout raser, qu'il ne reste pas une pierre debout, fais remplir la piscine de cailloux pour que reparaissent les mauvaises herbes, les lézards, le silence, la gloire de l'antique solitude.

Tu ris ? Tu crois que c'est une vaste plaisanterie ? Alors pourquoi restes-tu toujours immobile devant ton miroir ? Pourquoi ne dors-tu pas ? Tu sais que bientôt le jour paraîtra ? Non, ce n'est pas une plaisanterie.

Il Nuovo Corriere della Sera,
5 juin 1954.

Notre heure

L'inspecteur Gerardo, traversant, comme il le faisait tous les soirs avant de partir, les salles du ministère complètement désertes à cette heure-ci, aperçut un homme assis dans la section des Codes.

Cela se passa dans une salle plus qu'immense, très haute de plafond, où étaient alignées des dizaines et des dizaines de tables couvertes de documents. Dans cette pièce, quelque quatre-vingts employés se consacraient depuis deux ans au dépouillement des sentences rendues au siècle dernier par les magistrats civils du royaume. Sélectionnées, copiées et regroupées par thèmes, les sentences devaient constituer les matériaux nécessaires aux jurisconsultes chargés d'établir le nouveau Code civil. Rien que l'examen de ces anciennes sentences allait prendre plusieurs années. C'était un travail énorme et en grande partie inutile, mais il en avait été décidé ainsi.

Dans cette pièce sinistre, déjà noyée de crépuscule, se trouvait un homme vêtu de gris, assis devant de grandes piles de documents. Il avait replié son bras droit sur la table, et, le front appuyé sur l'avant-bras, il dormait.

L'inspecteur Gerardo, qui s'était déplacé à pas de loup dans la pièce, mit la main sur l'épaule de l'employé : celui-ci se réveilla ; d'un bond, il fut debout. C'était un homme d'une trentaine d'années, au visage blême et fatigué.

« Il est huit heures passées, dit Gerardo. Comment se fait-il que vous ne soyez pas encore parti ? Vous croyez qu'ici c'est un endroit pour dormir ?

— Je vous jure, supplia le jeune homme, que je ne sais pas moi-même... c'est la première fois que ça m'arrive... le soir, on a le cerveau embrumé...

— Tout le monde a le cerveau embrumé le soir, après une journée de travail, dit l'inspecteur Gerardo qui ne semblait pas être dans de mauvaises dispositions. Mais ce n'est pas une raison. Vous ne vous sentez sûrement pas bien, si je puis me permettre.

— Oui, peut-être, répondit le jeune homme, rassuré. Ce travail est abrutissant. On lit, on copie, on lit, on copie, et ça n'en finit jamais.

— Vous travaillez sur quoi ? demanda l'inspecteur comme s'il voulait détourner la conversation.

— Les servitudes d'écoulement. Nous sommes deux sur ce dossier.

— Très bien, dit Gerardo avec condescendance. Les servitudes d'écoulement. Très intéressant. Mais la nuit, vous ne dormez pas assez ?

— Le soir je travaille », fit le jeune homme en baissant un peu la tête.

Depuis les hautes fenêtres, pendant qu'ils parlaient, les ténèbres s'étaient insinuées et, dans l'ombre, les vieilles tables commençaient à craquer de temps à autre.

« Vous allez dire que je suis fou, continua l'employé d'une voix timide. Mais je me suis lancé dans l'élaboration d'un projet de Code, pour mon propre compte. Le dépouillement de toutes ces sentences me paraît au fond inutile.

— Ah, racontez-moi un peu ça ! s'exclama Gerardo avec une ironie qui masquait mal son intérêt. Donc, vous, vous en sauriez plus long que nos Sages ? Qu'est-ce qui a bien pu vous passer par la tête ?

— Oh, Votre Excellence, fit alors l'employé. Puisque vous avez la bonté de vous intéresser à moi, jetez un coup d'œil sur ce que j'ai écrit. En moins d'une petite heure, vous en aurez une idée. Je n'en peux plus de ces bureaux. Je pourrais faire quelque chose de mieux... »

Et, tout en parlant, il tira d'un tiroir un gros fascicule.

« Tous pareils, pensa Gerardo. Ils disent tous la même chose. Ce sont tous des incompris, tous victimes d'une injustice. Mais vous ne réalisez donc pas la chance que vous avez de pouvoir exécuter un travail aussi complexe, qui vous confère de si grandes responsabilités ? Vous ne réalisez pas le nombre de personnes, ayant peut-être fait plus d'études que vous, qui ne sont encore que de simples copistes ? On les compte par milliers, par milliers je vous dis, dans les bureaux d'à côté... »

Mais l'inspecteur Gerardo n'eut pas le cœur de refuser. Et ce soir-là il quitta le ministère à la nuit tombée, un gros manuscrit sous le bras. « Giovanni Drogo – était-il écrit sur la couverture –, Projet pour un nouveau Code civil ».

Un mois plus tard, l'inspecteur Gerardo fit appeler Giovanni Drogo dans son bureau. L'employé était encore plus pâle que le soir de leur première rencontre.

L'échine un peu courbée, il s'avança dans la salle austère en direction du grand bureau de l'inspecteur.

« J'ai jeté un œil sur votre travail, commença Gerardo, et je ne nie pas qu'il y ait quelques idées intéressantes. Mais, mon petit, permettez-moi de vous le dire, vous me semblez bien naïf. Si vous aviez écrit un poème, un traité, je comprendrais, mais un projet de Code, à quoi voulez-vous donc que cela puisse servir ? Vous croyez sérieusement que vous pouvez prendre la place de juristes qui étudient ces problèmes depuis des dizaines d'années ? Et puis, à quoi ça rime toutes ces innovations ? » Tout en parlant, Gerardo feuilletait le manuscrit ouvert sur son bureau. « Vous considérez que les Codes sont des terrains d'expérimentation comme, je ne sais pas, moi, comme les scènes de théâtre ? »

Giovanni Drogo restait silencieux.

« Je vais vous dire les choses franchement, reprit l'inspecteur. Je me suis renseigné sur votre compte. Pas de plainte particulière. Respect des horaires. Attitude correcte. C'est bien. Mais il apparaît que votre rendement est plutôt médiocre. Beaucoup de vos collègues abattent une masse de travail bien plus importante. Si, au lieu de gaspiller vos forces et votre intelligence à des travaux inutiles, vous vous appliquiez avec plus de zèle à régler les affaires courantes, et que vous vous reposiez la nuit, ce serait toujours ça de gagné, croyez-moi.

— Oui, Excellence, répondit Giovanni Drogo d'une voix douloureuse. Mais rendez-vous compte, passer toute sa vie enfermé ici... Cela fait déjà deux ans. Deux années exactement semblables. Il en passera encore qui sait combien avant que je réussisse à sortir d'ici. Un beau jour, je me retrouverai vieux, toujours à la même table, avec ma vie derrière moi désormais.

— Et vous croyez, répliqua Gerardo, vous croyez que vous allez monter en grade avec des travaux aussi délirants ? Soyez plus efficace comme employé, et les effets ne tarderont pas à se faire sentir. »

Une grande pendule sonna l'heure, puis on entendit un profond silence.

« Vous vous découragez vite, continua Gerardo. Il faut être plus confiant. Il faut savoir prendre son mal en patience. Vous n'avez pas eu de chance, soit. Rappelez-vous : chaque homme voit venir son heure. » L'inspecteur parlait lentement, d'une voix fatiguée, fixant d'un regard vide les documents épars sur son bureau. « Il se peut qu'elle arrive vite, il se peut au contraire qu'elle tarde à venir, mais personne ne sera spolié. Ce n'est pas du tout une vision optimiste, c'est la sacro-sainte vérité. Parfois cette heure de gloire est différente de ce que l'on imaginait, ça n'a pas d'importance. À personne, le Ciel ne refuse quelque chose de bon sur cette terre. Vous aussi vous connaîtrez cette heure. Il faut seulement un peu de patience. »

Giovanni Drogo le regardait, fasciné, acquiesçant de la tête. Mais sans qu'on sache si c'était pour manifester son accord ou s'il s'agissait d'un tic nerveux.

« Tout dépend aussi de l'état de santé, conclut l'inspecteur Gerardo. Vous avez besoin de repos. Jetez au feu vos projets de Code et mettez-vous au vert pour quelque temps. Je vous donne trois jours de congé. »

Les vacances offertes par son supérieur ne servirent à rien, car le soir même Giovanni Drogo tomba malade. La fièvre enflamma son sang, faisant battre son cœur de plus en plus fort.

Le troisième soir de sa maladie, alors qu'il était seul, étendu sur son lit, immobile, Giovanni Drogo vit la porte s'ouvrir doucement et une longue silhouette entrer.

Il ne l'avait jamais vue auparavant, mais pourtant il la reconnut aussitôt : la mort glaciale. Son visage était pur et très beau, mais dans ses yeux brillait une atroce lumière diabolique. Ombre silencieuse, la mort s'approcha, glissant sur le carrelage, pour venir au chevet de l'employé.

Drogo la regarda et sourit. Puis il souleva avec peine sa main droite, lui faisant signe de s'arrêter

« Mort ! dit-il, je suis désolé que tu aies fait tout ce chemin pour rien ; que tu aies monté en vain les escaliers si raides de ma maison. Mais je ne peux pas venir.

— Toujours la même chose, répondit la mort. Ils disent tous que c'est trop tôt. Mais sache que jamais je n'ai attendu. Pourquoi, jeune homme, as-tu tellement peur ?

— Tu te trompes, ô mort, dit Giovanni Drogo avec un sourire vaguement méprisant. Je n'ai pas peur, parole d'honneur, ce n'est pas pour cela que je ne veux pas venir.

— Alors, dis-moi pourquoi ! fit la mort avec une intonation à vous glacer le sang dans les veines. De quel redoutable droit jouis-tu pour te permettre de me chasser ?

— Ce n'est pas un redoutable droit, répondit Drogo. C'est un droit ridicule peut-être, mais tu ne peux le nier. Je ne peux pas mourir parce que je n'ai pas encore vécu. Mon heure n'est pas encore venue. Personne ne peut me la voler. Cela fait des années et des années que je trime du matin au soir ; même la nuit, je reste éveillé à travailler. J'ai toujours vécu seul, je ne sais pas ce que c'est que l'amour ; tout ce qui m'a entouré a été triste ou médiocre, je n'ai jamais connu d'ami. Mourir maintenant serait trop injuste. Ce qui m'attend n'est peut-être presque rien, peut-être une seule journée, mais personne, pas même toi, ne peut m'en priver. Laisse-moi la vivre et après tu pourras revenir.

— Tu as raison, dit la mort en souriant (oh, ce sourire nu et inhumain !). Ce que tu dis est vrai. Ton heure ne te sera pas confisquée. Je m'en vais, pour l'instant. Et toi, continue à aller de l'avant dans la vie et saisis-toi de ce qui te revient. Au reste, nous nous reverrons. »

Ayant dit ces mots, la mort se retira, toujours glissant, et la porte lentement se referma.

Il se passa encore deux mois, puis un huissier du ministère parcourut les grandes salles à la recherche de Giovanni Drogo. Il le trouva assis à sa table, complètement guéri, un peu pâle mais avec un visage plus serein.

« Monsieur Drogo ? demanda-t-il. Son Excellence le ministre désirerait vous parler. »

Drogo se leva, il jeta un regard circulaire sur ses compagnons penchés sur leurs paperasses, il écouta un instant encore le crissement des stylos et se mit en marche, à la suite de l'huissier, à travers les immenses salles.

« Bienvenu, le salua le ministre. J'ai lu votre projet de Code ; sincèrement, il m'a enthousiasmé. Vous avez très bien fait de me l'envoyer directement. Autrement, il y avait de grandes chances pour qu'il ne m'arrive jamais ! Bien sûr, un certain nombre de choses sont irréalisables. Mais cela ne veut rien dire. C'est sans nul doute un travail utile. Vous pouvez être sûr que nous en ferons bon usage. »

Giovanni Drogo sourit.

« Comme vous êtes un bon élément, continua le ministre, j'ai décidé de vous confier le bureau des Recours en appel. C'est un travail difficile, qui demande beaucoup d'implication. Vous serez directeur du département. Pour les formalités incontournables, je chargerai l'inspecteur Gerardo de s'en occuper. »

Le jour suivant, Giovanni Drogo mit son plus beau costume et se rendit au ministère. L'inspecteur Gerardo l'accueillit avec force démonstrations d'amitié, il se vanta d'avoir prédit sa brillante carrière et l'accompagna jusqu'au bureau des Recours en appel.

Ils marchèrent pendant dix bonnes minutes, parcourant couloirs, archives, vastes salles. Ils arrivèrent enfin dans une large antichambre, garnie de grands meubles solennels. Un huissier vieillot était assis derrière une table.

L'inspecteur Gerardo accompagna Drogo jusqu'à l'entrée d'une grande pièce et le laissa là, en lui disant seulement : « Voilà. »

Giovanni Drogo se retrouva seul dans cette pièce, elle aussi très haute de plafond. Aux murs étaient pendus de très vieux tableaux, tellement noircis qu'on ne pouvait deviner ce qu'ils représentaient. Il y avait deux armoires, deux fauteuils, un grand siège pour lui et un bureau monumental. Sur le bureau se trouvaient un sous-main, un très bel encrier, une panoplie de stylos et une clochette de bronze : tout cela était flambant neuf.

Drogo regarda autour de lui avec satisfaction. Deux immenses baies vitrées laissaient entrer la joyeuse lumière d'un matin de printemps. Plus loin on apercevait les arbres d'un vaste jardin dont Drogo n'avait jamais soupçonné l'existence, derrière le bâtiment du ministère. Il régnait un silence absolu.

Après avoir accroché son chapeau à la patère, Drogo s'assit devant son bureau, ouvrit le sous-main garni de feuilles blanches, approcha l'encrier à la distance qui convenait, et saisit, comme pour les essayer, les stylos. Puis il se leva, et se remit à déambuler dans la salle.

Plusieurs minutes passèrent sans que personne n'entrât. Drogo pensait à ce que lui avait dit le ministre : « Un travail difficile et qui nécessite une grande implication », et cela le fit sourire.

Une bonne heure plus tard, personne ne s'était encore signalé. Drogo se décida enfin à agiter la clochette. Immédiatement, l'huissier apparut.

« Vous désirez, monsieur le directeur ?

— Dites-moi voir, demanda Drogo, vaguement embarrassé, qui occupait ce poste avant moi ?

— Son Excellence Latroni, répondit l'huissier.

— Et que fait-il, ce Latroni, maintenant ?

— Rien, monsieur le directeur. Il est mort. »

Drogo fit un signe d'assentiment et médita quelques instants.

« Et qui d'autre travaille dans ce bureau ?

— Il y a cinquante-six employés, monsieur le directeur.

— Mais le directeur adjoint, qui est-ce ? Comment se fait-il qu'il ne soit pas venu se présenter ?

— Le directeur adjoint, nous ne le voyons que le soir, au moment des signatures. Avant, il est occupé par son travail.

— Et pendant la journée que faisait Latroni ?

— Je ne saurais vous dire, monsieur le directeur, il

ne m'appelait presque jamais, mais j'imagine qu'il travaillait.

— Et des dossiers à étudier, on ne lui en portait jamais ?

— Tous les jours, monsieur, à l'heure des signatures.

— Et pendant la journée ? Rien ?

— Je ne saurais pas vous dire, car derrière le bureau, vous voyez, il y a une petite porte qui communique avec le bureau du directeur adjoint. Mais lui seul en possède la clef. Peut-être se rendait-il de l'autre côté pendant la journée, pour demander conseil. »

Comme Drogo ne posait plus de questions, l'huissier s'éclipsa respectueusement en faisant une petite révérence. Le directeur du bureau resta de nouveau seul.

Étrangement, au cours de cette matinée de printemps au départ magnifique, étaient apparus de grands nuages qui masquèrent le soleil, diffusant une lumière d'orage. Mais il n'y avait pas de vent, comme on pouvait le constater en regardant les grands arbres immobiles dans le jardin.

Dans la salle régnait une singulière atmosphère de torpeur. Drogo s'assit, replia son bras droit sur le bord du bureau, y appuya la tête et fut gagné par le sommeil.

Lorsqu'il se réveilla, il consulta la pendule : il était cinq heures et demie du soir. L'huissier, sans le déranger, avait posé sur le bureau, durant son sommeil, une lampe à pétrole et une boîte d'allumettes. Le ciel était nuageux et la nuit approchait.

Drogo regarda autour de lui avec stupéfaction, comme si sur le moment il ne comprenait pas dans quel endroit il se trouvait. Puis il se remémora la convocation du ministre, ses éloges, l'avancement, la nouvelle fonction élevée, assurément peu fatigante et dont on pouvait tirer beaucoup d'honneurs, le succès en un mot. Et il s'étonna de ne pas éprouver la plus petite joie.

Une pensée qui le tourmentait tournait sans cesse dans son esprit, mais il n'arrivait pas à la saisir. Une pensée évanescente et perverse qui empoisonnait sa journée de triomphe. Drogo secoua la tête comme pour la chasser puis saisit la boîte d'allumettes dans l'intention d'allumer la lampe.

Auparavant, toutefois, il jeta un coup d'œil par les fenêtres et découvrit les grands arbres devenus noirs, les nuages qui stagnaient dans le ciel, les ombres qui montaient des recoins humides du jardin. Il écouta le silence immense, sans le moindre écho lointain. Même des pièces voisines, il ne provenait aucun son de voix ou de pas.

C'est à ce moment-là que Drogo comprit la signification de la pensée qui le tourmentait. C'est à ce moment-là qu'il réalisa que les années heureuses se trouvaient désormais derrière lui. Oui, la fortune l'avait effleuré de ses ailes blanches, mais elle s'était enfuie aussitôt, sur les routes aventureuses des rêves.

En quelques heures, il avait obtenu ce qu'il n'aurait même pas osé espérer. Pourtant la nuit venait maintenant, plus personne ne devait encore penser à lui, ni ses compagnons qui l'avaient déjà oublié, ni le ministre qui s'occupait de nouvelles affaires, ni l'huissier de l'antichambre, ni l'étrange directeur adjoint qui, à l'évidence, se souciait peu de lui et allait arriver d'un moment à l'autre pour signer les actes.

L'heure de Giovanni Drogo était déjà passée. Elle pouvait être localisée dans ce bref laps de temps durant lequel le ministre lui avait communiqué l'heureuse nouvelle. Puis le monde avait repris son rythme habituel.

Ce que Drogo avait à obtenir de la vie lui avait été généreusement payé. Cette grande pièce représentait sa nouvelle existence. Derrière ce bureau, les jours se consumeraient un à un, monotones et vides.

Giovanni Drogo pensa alors aux journées passées au bureau des Codes, aux anciens jugements qui avaient défilé par centaines devant ses yeux, à la sortie le soir avec ses compagnons de travail, aux nuits sans sommeil dans sa chambrette, à la lumière de sa fidèle lampe, à la fin de la jeunesse.

Maintenant les nuages étaient devenus noirs et se confondaient presque avec les silhouettes sombres des arbres. Le silence était toujours absolu. Loin de cette pièce, dans le monde, une nouvelle nuit s'ouvrait aux hommes innocents, une nouvelle nuit qui pouvait se révéler heureuse pour l'un d'eux : les mers, les plaines sans fin, les villes immenses et lointaines, les maisons éclairées, les longues, longues routes blanches, les musiques, les femmes, les forêts, la lumière de la lune, tout un ferment de vie infini qui désormais ne lui appartenait plus.

Giovanni Drogo chercha désespérément de quels espoirs il pouvait bien se nourrir encore et, avec un frisson, il s'aperçut qu'il désirait une seule chose : redevenir celui qu'il était autrefois, l'employé qui trimait jour et nuit, qui échafaudait des rêves impossibles – pouvoir de nouveau être ce Giovanni Drogo qui avait résisté à la mort.

Immobile sur le siège directorial, cerné de toutes parts par l'obscurité et la solitude, Giovanni Drogo regardait la porte devant lui, une grande porte en noyer massif, avec huit panneaux rectangulaires, décorés et armoriés. Elle était bien fermée et impassible, dormant d'un sommeil innocent. Pourquoi alors Giovanni Drogo la regardait-il avec ces yeux-là ? Pourquoi donc lui semblait-il que d'un moment à l'autre elle allait s'ouvrir doucement, permettant à une immense et atroce silhouette de se glisser dans la pièce, exactement comme la première fois, dans sa chambre de malade, en ce soir mémorable ?

Il convegno,
XVIe année, n° 11-12, 25 décembre 1936.

Salutations nocturnes

Ils se saluèrent devant la porte de l'immeuble. « Mon Dieu, comme il se fait tard. » « Merci, merci mille fois. » « Merci à vous. » « Oui, oui, demain je te téléphone. » Un petit groupe d'hommes et de femmes éclairés de biais. Tout près de là, un jeune homme maigre et chétif, des épingles à la bouche, agenouillé dans la vitrine étincelante de néon (minuit passé !) installait un complet gris prince-de-galles sur un mannequin et se demandait : « Le troisième bouton, je le boutonne ou je le laisse comme ça ? » Au même moment, avec une simultanéité surprenante, un morceau de papier bleu se déplaça péniblement d'un trottoir à l'autre ; phénomène étrange par une nuit aussi calme, il ne semblait pas y avoir de vent. Du vent ? Ou un appel d'air créé par l'autobus D qui filait vers le hangar enténébré ? Alors l'un des membres du groupe, Gerolamo Grinti, grand nom, maigre fortune, magnifique bibliothèque, tante impotente, domestique provocante, un paquet de Nazionali dans la poche contenant encore deux cigarettes, une facture de 87 000 lires à payer à son tailleur, une petite douleur, qui va et qui vient, là, sur le côté droit de l'estomac, s'arrêta tout à coup, malgré lui : « Et dire que, murmura-t-il avec une mélancolie surhumaine qui ne lui ressemblait pas, qu'il n'avait pas voulue, imputable peut-être à l'heure tardive, dire qu'en ce moment même, chez moi, là-bas, là-bas... « Quoi ? lui demandèrent ses amis. » Sur les marécages, reprit-il, se déploie la brume, en l'espace de quelques minutes elle s'étend, monte entre les plantes qui se tiennent là, noires et immobiles. La lune est là, et ce n'est pas un hasard, mesdames, messieurs. Sa lumière éclaire faiblement jusqu'aux brouillards vaporeux entre les arbres. Et l'on dirait alors autant de fantômes qui doucement s'en vont le long des rangées d'arbres, s'en vont. Avec quelques légères distorsions. Mais où ? où vont-ils ? – Ça suffit, maintenant, lui dit prudemment Giorgio Battigalli, un sympathique bon vivant, en donnant une tape sur son bras dressé. La poésie est autorisée jusqu'à minuit quarante, puis vient le couvre-feu de circonstance. » Un taxi libre passa, son signal vert allumé ; sur un signe, il s'arrêta. « Alors bonne nuit. » « Bonne nuit. » « Oui, oui, demain je te téléphone. » Demain ? Au volant, pâle, était assise Celle qui éteint toute joie et disperse les groupes insouciants.

Il Corriere d'informazione,
12-13 octobre 1957.

L'exécution du commandeur

Mon Dieu, qu'il est agréable de ne pas être commandeur. Nous tous, dans cette petite ville, nous nous réjouissons de ne pas être commandeurs.

Le matin quand on se réveille et que les choses de la vie surgissent aussitôt pour tourmenter le cerveau de leur poids de tristesse, alors vient en aide cette idée qui console : le monde est plein d'hommes qui sont commandeurs, mais nous, non, absolument pas. Cette pensée nous ragaillardit et nous partons au travail de bonne humeur.

La vue d'un commandeur, son odeur caractéristique, le simple souvenir que nous en avons nous écœurent. C'est pour cela que nous les haïssons. Bien plus, nous avons fait une loi pour les éradiquer. S'il nous arrivait d'en capturer un, nous pourrions en disposer à notre gré, corps et biens. Voilà le bourreau Mansur avec sa hache. Tchac, un petit coup. Que s'avance maintenant, pour accomplir sa tâche, le croque-mort.

Mais les commandeurs sont malins. Certes ils viennent par bandes dans notre ville qui les fascine, mais clandestinement, en dissimulant leur véritable identité par de faux documents ou autres. Non pas qu'ils aient connaissance de notre loi. Simplement ils ont honte, devant nous ils ont honte d'être commandeurs, bien que, au plus profond de leur cœur, ils y tiennent tellement.

Nous, nous sommes à l'affût jour et nuit, dans l'espoir d'en pincer un. Mais avec eux, pas moyen, rien à faire.

Attention. Il y en a un qui a arrêté sa voiture sur un côté de la place. C'est une grosse cylindrée, la marque commence par F. Le coude à la fenêtre dans une attitude de propriétaire. Ah, la propriété, leur idole !

Il est rasé de près, sûr de lui, vêtu d'un costume prince-de-galles, quarante ans à vue de nez, il a même un diamant à l'annulaire de la main gauche, signe caractéristique.

« Excusez-moi, demande-t-il à un passant, comment s'appelle cet endroit ? (Vous remarquez le timbre de sa voix ? Un timbre qui a du corps, qui est plein, fonctionnel, métal-mécanique.)

— C'est la ville des non-commandeurs », répond le passant, durement.

Lui, aussitôt : « Comme moi, vous savez. Magnifique. Alors c'est un endroit fait pour moi. » Et il se retourne en riant vers les femmes et les amis qui sont à côté, décidant séance tenante de rester quelque temps.

Ils descendent comme il se doit au *grand hôtel**, un établissement fait exprès pour les commandeurs clandestins, qui pratique des prix prohibitifs. Il ne nous est pas permis de leur régler leur compte ? À défaut, saignons-les jusqu'à la dernière goutte de sang.

Ensuite ils sortent pour aller faire l'achat de nos spécialités, dont ils raffolent. Il n'y a que dans les boutiques d'angoisse et de désespoir qu'ils ne mettent pas les pieds, bien que ce soient les plus appréciés de nos produits : nous les exportons jusqu'en Hollande.

On les voit en revanche dans les magasins de mélancolie. La mélancolie est aussi une de nos spécialités. Il faut voir les rayonnages de Henry Mosifone, qui est l'entreprise la mieux approvisionnée. Il n'y a que l'embarras du choix. Mélancolie des villes ou des champs, amoureuse ou nostalgique, pour *barmen* ou gentilshommes, pour alcooliques ou ermites. On trouve même à la vente des mélancolies miniatures pour les enfants incompris, présentées dans de jolis poupons de caoutchouc. Il y a un modèle d'automne triste à mourir appelé Leopardi, un modèle « colonel Bogey » pour militaires de carrière, un modèle « boulevard » pour péripatéticiennes.

« Bonjour, monsieur, pouvons-nous vous aider ?

— Euh, je ne sais pas, un petit quelque chose pour offrir à ma fille, elle fait des études à l'école d'interprètes, elle est d'un naturel tellement sensible, si vous saviez.

— Que diriez-vous, suggère le vendeur, d'une jolie petite mélancolie de soirée ? C'est toujours un grand classique. Au fond, c'est celle qui se porte le plus facilement. Ce matin même nous en avons envoyé par avion trois bonbonnes à la comtesse de Polignac.

— Ah tiens !

— Ces derniers temps, en vérité, la tristesse pour la promenade a eu aussi beaucoup de succès. Une création exclusive de nos spécialistes. Produit de tout repos, distingué, léger, qui convient tout à fait à une jeune demoiselle dynamique et moderne.

— Si vous me le conseillez...

— Non, non. Pour faire un *cadeau**, entre nous, le

modèle soirée est préférable... Nous aurions aussi une tristesse de bal, un produit tout à fait nouveau, mais peut-être, si je puis me permettre, pour une demoiselle, est-ce un tout petit peu *osé**. »

Mais il y a foule dans les magasins d'amour. C'est pour eux, en réalité, que tous ces commandeurs débarquent chez nous. Là où ils habitent, ils n'ont même pas la plus petite idée de l'amour que l'on fabrique dans nos contrées. Ce sont des entrepôts énormes, où l'on trouve absolument tout, de Mata Hari à Lolita.

Les commandeurs, comme de bien entendu, entrent par l'arrière-boutique, pour ne pas se faire remarquer ; il y a un passage exprès pour eux.

« Monsieur, demande le vendeur une fois que le client a fait son choix, vous partez avec cette jolie petite fille ? ou préférez-vous que je vous l'enveloppe ? ou la faisons-nous livrer à l'hôtel ?

— Oui, à l'hôtel, ce sera mieux. Vous savez, ce n'est pas que j'aie des préjugés, mais...

— La respectabilité, n'est-ce pas ?

— Hum, hum.

— La dignité, n'est-ce pas ?

— Hum, hum.

— Le prestige social, n'est-ce pas ?

— Hum, hum.

— La discrétion qui s'impose, n'est-ce pas ?

— Eh oui, hélas. »

C'est toujours la même scène, invariablement. Cachés derrière un rideau, nous écoutons. Nous avons l'habitude, maintenant. Nous connaissons d'avance chacun de leurs mots. C'est pour cela que ça nous amuse.

Cela, c'est à titre de distraction. Mais il reste la colère de ne jamais en pincer un. Ils se camouflent, ils se fondent dans la foule. Nous pensons continuellement : « Mon Dieu, comme il est bon de ne pas être commandeur ! Si seulement nous pouvions en tenir un entre nos mains. »

Si nous pouvions ? Nous pouvons. Regardez-le. Il est arrivé, enfin. S'il n'est pas commandeur, lui, c'est qu'il n'y a jamais eu de commandeur à la surface de la terre. À califourchon sur une huit cylindres gris métallisé, il caracole, altier, et de sa cravache il agace le museau de la robuste bête maxicylindrée. Admirable la *non-chalance** avec laquelle il tient le timon du yacht, pendant que le valet obséquieux hisse ses valises dans le compartiment privé du Rome de vingt et une heures trente et qu'un autre l'accompagne pour descendre la passerelle du quadriréacteur en provenance de New York. En voilà enfin un. Il ne nous échappera pas. Il n'y a qu'un supercommandeur pour faire toutes ces choses-là à la fois.

Il s'est arrêté. Il nous regarde. Il nous observe. Expression de supériorité amusée, comme le vice-roi des Indes devant le charmeur de serpents pouilleux. Prêt à fraterniser avec nous. Éprouvant même une certaine satisfaction à le faire, à y consentir, à se montrer démocratique. Mais soyons clairs, seulement à titre d'expérience folklorique, il ne voudrait pas que nous nous fassions des illusions.

« Ho ! ho... commandeuuur ! » hurle l'une de nos sentinelles du coin où elle se trouve. C'est l'appel piège, une innocente plaisanterie qui fait généralement chou blanc avec ces rusés renards. Mais pas avec celui-ci, celui-ci est un commandeur dans toute sa splendeur, l'incarnation à l'état pur du concept de commandeur.

Il se retourne, agacé : « Qui m'appelle ? »

Aussitôt les muscles de chacun d'entre nous se contractent. Mais un geste du chef nous arrête : « Patience. Il est à nous, maintenant. Amusons-nous un peu. »

Il n'a pas eu d'hésitation. Il est entré dans le grand magasin d'amour comme en territoire conquis. Nous, derrière les rideaux, en train d'écouter.

Le vendeur, presque intimidé par un tel homme, avec une servilité obséquieuse : « Monsieur, en quoi pourrions-nous avoir l'honneur de vous servir ?

— Ne perdons pas de temps, faites-moi voir ce que vous avez de mieux.

— Catégorie interdit ?

— Ça va de soi.

— Du côté du péché ?

— Vous me posez la question ? Nous autres, commandeurs, avons nos exigences.

— Pour servir de secrétaire ?

— Évidemment. Mon jeune ami, on dirait que vous débutez ! »

Défilent, sur un signe du chef de rayon, des dizaines de filles à vous donner la chair de poule.

« Celle-là », fait-il, tel Napoléon.

Quand les choses en sont là, personne ne peut plus nous arrêter. Nous faisons irruption, nous l'encerclons, nous lui coupons toute retraite.

« Tu es commandeur, toi ?

— Vous voudriez voir mon diplôme, peut-être ? »

Des hurlements de fureur et de joie. Des cris : « À mort ! Tu paieras pour tous les autres ! »

Comme si de rien n'était. Il ne tremble pas. Il ne proteste pas. Il ne cherche pas à nier. Il nous regarde, du haut de son imperturbable superbe, sans faire d'objections.

Le spectacle nous déroute un peu. L'homme ne pleure pas, n'implore pas, ne rampe pas comme un ver. Nous ne l'imaginions pas comme cela.

Sa voix, autoritaire : « J'ai droit à une dernière volonté, non ?

— Accordé, fait le chef de notre bande.

— Alors un fauteuil et une écritoire. »

Nous les lui apportons, là, au milieu de la place. Lui s'assoit. Il allume une cigarette.

« Et maintenant la secrétaire, et que ça saute. »

Nous faisons avancer son tout dernier achat. Elle porte une blouse de bureau excessivement moulante. À la main, le bloc sténo.

« Allez, poupée, installe-toi. Mes genoux t'attendent. »

Elle s'exécute, tremblante.

« Écris, beauté. En réponse à votre lettre du 13 du mois dernier, nous sommes heureux de vous inf... »

C'en est trop. Une clameur bestiale s'élève de la foule. L'homme est arraché violemment à son fauteuil, traîné dans la poussière, hissé sur l'estrade des supplices. Au-dessus de laquelle pend la corde.

Il l'examine attentivement.

« Mais c'est du chanvre, s'exclame-t-il, du vulgaire chanvre. C'est indigne. Un câble de perlon, tout de suite. Je l'exige. »

Sous ses pieds la trappe s'ouvre. Plouf. Le plongeon fatidique.

Qui d'un côté, qui de l'autre, nous filons tous en douce, couverts de honte.

Lorsqu'il eut rendu son dernier souffle – et ce fut une question de quelques secondes –, le commandeur réajusta sa veste croisée qui s'était froissée, il remit en place ses lunettes et c'est ainsi que nous le vîmes s'éloigner, monté sur un engin indéfinissable qui était à la fois automobile, paquebot, attelage à quatre chevaux, fusée stratosphérique et hippogriffe.

Et il nous regardait, il nous regardait avec commisération. Avait-il tort ? Même un ver de terre, quand il réussit à être lui-même jusqu'au bout, peut devenir un héros.

Il Corriere della Sera,
14 août 1960.

Je suis gros, et alors ?

I

Moi, Cristoforo Luna, vingt-huit ans, secrétaire du Consortium agraire de A..., je remarquais depuis quelques mois un changement radical dans l'attitude des gens à mon égard. Mais je ne me l'expliquais pas.

Je ne suis ni spirituel ni brillant. Avant, sans doute parce que je suis timide, personne ne recherchait jamais ma compagnie. Mes collègues, à la sortie du bureau, faisaient certes un bout de chemin avec moi, mais très vite, sous un prétexte ou un autre, ils me quittaient.

Cette indifférence avait fini par me rendre apathique. Le soir, je me rendais souvent au café Euriante, et là je retrouvais deux ou trois connaissances. Mais je discutais peu, je préférais m'asseoir dans un coin et observer les autres en train de jouer.

Eh bien, vers le mois de mai, je me rendis compte qu'on m'appréciait désormais beaucoup plus ! Les gens me souriaient. Même les femmes. Et de façon générale tout me réussissait bien mieux.

Le phénomène est d'autant plus curieux que, à bien considérer les choses, j'étais beau gosse jusqu'à l'hiver dernier, alors qu'aujourd'hui je ne le suis plus. Il y a des années de cela, un de mes camarades m'avait dit que j'avais un visage intéressant, de type grec mais dépourvu d'expression. En tout cas, j'étais très bien fait de ma personne, ça, c'est sûr : des épaules larges, un thorax en triangle, des hanches étroites de danseur, des jambes musclées mais bien fuselées. Malheureusement, dans une petite ville de province comme celle-ci, on a rarement l'occasion de se mettre nu en public. Des piscines, il n'y en a pas. Et le fleuve est toujours glacé même en plein été. Si bien que pratiquement personne ne savait comment j'étais fait. Ma *silhouette**, pourtant, ils la voyaient bien ! Personne n'en possédait une pareille. Un peu comme Gary Cooper au sommet de sa carrière. Et pourtant il n'y en avait pas un pour me regarder.

J'étais mince et en l'espace d'un hiver je suis devenu gras comme un cochon. Et c'est justement maintenant, alors que j'ai honte de mon propre corps, que les gens me témoignent de la sympathie. Cela prouve bien que, pour un homme, être beau ou être laid, peu importe.

Cela a commencé, je crois, vers le mois d'octobre. Un soir, en allant me coucher, je m'aperçus que lorsque je me penchais mon ventre faisait des plis (au lieu de se creuser en un seul grand repli). Je me tâtai : gros, adipeux.

Je pris peur. Je fis des régimes, de la gymnastique, du sport ; en pure perte. Aujourd'hui, quand je me regarde dans la glace, j'ai presque envie de pleurer. « Tu t'appelles Luna, te voilà rond comme la lune » : c'est ce qu'on me dit. Une métamorphose tellement rapide que jamais je n'ai vu quelqu'un arriver à changer aussi vite. J'ai un visage bien plein, la peau est tendue, le profil dont j'étais si fier autrefois, je peux l'oublier.

Pourtant, maintenant, je semble séduisant. Avant, par exemple, les femmes ne me regardaient jamais. Aujourd'hui, si. Mieux encore, elles me fixent des yeux, et pas d'un air ironique ; de manière effrontée, plutôt, comme si toutes, les jeunes aussi bien que les vieilles, étaient devenues des allumeuses. Elles expriment de la sympathie, j'irais jusqu'à dire du désir si je ne craignais pas de paraître ridicule. Souvent elles me sourient.

Pour un homme normal, dans des circonstances pareilles, il n'y aurait que l'embarras du choix. Mais je suis timide. En huit mois, je n'ai réussi à faire que deux conquêtes, et, en toute franchise, elles n'avaient rien d'extraordinaire. Je me suis vite lassé d'elles.

Il est également possible que mon charme soit uniquement superficiel, extérieur. Que je produise un certain effet au premier regard mais qu'ensuite, pour peu qu'elles me fréquentent, les femmes soient déçues. Allez savoir. Elles me regardent, en tout cas. Et même, elles se retournent dans la rue. Cela m'agace, parfois.

Mais les hommes aussi me regardent ! Les hommes mûrs, en particulier. Ça, c'est ennuyeux. Pourquoi me regardent-ils ? Pourquoi ces regards visqueux ? Si j'étais une femme, je dirais qu'ils me convoitent. Comme je n'en suis pas une, je ne sais vraiment pas que penser.

Au départ, je me suis figuré que ma nouvelle apparence physique correspondait, pourrait-on dire, aux penchants très particuliers de certaines personnes. Je ne suis quand même pas naïf au point d'ignorer que ces choses-là existent autour de nous. Mais, mon Dieu, est-il possible qu'il y ait autant de dépravés ?

Ces regards très particuliers, pleins de désir, m'étaient – et me sont toujours – jetés par des personnes notoirement connues, absolument au-delà de tout soupçon. Par M. Franz, par exemple – c'est le premier nom qui me vient à l'esprit. M. Franz est notre président : un homme d'excellentes mœurs et dépourvu de la moindre fantaisie, s'il en est. Et comment pourrais-je oublier les œillades appuyées, languissantes, presque attendries que m'adressa le préfet lorsqu'il vint visiter notre siège, il y a deux mois ?

Tout cela était plutôt étrange, inquiétant dirais-je. Et pourtant je n'ai jamais eu le courage, ou l'occasion, d'en parler avec quelqu'un. Les premiers temps, je dois dire, la chose me plaisait, je me sentais flatté. Puis cela commença à me préoccuper. Enfin, au bout d'un certain temps, j'ai fini par en prendre presque l'habitude. « Mais pourquoi me regardent-ils comme ça ? me demandais-je au début. Qu'est-ce que j'ai de particulier ? » J'étais bien loin, hélas, d'imaginer ce qui était à l'origine de ce phénomène.

J'ai dit que, lorsque je me mis à grossir, la Providence sembla enfin se souvenir que j'existais moi aussi. Tout me fut d'abord plus facile. Ce fut le cas au travail. Si par exemple il fallait éviter des histoires, si pour obtenir certaines machines ou certains engrais, on rencontrait des obstacles, des protestations, il suffisait que je me rende sur les lieux pour que toutes les difficultés s'aplanissent.

Même avec mes collègues, mes supérieurs, les employés subalternes, la journée devint plus facile, plus cordiale, plus souriante. Je ne m'étais jamais rendu compte que j'avais tant d'amis autour de moi. Jusqu'à Mme Arnetti qui est un peu l'éminence grise du Consortium, et qui ne m'avait jamais prêté plus d'attention que si je faisais partie du mobilier : elle s'avisa de me saluer en me témoignant toutes les marques de respect et certains matins elle alla même jusqu'à me sourire, événement pour elle sans précédent.

Quelque chose s'était passé en moi, à mon insu. Mais quoi ? Le fait d'avoir engraissé avait-il quelque chose à voir là-dedans ? Cela semblait une hypothèse absurde. À tout prendre, comme je l'ai déjà dit, j'étais plus beau avant. En tout cas, sans trop m'appesantir sur le pourquoi du comment, je fis bon accueil aux faveurs nouvelles que m'accordait la Providence.

Des faveurs ? Le mot paraît sans doute excessif. Mais dans une ville de province comme A..., coupée du reste du monde, où les vies comme les pensées ont tendance à s'étioler, toute opportunité d'élargir le cercle de ses relations doit être reçue comme un don du ciel. Or le changement dont j'ai parlé se faisait sentir également auprès des membres de ce que l'on appelle la société.

Ces dernières années, comme je le disais, l'indifférence d'autrui avait fait naître en moi une forme d'apathie. Je vivotais sans grandes ambitions. Mais je dois cependant avouer que, quand j'étais plus jeune, j'avais un faible pour le beau monde.

Du beau monde, à vrai dire, la ville n'en comptait pas tant que ça. Peu importe. Le petit groupe que formaient les familles nobles, il faut le reconnaître, avait une certaine allure. Au lieu de chercher à imiter la métropole, ce que l'on fait généralement en province, elles perpétuaient leurs façons de vivre ancestrales, rustiques. Pas de snobisme intellectuel, pas de livres, pas de musique, pas de tableaux. La chasse, les chevaux, les fusils, bien manger et bien boire, s'y connaître en matière de chiens et de campagne, ne pas se faire escroquer par les paysans, voilà ce qu'elles privilégiaient.

Ces familles-là, les Longhi-Tarra par exemple, les Siderà, les Weissenack, les Modernini, les Partìcola, les San Giove, habitaient une grande partie de l'année dans les propriétés de famille hors les murs : des villas, ou de grands pavillons de chasse, ou des châteaux, éparpillés dans la vallée, généralement perchés sur les sommets des collines qui barrent le passage vers les montagnes. Là se trouve la région sauvage des Cuvettes : une succession sans ordre d'épaulements et de vallons, des ravins, des crevasses au fond desquels grondent les torrents.

Là-haut, au sommet d'une butte, se dresse la demeure des comtes Partìcola, appelée Primeràn. Les Partìcola sont l'une des familles les plus représentatives de notre noblesse. Habituée à vivre dans le plus grand isolement avec des mœurs extraordinairement désinvoltes. Aux antipodes de la sinistre respectabilité des vieilles familles de province. On disait notamment que la plus jeune des filles, Maria Sofia (je l'avais croisée quelquefois en ville, un petit bout de femme plutôt provocante), flirtait avec tel garçon et tel autre, y compris les domestiques et les paysans. Mais on dit tellement de choses sur les grands seigneurs : peut-être qu'à y regarder de plus près, on se rend compte que rien n'est vrai.

Je suis moi-même chasseur et souvent, partant pour les lièvres ou les perdrix du côté des Cuvettes, j'avais franchi les limites du domaine des Partìcola. Je n'avais jamais vu leur maison de près. Cependant, du haut de certaines collines, on pouvait l'apercevoir, à demi masquée par un bouquet d'arbres. Ni belle ni imposante ; mais le bâtiment central était singulier, plein de recoins, de petits escaliers extérieurs, d'ailes rajoutées, de petites tourelles, de belvédères, qui retraçaient sur plusieurs siècles l'histoire d'agrandissements anarchiques.

Il y a quelque temps, après une journée de chasse, je me trouvais à l'auberge du Reolòn pour y boire un verre de vin lorsqu'un groupe de six à sept personnes entra. C'étaient des messieurs de la haute, avec fusils, chiens et tout le reste. Celui qui menait le groupe était un grand type, la cinquantaine, une belle barbe grise divisée en deux, un visage sanguin. À peine entré, il me regarda fixement ; et les autres l'imitèrent.

Et voilà que cet homme s'avança en me tendant la main : « Bonsoir, cher ami, dit-il. Permettez-moi de me présenter : je suis Partìcola, Florio Partìcola, entre chasseurs, inutile de faire des manières.

— Bonsoir, répondis-je. Je m'appelle Luna.

— Oh, je sais. Un des meilleurs doublés de la vallée, en tout cas c'est ce que l'on dit. Cela me ferait vraiment plaisir qu'un jour vous veniez nous voir, là-haut, à Primeràn. Pourquoi ne vous y voit-on pas ? Mais si, venez, samedi prochain... oui, venez samedi. Nous ferons une petite battue... des lièvres, et peut-être un ou deux chevreuils. Il en reste quelques-uns...

— Je vous remercie, mais...

— Pas de "mais" qui tienne... Je vous attends samedi... à deux heures, notez-le, devant le café Euriante. » On aurait dit qu'il ne voulait pas laisser passer l'occasion, comme s'il s'agissait d'une affaire intéressante.

Moi, invité par Partìcola ? C'était un peu fort. Des gens aussi réservés, des aristocrates pareils. Est-ce que je n'allais pas faire piètre figure ? J'avais grand peur des règles qui devaient protéger cette espèce de citadelle, des conventions, des habitudes, du langage, des plaisanteries, des galanteries, des façons de se comporter et de manger, de ce qui était permis et de ce qui ne l'était pas, autant de choses qui, là-haut, devaient sûrement être complètement différentes, comme si on pénétrait dans un autre monde.

Je m'y rendis. Un peu nerveux, bien sûr. Au dernier moment, j'aurais volontiers rebroussé chemin, comme quand on va passer un examen. Plus que jamais je me demandais : « Pourquoi ? Pendant des années, Partìcola m'a forcément croisé sans jamais daigner me jeter un regard. Et maintenant il m'invite, qu'est-ce qui lui prend ? Ou alors il m'a confondu avec quelqu'un d'autre ? »

À l'heure convenue, devant le café Euriante, pas de Partìcola. Il avait fait venir sa voiture conduite par un jeune homme, sans doute un paysan ou un garde-chasse. Celui-ci me dit que Monsieur le comte me priait de l'excuser, qu'il avait été retenu parce que Madame la comtesse était souffrante. Ce sont les seuls mots qu'il prononça de tout le trajet.

À Primeràn, la voiture s'arrêta derrière le grand édifice, bâti sans aucune cohérence, avec plus ou moins de réussite. Je ne vis âme qui vive, comme si tout le monde était parti dormir. L'homme qui conduisait la voiture entra pour prévenir de notre arrivée et peu après se présenta une jeune soubrette au visage souriant. On ne pouvait pas ne pas la remarquer tant elle était ronde et ferme, au point que sa poitrine et ses bras semblaient artificiels.

Quand elle fut près de moi, ses lèvres cessèrent de sourire l'espace d'un instant. Elle demeura figée, comme frappée de stupeur. Elle laissa échapper un léger « Oh » d'étonnement.

« Qu'y a-t-il ? demandai-je.

— Rien, rien, Monsieur, dit-elle en se ressaisissant. Madame est en haut, qui vous attend. » Elle prit ma valise et l'étui du fusil, et me montra le chemin.

« C'est peut-être un malentendu, pensai-je. La comtesse attend le médecin, elle ne sait rien à mon sujet. Son mari a dû oublier de la prévenir de mon arrivée. »

Mais ce n'était pas le cas. Dès que je fus entré dans la chambre, grande, avec des meubles anciens, un peu nue, la comtesse Partìcola se redressa pour s'asseoir dans son lit, en souriant. Elle était de type autrichien, blonde et forte, quarante-cinq ans à peu près.

« Oh, voilà monsieur Luna, dit-elle. Nous avons tellement entendu parler de vous. Vous voilà enfin. Oh, je vous en prie, approchez, asseyez-vous là, tout près... Marietta, apporte une chaise ! »

Je ne savais que répondre, mais elle m'évitait cette situation embarrassante en bavardant sans cesse. Elle voulut me faire asseoir tout contre le lit, le plus près possible. Elle portait une *liseuse** de soie profondément décolletée et sans manches.

« Vous savez, disait-elle, nous, ici, vivons comme des ermites. Les visites de gens sympathiques sont notre seul réconfort... Je suis désolée pour vous, mon cher Luna, vous allez devoir vous ennuyer... Mais la chasse est bonne, ça, c'est sûr, et je sais que vous êtes un grand passionné.... Ah, si, si, vous me plaisez, je vous le dis tout de suite : nous deviendrons amis... Mais approchez-vous, vous n'avez pas peur, quand même ? »

J'avançai davantage ma chaise, jusqu'à ce que mon

genou bute contre la table de nuit. Elle me fit un clin d'œil et se pencha en avant, sans se soucier de cacher sa poitrine qui, il faut bien le dire, était un véritable miracle pour son âge ; elle posa une main sur mon genou.

« Nous vous avons donné une chambre un peu en hauteur, mais au moins comme ça vous pourrez profiter du paysage. (Elle eut un rire juvénile.) La semaine prochaine, si vous préférez...

— Mais je dois partir lundi, malheureusement...

— Lundi ? Ce n'est même pas la peine d'y penser : lundi, c'est jour de chasse, et mardi, il y a banquet ; je plaisante, bien sûr. Mais chaque année nous faisons ça et nombre de nos amis viennent de loin exprès, tous des amateurs de gibier... Et vous croyez que vous allez nous quitter comme ça...

— Croyez bien que j'en suis vraiment désolé, madame la comtesse, mais j'ai des obligations professionnelles... »

Je rougis. La main de la comtesse avait glissé, remontant de mon genou vers ma cuisse qu'elle serrait à présent. Elle me palpait, c'était indéniable. Je me sentais sur des charbons ardents.

« Elle me fait des avances, pensai-je. Qu'est-ce que je sais des façons de faire de ces gens-là ? Il paraît qu'ils ont des mœurs dissolues. » Mais dans l'immédiat, que devais-je faire ? La comtesse, pour être franc, ne m'attirait pas du tout. D'un autre côté, je ne pouvais pas faire comme si de rien n'était. Cela aurait été encore pire : une impardonnable goujaterie. « Regardez-moi un peu cette cochonne, quand même ! Ils vont vite en besogne, ces comtes ! Et dire que c'est son mari qui me fait venir pour de si nobles travaux ! »

Je devais avoir l'air ridicule. « Oh, madame la comtesse », bredouillai-je tandis qu'elle me dévorait des yeux, et, de sang-froid, histoire de lui rendre la monnaie de sa pièce, j'avançai la main pour lui serrer le bras.

Comme une chatte, elle eut un mouvement de recul pour me repousser, et se mit à rire bruyamment. Elle ne s'arrêtait plus, et j'aurais voulu me trouver à des kilomètres de là. « Ah, mon cher Luna, je ne vous retiens pas davantage, hein ? Marietta va vous accompagner jusqu'à votre chambre... Ah, ah, vous êtes un vilain petit polisson, laissez-moi vous le dire... vraiment... Ah, elle est bien bonne, celle-là ! »

Je ne comprenais pas. À quoi cela rimait-il, alors, toutes ces manœuvres ? Prenant beaucoup sur moi je ris à mon tour, seule issue possible à cette situation absurde.

II

Ce que je vis par la suite dans la villa des Partìcola confirma ce que je m'étais imaginé à ce moment-là de manière tout à fait gratuite. À Primeràn, tout semblait appartenir à un autre monde. Dans la maison, bien qu'elle fût extrêmement isolée, régnait en permanence une joyeuse frénésie, personne n'arrêtait jamais, il y avait toujours quelque chose de nouveau à expérimenter, une nécessité furieuse, aurait-on dit, de déverser un trop-plein d'énergie : et la chasse, et le tir à l'arc, et la pêche dans un petit lac proche, et les tentatives pour dompter un étrange cheval jaune citron, et manger à n'importe quelle heure, et réparer une espèce de petite maison de bois construite tout en haut d'un grand arbre (et que le vent avait démantibulée), et chercher des champignons, et dresser les chiens, et accourir aux cris d'un paysan qui avait repéré une vipère, et, équipés d'espèces de larges skis, descendre pleine pente une prairie d'herbe sèche, et dépecer un renard tombé dans un traquenard, et des parties de cartes, et aider les paysans à transporter des cuves gigantesques, et tirer sur les corbeaux de passage, et débusquer les taupes, et goûter le vin nouveau, et jouer avec un ballon d'un poids extraordinaire. À la tête de toutes ces activités se trouvaient les enfants, déchaînés : Giancarlo, une vingtaine d'années, Lena et son mari Domenichetti – un beau spécimen d'aristocrate débauché – et Maria Sofia. Mais les parents n'étaient pas en reste, ne serait-ce que par leurs encouragements et leurs conseils. Il y avait aussi des hôtes de passage : un ami du père, un certain docteur Cordé, qui avait la réputation d'être un homme spirituel (à cause de sa repartie coutumière « Ah oui, oui », qu'il ne disait jamais à propos et qui produisait indéniablement un certain effet), et le vieil oncle Tarquinio, prêtre et astronome, qui ressemblait à un crapaud, toujours claquemuré au sommet d'une tourelle où il avait installé un télescope. Liés à la famille, une quantité de domestiques, de valets de chambre, de régisseurs, d'assistants, de menuisiers, de paysans allaient et venaient à leur guise, renforçant cette atmosphère de bien-être, de permissivité, de sensualité et de folie.

Le soir, au dîner, toutes mes inquiétudes au sujet de l'étiquette disparurent. Même les femmes mangeaient avec une désinvolture incroyable, en utilisant très souvent leurs mains. Le vieil oncle Tarquinio, imposant au point d'occuper deux places à lui tout seul, se goinfrait comme un porc. En quelques minutes la nappe fraîchement lavée fut un archipel de taches. Et tout autour trois ou quatre chiens, les yeux brillants de convoitise, se disputaient les morceaux que leur jetait leur maître.

On mangeait bien et beaucoup. Et je m'en serais donné à cœur joie si je n'avais pas senti, posés sur moi, vibrants d'une sympathie excessive, les regards des personnes présentes : ceux qui étaient attablés comme ceux qui faisaient le service. J'aurais été une étoile du cinéma qu'on ne m'aurait pas regardé avec autant d'intensité. Cela ranimait mon inquiétude. Et je me demandais : « Pourquoi ? Je suis vraiment si beau que ça ? »

Parmi tant d'autres choses étranges, je remarquai, alors même que nous étions en train de dîner, un phénomène pour le moins insolite. Pendant que Marietta faisait le service, les hommes, avec une indifférence qui montrait combien ils étaient coutumiers du fait, la tripotaient sans cesse, l'un lui pinçait le bras, l'autre les mollets, un troisième le postérieur. Exception faite de l'oncle prêtre. Mais le plus incroyable, c'est que ni la comtesse (qui s'était rapidement remise) ni ses filles ne prêtaient attention à ce manège, comme si tout cela était parfaitement naturel. Il n'y a que Lena, la femme de Domenichetti, qui se tourna à un moment donné vers son mari : « Arrête un peu, lui dit-elle, tu le sais bien, maintenant, de quelle chair elle est faite, Marietta ! – Ah oui, oui », commenta le docteur Cordé, provoquant un éclat de rire général.

Quant à Marietta, avec son visage rond qui la faisait ressembler un peu à une Mongole, elle continuait à sourire, comme si être l'objet de telles attentions faisait partie de son service ; mais il n'y avait chez elle rien qui puisse ressembler à de l'effronterie ou de la provocation.

La chasse à laquelle on m'avait invité devait se dérouler le dimanche mais on l'avait ensuite repoussée au lundi. La veille, après le repas, le vieil ecclésiastique m'invita à monter à la tourelle ; il allait me montrer les anneaux de Saturne. Je l'accompagnai là-haut, ses manières circonspectes me firent cependant vite comprendre qu'il y avait anguille sous roche. Effectivement, il se carra dans un fauteuil, m'offrit une chaise en face de lui et se mit à parler. Mais d'abord il fit sur moi un signe de croix.

« Mon petit, commença-t-il, si je vous ai convié à venir ici ce n'est ni pour les étoiles ni pour les planètes. C'est pour une tout autre affaire. Ce sont là des choses que je me dois de vous dire, quand bien même vous en seriez troublé. J'estime que c'est un devoir auquel je ne peux me soustraire. »

Il poussa un soupir, je le regardai, stupéfait.

« Hier, continua-t-il, lorsque je vous ai vu pour la première fois, je dois vous avouer que j'ai pensé que vous étiez... hum, hum, comment dire ?... une créature du démon. Mais je me suis rendu compte, mon pauvre enfant, que vous ignoriez tout.

— Tout quoi ?

— J'y viens. Mon cher enfant, vous ignorez à l'évidence le pouvoir qui est le vôtre. Je ne vous dirai que ceci : attention, mon petit, à ne pas céder... hum, hum, comment dire ?... aux tentations... Je suis bien placé pour en parler... Je vous ressemblais un peu, quand j'étais jeune... J'ai couru de vilains risques, moi aussi... Bref, partez d'ici avant qu'il ne soit trop tard.

— Partir d'ici ?

— Exactement. Vous n'avez rien à gagner ici, vraiment rien. »

Je ne comprenais pas. « Mais pourquoi ? demandai-je. Mon père, vous me tenez de bien étranges propos, vous m'effrayez et vous ne me dites pas pourquoi. Qu'est-ce que ce pouvoir dont je dispose ? Cela fait des mois que je me pose la question. Les gens, les hommes comme les femmes, me regardent, mais pour moi cela reste un mystère... Donnez-moi enfin la clef de l'énigme, vous qui êtes si bon pour moi. »

Il fit non de sa grosse tête. « Ah non, mon petit, j'en ai déjà trop dit, j'ai peut-être été trop loin... Il est tout à fait possible, plût à Dieu, que mes craintes soient sans objet... Mon petit, je ne peux pas vous en dire plus... Partez... Si vous le pouvez, ce soir même... Une dernière chose, mon cher Luna : si j'étais à votre place, j'essaierais de maigrir. »

Voilà à peu près les propos qu'il me tint. Mais il omit le plus important : à savoir le but dans lequel il me prodiguait ces conseils. De telle sorte que je ne compris rien du tout et que ses paroles produisirent l'effet contraire à celui qu'il recherchait.

Je crus en effet que l'abbé voulait me mettre en garde contre les tentations de la chair, de façon générale : le pouvoir singulier dont il parlait, n'était-ce pas au fond ma jeunesse resplendissante qui suscitait des élans d'affection partout où j'allais ? Et s'il m'incitait à partir, c'était sans doute parce qu'il lui restait un vague scrupule de moralité, qu'il lui déplaisait que ma présence amenât sous son toit une autre occasion de luxure, comme s'il n'y en avait pas déjà assez comme ça.

Si bien qu'au lieu de me faire peur, don Tarquinio fit naître en moi une assurance nouvelle. Un homme comme moi, se laisser arrêter à la pensée de la vie éternelle ! Cela me confortait dans mon attitude. Ma présence incitait à la débauche ? Je dois avouer que je n'en étais pas consterné. Néanmoins l'attraction que j'exerçais sur les hommes restait toujours quelque chose de mystérieux. Mais pourquoi toujours penser à mal ? Cela ne pouvait-il pas être de leur part un simple plaisir esthétique ?

Il se faisait tard lorsque je quittai l'abbé. En bas, je trouvai les lumières éteintes. Tout le monde était parti dormir. Çà et là dans les chambres, toutefois, on entendait un bruit de pas, d'eau qui coule, des murmures de conversation. J'allais atteindre l'escalier qui mène à ma chambre, lorsqu'un pas précipité retentit derrière moi. Je me retournai. C'était Marietta, en proie à une agitation extrême. Elle devait avoir eu très peur, et en me voyant, elle parut soulagée. Avant que je puisse comprendre ce qui se passait, la petite soubrette s'était réfugiée dans mes bras et se serrait contre moi, comme pour me demander de la protéger : « Oh ! Mon Dieu, mon Dieu, si vous saviez !... »

Je dois avouer que la gamine me plaisait. Je crus qu'elle venait de se faire réprimander par l'un de ses patrons et qu'il s'en était suivi, comme toujours dans ces cas-là, une scène de larmes. Encouragé par sa docilité, je lui relevai la tête et lui donnai un baiser sur la bouche.

« Ah ! » fit-elle dans un hoquet. Et, s'étant dégagée, elle me flanqua une bonne gifle. Puis, en plissant les yeux : « Imbécile, dit-elle rageusement à voix basse. Imbécile. Vous, vous le gentil... » Et elle continuait en reculant : « Pour vous prévenir, j'étais venue pour vous prévenir, et vous, vous... Ah, si vous saviez, si vous sav... » À ce moment-là une porte s'ouvrit et le comte

Partìcola, vêtu d'une grande robe de chambre de soie rouge, fit son apparition. « Ah, c'est vous ! lança-t-il, jovial. J'entendais parler, pour un peu je vous aurais pris pour des cambrioleurs... Ah, très bien, très bien... Mais Marietta, comment se fait-il que tu sois encore debout, toi ? Tu sais qu'il est bientôt une heure du matin ? »

La jeune fille m'adressa un clin d'œil, comme si elle n'était plus fâchée, mais sans joie ; elle semblait vouloir me dire qu'elle devait se retirer, qu'on la surveillait, qu'elle me communiquerait dès qu'elle pourrait ce qu'elle désirait me révéler. Et elle disparut au bout du couloir.

Nous restâmes donc en tête à tête, dans le silence de la vieille maison, gênés l'un et l'autre. Partìcola, à coup sûr, avait eu l'impression qu'il y avait quelque chose entre la servante et moi. « Eh, eh, fit-il avec un sourire hypocrite. Mignonne, hein, la petite ! » Et, ayant pris le parti de rire de l'affaire, nous nous souhaitâmes bonne nuit.

La chasse commença à cinq heures et demie. L'atmosphère était humide et l'on y voyait fort mal, à cause des brouillards qui s'étaient installés dans les vallons durant la nuit. Y participaient Partìcola, le docteur Cordé, le fils de la famille, le gendre et trois ou quatre amis venus de A... Partìcola (Dieu sait pourquoi, peut-être qu'il espérait rencontrer des chevreuils) avait emporté en plus un Mauser, qu'un jeune garçon lui portait.

Nous marchâmes en groupe pendant une vingtaine de minutes, puis nous nous alignâmes de façon à former un vaste front, chacun se trouvant à cinquante ou soixante mètres de son voisin ; et nous avançâmes ainsi, à pas lents. À ma droite, j'avais Partìcola, à ma gauche un inconnu.

C'était une belle journée, mais les nappes de brouillard tenaces donnaient au paysage des airs d'automne un peu irréels. Au milieu des broussailles, de temps à autre, je voyais surgir Partìcola suivi du jeune garçon. Il se trouvait en hauteur par rapport à moi, sur la crête d'une petite colline tout en longueur. À gauche, en revanche, je ne vis jamais personne. De temps à autre, on entendait le chant de quelque petit oiseau, et, si lointains qu'on aurait dit les échos d'un rêve, les hurlements des rabatteurs et les « kaï, kaï » excités des chiens laissant penser qu'ils étaient sur les traces d'un lièvre. Je marchais en pensant au discours du prêtre, à la rencontre avec Marietta dans le couloir et à mille autres choses qui me semblaient quelque peu étranges. Était-ce à cause du froid ? des lambeaux de brouillard ? d'un pressentiment ? Je n'étais pas tranquille.

Je me prenais à regretter d'avoir accepté cette invitation à Primeràn lorsque j'entendis juste derrière moi un « psst, psst » étouffé. Je ne sais comment, et cela me sauva, je compris immédiatement que si quelqu'un m'appelait avec tant de précautions, c'était pour que Partìcola ne pût pas entendre. C'est pourquoi je procédai avec circonspection. Par bonheur, le brouillard ne s'était pas encore dissipé. Du coin de l'œil, je vis un homme de petite taille qui me suivait, bondissant lestement de bosquet en bosquet, si lestement qu'on aurait cru une ombre. Que me voulait-il ?

J'essayai de me laisser distancer, pour lui faciliter la tâche. Jusqu'au moment où, soudain, il fut tout près de moi, embusqué dans un buisson. Je découvris alors qu'il ne s'agissait pas d'un homme mais de Marietta, qui portait des pantalons et une veste. Elle me regardait avec de drôles d'yeux exorbités. Et elle murmurait :

« Psst, psst, Monsieur !

— Qu'y a-t-il ? Que veux-tu ?

— C'est moi, Marietta, c'est moi, bredouilla-t-elle. N'y allez pas, n'y allez pas, ils veulent nous... »

Du haut de la colline nous parvint l'appel de Partìcola : « Luna, qu'est-ce que vous attendez ? Vous êtes à la traîne !

— J'arrive, j'arrive ! » répondis-je et je me remis en marche.

Mais la fille, avec une incroyable agilité, bondissait derrière moi de buisson en buisson. Dans mon dos j'entendais ses halètements et sa supplique absurde : « Monsieur, rebroussez chemin !

— Mais enfin, on peut savoir ce qui se passe ? demandai-je à nouveau, excédé.

— Ils veu..., balbutiait-elle, ils veulent nous tuer !

— Qui, qui veut-on tuer ?

— Nous, nous deux, ils veulent nous tuer. Je les ai entendus hier soir. J'écoutais à la porte et j'ai tout entendu.

— Mais qui ? Qui avez-vous entendu ?

— Le comte, le docteur Cordé, et il y en avait un autre que je n'ai pas reconnu. »

Je la questionnai, et moi aussi j'avais le souffle court : « Et pourquoi ? Pourquoi voudraient-ils nous tuer ?

— Monsieur, rentrez, supplia Marietta qui rampait pour ne pas se faire voir. Il n'y a pas une minute à perdre. Je les connais, ils sont sans foi, ce sont des monstres. »

Un soleil encore pâle éclairait les broussailles, les herbes et les arbustes d'une lumière rosée. J'aperçus le chapeau de Partìcola ; il s'était arrêté et regardait autour de lui.

« Et pourquoi ? Qu'est-ce que nous avons fait ? »

D'un saut, elle fut tout contre moi ; d'une main, elle saisit ma jambe : « Vous n'avez pas encore compris ? dit-elle. Mais ils veulent nous manger !

— Nous manger ! Mais tu es devenue folle ?

— Je vous jure, je vous jure. Sur la tête de ma mère, je vous le jure. C'est ce qu'ils disaient. Ils sont gras à souhait, ils disaient. Et ils veulent nous manger. »

Alors, comme un coup de poignard dans le dos, ces mots me coupèrent le souffle. Soudain, tout devint effroyablement clair et net. Et je n'avais rien voulu voir ! C'était donc pour ça qu'ils me faisaient la cour. Je leur plaisais, oui, d'une façon terrible, aux hommes comme aux femmes. Et les hommes comme les femmes me couraient après.

Mais pas par amour. Quand ils me voyaient, un appétit bestial les prenait aux tripes. M'assommer, me dépecer ; voilà ce qu'ils voulaient, me vider de mes entrailles, arracher ma chair tendre et la mettre sur le feu, puis planter sauvagement leurs dents dans la viande.

Je sentais quelque chose au niveau de l'estomac, une sorte de nausée. Le cœur battant, je marchai afin que Partìcola ne pût rien soupçonner. Maintenant je comprenais à quoi rimait toute cette comédie, maintenant c'était clair. De la chair fraîche, voilà ce qu'ils voulaient, comme si j'avais été un veau ou un porc.

C'est pour cela qu'ils étaient sous mon charme. J'étais donc l'œuvre d'un démon, destinée à susciter chez mon prochain un appétit effréné, refoulé depuis des millénaires ? En ma présence, les gens ressentaient une mystérieuse envie, sans comprendre de quoi il s'agissait : et comme ils n'en soupçonnaient pas la nature turpide, ils s'y abandonnaient. Quelques-uns seulement, parmi les plus corrompus, percevaient clairement la nature de mes attraits. Et Partìcola avait manigancé la partie de chasse pour me prendre au piège. Au fond d'un petit vallon perdu, en faisant croire à un accident, rien de plus facile que de m'envoyer une balle dans la peau. Puis, avec ses complices, il m'aurait dissimulé ; et ensuite découpé en morceaux, cuisiné, porté sur la table dans de grands plats, mastiqué lentement.

Une des mains de Marietta s'allongea pour attraper ma cheville. « Fuyons, je vous en supplie, fuyons ! » À ce moment même, j'entrevis des ombres.

Que m'arriva-t-il après ? Je ne me souviens de rien, si ce n'est de notre fuite ; nous dévalions la pente entre les buissons et derrière nous, des voix, sa voix à lui qui appelait : « Luna ! Luna, où allez-vous ? », deux coups de feu, et Marietta à mes trousses qui courait, haletant comme une désespérée, gémissant sans cesse les mêmes mots : « Moi aussi... moi aussi, moi aussi », elle semblait demander protection.

J'eus l'impression de courir pendant des heures. Nous arrivâmes enfin, exténués, au sommet d'une colline. Silence. En bas, là-bas, la maison des Partìcola. Quelques chants d'oiseaux. Mon Dieu ! En vain, je cherchais à me raisonner, à me convaincre que tout cela n'était qu'une hallucination délirante. Maintenant je comprenais les mots de l'abbé, et tous ces regards torves, et l'attitude équivoque de la comtesse, et les mains qui pelotaient la petite servante. Quand nous eûmes repris notre souffle, Marietta me raconta : la soirée précédente, en écoutant aux portes, elle avait surpris une conversation entre le comte et Cordé qui discutaient du meilleur moyen de m'éliminer : ils avaient également parlé de Marietta, se promettant d'en faire bonne chère dans un second temps ; en effet – c'est ce qu'ils disaient –, j'étais plus dodu et plus appétissant.

Pour le moment, j'étais sauvé. Mais demain ? À A... aussi ils pouvaient me cueillir. Marietta déclara qu'elle voulait rentrer chez elle. Elle habitait un village assez proche. Elle ne voulait pas perdre une minute. Soudainement elle me dit au revoir, se mit à dévaler la pente. Je la vis disparaître entre les arbres. J'étais tellement bouleversé que j'en oubliai de la remercier.

Je demeurai seul. Et je ne savais plus quoi faire. Regagner la route ? Et si Partìcola m'attendait au tournant ? Rentrer à Primeràn en faisant mine de rien ? C'était se jeter dans la gueule du loup. Porter plainte à la police ? Ils m'auraient pris pour un fou.

Mais là-haut, entre les arbres, dépassaient, silencieux, les toits du couvent de Viadana ; une mince fumée s'élevait des cheminées. N'était-ce pas là la voie du salut ? Je me dirigeai de ce côté. Quelques instants après, pleurant à chaudes larmes, j'étais en train de raconter mon histoire au prieur. Les mains croisées sur les genoux, le vieux frère m'écoutait, les yeux humblement à terre.

Je trouvai au monastère la bonté et la paix. Le cauchemar qui m'obsédait se dissipa. Je retrouvai le sommeil. Et petit à petit, l'horrible aventure, épurée de tout ce que j'avais pu imaginer, commença à me paraître invraisemblable. Je me demandais si je n'avais pas fait preuve de légèreté en prenant pour argent comptant les élucubrations puériles d'une domestique. Dieu sait comment je m'étais laissé monter la tête. Avec le recul : une bêtise sans pareille. Mais maintenant, comment pouvais-je décemment me présenter à nouveau devant mes hôtes et justifier mon absence sans passer pour un déséquilibré ?

Cela fait deux semaines que je vis au couvent. Et je m'apprête à en partir. Mais ce matin, la peur est de retour. Misère ! Au petit déjeuner, dans le réfectoire, par hasard j'ai levé les yeux. Ils me regardaient. Six, sept moines, sans s'en rendre compte, avaient les yeux fixés sur moi. Oh, ces pupilles brillantes, lubriques, débordantes d'un désir animal !

Settimo giorno,
n° 1, 1951.

Le justicier

De passage dans la capitale, le mage de Cosenza, le vénérable Ciro Sicofone, reçut, aux heures de consultation, la visite d'un jeune homme.

« Parle, mon jeune ami, lui dit le mage. Que veux-tu du grand Sicofone, du consolateur suprême des âmes et des corps ? Aie confiance en lui, ouvre ton cœur... et tout d'abord, ajouta-t-il, un ton plus bas, d'une voix flûtée, tout d'abord cela fera cinquante mille. »

Sans se démonter, le jeune homme déposa sur une petite table un beau billet de banque et expliqua le motif de sa visite. Il ne venait pas pour lui mais pour le compte d'un grand homme politique qui préférait taire son nom. À l'approche des élections, dont pouvait dépendre le sort du parti, monsieur le député, sans regarder à la dépense, demandait l'aide du mage : n'y aurait-il pas moyen de lui procurer une investiture occulte, un talisman ou autre charme, qui lui permettrait de triompher de ses ennemis ? Ou, mieux encore, de pouvoir les humilier et les écraser ?

Le mage répondit : « On doit bien pouvoir faire quelque chose... Par exemple, que diriez-vous d'un anneau ensorcelé qui stimule les facultés dialectiques ? Ou d'un sirop, spécialité de celui qui vous parle, qui démultiplie les capacités oratoires ?... Ou d'un stylo qui écrit tout seul des articles polémiques incendiaires ?

— Euh, fit le jeune homme ; pour être sincère, Son Excellence espérait quelque chose de plus... de plus fort.

— C'est-à-dire, mon jeune ami ?

— Eh bien... une arme radicale... qui mette les adversaires hors d'état de nuire.

— Il voudrait vraiment les... ? » Et le mage de sa main droite fit un geste très éloquent.

« Maître, vous m'avez compris à demi mot.

— Dans ce cas, seulement bien sûr il ne s'agit pas là d'une dépense négligeable... dans ce cas, j'ai pour vous quelque chose d'aussi rare que miraculeux, un véritable prodige, une fiole vieille de sept siècles. Un philtre distillé par le mage de l'empereur Frédéric. Les dernières gouttes.

— Et à quoi cela sert-il ?

— Vous me demandez à quoi cela sert ? Ouvrez tout grand vos oreilles. Il suffit de quelques gouttes et la main qui les a reçues acquiert un pouvoir fatal. Un ami à... hum, hum, à rendre complètement inoffensif ? Parfait : on écrit son nom, puis on le raye d'un coup de plume. Et le tour est joué. » Et il reproduisit le geste qu'il venait de faire.

« *Kaputt* ?

— Exactement, *Kaputt*. Et personne n'en saura jamais rien.

— Magnifique. Exactement ce qu'il fallait pour Son Excellence... » Puis le jeune homme fut pris d'un doute. « Mais vous êtes sûr que ça marche, que les choses ne s'arrêtent pas en route ?

— Garanti. Écrire un nom puis le barrer d'un trait : la personne désignée y passe.

— Combien ?

— Eh bien, étant donné qu'il s'agit d'un noble affrontement d'idées... un demi-million... payable d'avance. »

L'autre ne sourcilla pas et prit congé. Peu après il était de retour avec cinq cents gros billets. Le mage ne lui abandonna pas pour autant le philtre ; pour que cela soit efficace, disait-il, il devait l'administrer lui-même. Il alla jusqu'à exiger que le député vînt chez lui, et non l'inverse. S'il ne voulait pas être reconnu, il n'avait qu'à s'affubler d'une fausse barbe. L'affaire fut conclue en ces termes pour l'après-midi suivant.

L'homme politique n'était autre que monsieur le député Corrado Simontacchi, *leader* du parti frumentaire (qui voulait répandre la culture du blé sur tout le territoire). Pilier de l'opposition, Simontacchi avait été surnommé « cyanure » en référence à la violence haineuse de ses attaques contre les pâturagistes actuellement au pouvoir (et qui combattaient pour la thèse de l'élevage du bétail dans tout le pays).

Le jour suivant, avec l'aide du garçon qui lui faisait office d'homme de main, Simontacchi s'affubla d'une fausse barbe, chaussa une paire de lunettes noires et se rendit chez Sicofone.

Le mage le reçut aussitôt. Pour ressembler à l'image que l'on se faisait des hommes de sa profession, il avait le front ceint d'un grand turban.

« Que vaut au grand Sicofone, demanda-t-il, un honneur si convoité ? Tout d'abord, ajouta-t-il, un ton plus bas, d'une voix flûtée, tout d'abord cela fera cinq mille. »

Simontacchi explosa : « Cinq mille ? Très cher maître,

à quel jeu jouons-nous ? Le demi-million que nous vous avons réglé d'avance ne vous suffit pas ?

— Le demi-million ? Mais alors c'est vous, le député ?

— Mais oui, c'est moi le député !

— Mais... mais quelqu'un est déjà venu, il y a une heure, lui aussi avec une barbe, lui aussi député, et le sortilège, je l'ai pratiqué sur lui !

— Il y a une heure ? Mais qui était-ce ?

— J'attendais quelqu'un avec une barbe. Cet homme-là en avait une. J'ai dit : "Asseyez-vous, monsieur le député", et il s'est assis.

— Mais qu'est-ce qu'il voulait ?

— Il n'a pas parlé. Je ne l'ai pas laissé parler. Je lui dis : "Sicofone sait déjà tout, tendez-moi votre main droite." Il me tend la main. Je casse la fiole, je lui en mouille les doigts, je le laisse s'essuyer, je l'accompagne à la porte. Et voilà.

— Avec une barbe en pointe ?

— En pointe.

— Un œil qui louche un peu ?

— Diable, mais comment le savez-vous ?

— Perdu ! gémit Simontacchi. Je suis perdu ! C'était Sterziana, le ministre de la Justice, le chef des pâturagistes, mon pire ennemi.

— Quel malheureux concours de circonstances, commenta le mage, fort embarrassé.

— Ah, vous trouvez ça "malheureux" ? Vous voulez vous en tirer comme ça ? Quel beau mage vous faites, hein, je ne voudrais pas dire... Est-ce qu'au moins, vous en avez une autre pour moi, de ces fioles ?

— Désolé, affreusement désolé...

— Résultat : l'autre là, d'un trait de plume, pourrait m'expédier dans l'autre monde ?

— Malheureusement oui, monsieur le député. Mais vous n'avez pas de raison d'avoir peur : il ne sait rien. Je ne lui ai rien expliqué. Je croyais qu'il savait, et lui croyait que je savais. En fin de compte, il n'y a pas eu d'explications. Il dispose certes d'un redoutable pouvoir, mais il n'en a pas la moindre idée. Il n'arrivera donc rien de fâcheux.

— Allons, vous plaisantez ! fit Simontacchi furibond. Vous ne savez pas que c'est un graphomane ? Chaque jour un article de fond, basé sur des attaques personnelles... Et il écrit à la main. Et il a un mal de chien, il efface, il réécrit, il réefface... toutes les deux ou trois lignes reviennent nos noms à nous, du parti frumentaire. Mon nom à moi ! Je suis son obsession... Vous comprenez le danger que je cours, oui ou non ? Sans savoir ce qu'il fait, un de ces jours, par hasard il barre mon nom pendant qu'il écrit un article et moi... je passe l'arme à gauche. Ne me dites pas ça ! C'est épouvantable ! Peut-être que nous sommes là à discuter, et lui, Sterziana, est déjà assis à son bureau : il écrit, il écrit, de temps en temps il s'arrête, relit et, mécontent, secoue la tête, et une pluie de ratures et peut-être que juste là il y a mon nom et moi... oh, oh, c'est épouvantable ! » Il se tordait les mains de désespoir.

« Peut-être, suggéra le mage, peut-être que la seule solution c'est de tout lui dire.

— Lui dire qu'il peut tuer simplement en barrant un nom ?

— Il m'a l'air d'un homme doux, incapable de faire du mal.

— Au fond c'est vrai, c'est un incapable, un imbécile, un faible... mais il s'agit de politique, et la politique transforme les petits agneaux en tigres. »

De toute façon, on ne pouvait plus rien faire. Méditant sur la fatale épée de Damoclès qui pendait au-dessus de sa tête, Simontacchi rentra chez lui consterné. Il ne lui restait peut-être que quelques heures à vivre.

Si ce n'est que les caprices du sort lui accordèrent une trêve inespérée. À peine fut-il rentré que, par la voix de la radio – sa femme la laissait allumée en permanence –, il apprit que cet après-midi-là, au moment où il entrait au siège du gouvernement, Sterziana avait été victime d'un accident : trébuchant sur une marche, il était tombé et s'était fracturé le poignet droit.

Quarante jours de plâtre minimum. Quarante jours durant lesquels Sterziana, ses articles, il pourrait les dicter mais pas les écrire ; et pas faire de ratures non plus – quarante jours de vie assurée.

Mais quarante jours, ça passe vite, et il fallait faire le nécessaire à temps. Simontacchi considéra l'épineuse question sous toutes les coutures et conclut qu'il y avait quatre lignes de conduite possibles.

Ou bien essayer de supprimer Sterziana dans un attentat : ce qui paraissait quand même trop risqué.

Ou bien ne rien faire, en faisant confiance à la clémence du hasard : ce qui s'avérait trop dangereux par ailleurs.

Ou bien informer Sterziana du terrible pouvoir dont il disposait, en se fiant à sa douceur (les pâturagistes en général étaient de grands théoriciens, d'une extrême violence dans leurs propos mais incapables de toucher à un cheveu d'une mouche) : mais Sterziana pouvait toujours être fortement tenté de se débarrasser impunément de son adversaire le plus redoutable.

Ou bien retourner sa veste, passer au parti opposé,

devenir le collègue et l'ami de Sterziana et à ce moment-là seulement lui confier le grand secret.

C'est à cette dernière tactique que Simontacchi se résolut, après mûre réflexion. Il ne s'écoula pas vingt-quatre heures avant que ne parût sur l'organe du parti frumentaire un long article dans lequel le chef de l'opposition, reniant son passé, faisait son *mea culpa* et démontrait qu'il était tout à fait insensé et pernicieux de vouloir diffuser la culture du blé sur tout le territoire.

Grand étonnement et scandale dans les milieux politiques. Simontacchi, invité de façon réitérée par ses compagnons d'un même idéal à retirer publiquement ses propos, fut expulsé sur jugement arbitral du directoire du parti.

Il changea donc de bord, c'est-à-dire qu'il rejoignit le parti pâturagiste, lequel en tira un grand bénéfice auprès de l'opinion publique. La défection de son plus haut dirigeant clairsema les rangs du parti frumentaire au point qu'aux élections les adversaires obtinrent une victoire retentissante. Mais pendant ce temps, une fois qu'il eut vaincu la méfiance inévitable de ses nouveaux compagnons, le transfuge vit son prestige croître jusqu'à égaler celui dont il avait joui dans le camp adverse. Si bien qu'on lui confia une haute charge.

Tout cela très rapidement. En vérité Simontacchi avait brûlé les étapes pour se mettre en sécurité avant que Sterziana ne recouvrît l'usage de sa main droite. Et le jour où ce dernier reprit la plume pour écrire son éditorial quotidien, il eut tout juste le temps de venir le trouver dans son bureau.

« Mon cher, excuse-moi si je te dérange en plein travail, mais il est de mon devoir de t'informer d'une chose très grave. Peut-être serait-il trop tard demain.

— Je t'écoute avec le plus grand intérêt.

— Bien. Il y a quelque temps tu t'es rendu chez le mage Sicofone, n'est-ce pas ?

— Cet escroc ? Tu sais pourquoi je suis allé le voir ? Mes maudits rhumatismes. Mais lui ne m'a même pas laissé le temps de parler, il a dit qu'il savait déjà tout, il m'a versé le liquide d'une fiole sur la main, il m'a congédié aussitôt... Et mes rhumatismes ont continué comme avant.

— Évidemment. Cette fiole ne t'était pas destinée. Elle avait un tout autre usage, cette fiole. »

Et il lui expliqua le quiproquo dans les moindres détails.

« Mais c'est terrible ! s'exclama Sterziana lorsqu'il eut entendu toute l'histoire. Alors comme ça je peux d'un seul trait de plume disposer de la vie des autres ?

— Exactement.

— Et toi... si le mage ne s'était pas trompé en me donnant le philtre... tu t'apprêtais à... ? Dis la vérité, avoue : en premier, c'est moi que tu aurais supprimé ?

— Je... je ne... » Simontacchi balbutiait.

« Et c'est donc poussé par la peur, une peur abjecte, que tu as renié ton parti, que tu es venu grossir nos rangs ; et tu t'es mis en avant, tu as voulu devenir mon ami, uniquement parce que tu avais peur de mourir ?

— Je ne... je voulais... te... »

« Et maintenant tu as vidé ton sac parce que tu mises sur ma bonté, n'est-ce pas ? » Et le si gentil Sterziana donna un terrible coup de poing sur la table. « Mais je ne suis pas bon. Je suis comme toi, crapule... Et maintenant regarde : j'écris ton nom ici. Stop ! Pas un geste ! Et maintenant, d'un trait de plume... »

Simontacchi s'élança pour arrêter la main vengeresse. Mais il n'en eut pas le temps. Il vit la plume laisser une marque oblique en travers de son nom. Il poussa un râle. Il s'effondra sur le sol.

Et pourtant il vivait encore. La poitrine broyée par une douleur atroce, il continuait cependant à respirer.

Sterziana se penchait sur lui, l'aidait à se soulever, il souriait.

« Tu le méritais bien, qu'on te joue un tour pareil, perfide crapule ! Que cette frayeur te serve de leçon.

— Mais le philtre ?... Sicofone ?

— Une mise en scène, tout a été organisé avec le mage. Et toi, gros malin, tu t'es fait avoir comme un bleu. Et tu nous as fait gagner les élections. Et moi... ah ah... — Le sévère ministre laissait exploser sa joie dans un rire des plus sauvages. — Moi... moi, tu m'as donné la plus belle occasion de rire de toute ma vie ! »

Il Nuovo Corriere della Sera,
31 juillet 1955.

Une imprudence fatale

Après une intense journée de travail, M. Leo Gutierrez, quarante-cinq ans, vice-directeur de l'agence commerciale Castor, quitta son bureau à huit heures trente. Tout, ce jour-là, s'était passé comme il fallait. Son corps et son esprit étaient en parfait accord.

Pour sortir, il traversa le bureau des comptables. À cette heure-là, il n'y avait plus personne. Mais bientôt il remarqua qu'à une table, dans un coin de la pièce, se trouvait encore l'expert-comptable Tribolanti.

C'était l'un des plus anciens salariés de l'entreprise. Un homme d'un certain âge, de petite taille, gros, débordant de zèle.

Gutierrez eut un élan de bonté. Il s'avança vers l'employé dans l'intention d'échanger quelques mots, histoire de se montrer aimable. Sans s'en rendre compte, il l'avait toujours tenu quelque peu à distance.

Ses chaussures, sur le revêtement de caoutchouc, ne faisaient aucun bruit. L'employé ne s'aperçut donc pas que son supérieur était entré. Il sursauta avec une incroyable violence quand il entendit une voix toute proche : « Vous n'avez pas encore terminé, mon cher Tribolanti ? »

Avec l'affolement de celui qui, surpris en train de faire quelque chose d'interdit, essaie de sauver la situation, l'employé se rua sur son bureau, faisant disparaître des dossiers et des chemises. Mais il ne fut pas assez rapide. Gutierrez vit qu'il était en train de coller des timbres.

Saisi d'un embarras indescriptible, l'expert-comptable tout à la fois riait pour montrer qu'il était content de recevoir la visite de l'ingénieur et bredouillait des excuses. Gutierrez se hâta de le rassurer.

« Continuez, je vous en prie, mon cher Tribolanti, continuez, ce n'est plus une heure pour travailler. Les timbres, les timbres, ça oui, quelle magnifique passion... C'est à la fois instructif et intéressant ! »

Voyant que son supérieur ne se fâchait pas, l'autre rayonnait d'enthousiasme.

« Vous aussi, peut-être, monsieur ?

— Ah, moi non, malheureusement, fit Gutierrez. Cela m'aurait bien plu, pourtant. Mais le temps passe... Tiens, vous savez ce que je collectionnais quand j'étais jeune ?... Mais j'ai arrêté depuis déjà des années... Je parie que vous n'allez pas deviner... »

Tribolanti fronça les sourcils, prit un air malicieux :

« Les papillons, monsieur ? Non ? Non ? Les plantes rares, alors ? Ce n'est pas ça non plus ?... Les estampes ?

— Vous refroidissez, vous refroidissez, répondait Gutierrez comme les enfants.

— Ça y est, j'y suis ! annonça l'autre, littéralement hilare, faisant un *clin d'œil** mais d'une manière particulière qui signifiait : "On est bien d'accord, ce clin d'œil est purement métaphorique, jamais je ne me permettrais une telle familiarité avec quelqu'un comme vous." Soyez franc : des photographies de nus ?... Ah, ah, mais je plaisantais... Maintenant j'y suis : une collection de monnaies ! Non ? Non ? C'est vrai ?... Des coléoptères, peut-être ?... Oh, ça y est, j'ai compris : des livres anciens. »

Gutierrez secoua de nouveau la tête.

« Monsieur, je donne ma langue au chat », dit l'autre en ouvrant les bras, et il avait un air affligé qui aurait été comique si on n'avait pas vu aussi clairement qu'il le faisait exprès, qu'en réalité il avait tout compris et qu'il jouait un rôle pour plaire à son supérieur.

Lequel, bien qu'au fond il fût agacé par toutes ces manières, faisait mine de poursuivre le jeu, pour ne pas décevoir le petit homme :

« Une collection de mi... de mi... min...

— Minéraux ! lança l'expert-comptable triomphant.

— Exactement, de minéraux !... Mais dites un peu, Tribolanti, si je puis me permettre, c'était à vous de le deviner !

— C'est vrai, c'est vrai, je suis impardonnable. Mais c'est évident : les minéraux, une personne cultivée comme vous, un scientifique, j'aurais dû y penser. Oh, les minéraux, Dieu sait quels plaisirs cela peut vous donner... ces cristaux, ces reflets ! Et Dieu sait quelle valeur peut avoir une collection comme la vôtre, monsieur !

— Allons, allons, une tocade de quand j'étais jeune, depuis je ne m'en suis plus occupé, je ne sais même pas où ils ont bien pu finir, tous ces cailloux.

— C'est ce que vous dites, monsieur, mais Dieu sait quelle valeur, Dieu sait quel capital représente votre collection ! Eh, vous êtes un connaisseur, vous vous y entendez, vous avez fait des études, vous... »

À ce moment précis, comme quelqu'un qui dans la nuit noire s'apprête à s'asseoir sur le parapet au bord de la rivière mais qui, en posant la main sur la pierre, au lieu de la trouver froide et dure rencontre une chose molle et visqueuse impossible à identifier dans l'obscurité, de la même façon Gutierrez, derrière le sourire éclatant du comptable, perçut tout à coup une chose abjecte. Et il s'en éloigna avec dégoût.

« Bien le bonsoir, Tribolanti ! »

En le quittant, il avait la vague impression d'avoir commis une imprudence irréparable.

Cela lui gâcha la soirée.

Le lendemain matin, en traversant le bureau de la comptabilité, son premier réflexe fut de chercher Tribolanti du regard. Heureusement, l'expert-comptable était penché sur son travail et au « bonjour » collectif de Gutierrez, il répondit d'un signe de tête : respectueux et rien de plus. Voyant cela, Gutierrez pensa : « Je l'ai peut-être mal jugé, c'est peut-être réellement un brave homme qui sait rester à sa place. »

Mais son trouble allait réapparaître quelques instants plus tard. Dans son vaste bureau Gutierrez était en train de travailler lorsqu'on frappa à la porte, et Tribolanti se faufila à l'intérieur. Il tenait dans ses mains un paquet, il souriait de cette manière à la fois sournoise et exagérée qui était la sienne.

Il referma la porte derrière lui : « Bonnes nouvelles, annonça-t-il à voix basse.

— Bonnes nouvelles ? » demanda, ébahi, le vice-directeur.

Le comptable déposa son paquet sur le bureau et se mit en devoir de l'ouvrir : « Imaginez un peu, monsieur, dit-il, que j'ai trouvé ça à la maison. Je crois que ça appartenait à mon grand-père. »

Du triple emballage de papier il sortit un bloc de pierre couvert de gros cristaux transparents.

« Il est beau, eh, monsieur ? C'est une pièce de musée ! »

Faisant appel aux souvenirs des années lointaines, Gutierrez identifia immédiatement l'objet : c'était une géode de vulgaires cristaux de quartz fumé, beaucoup d'effet mais aucune valeur. Cependant, pour ne pas vexer Tribolanti, il afficha une certaine admiration.

« Ah, magnifique ! dit-il, et stimulé par le désir enfantin de prouver qu'il s'y connaissait, il ajouta : Oui, oui, de très belles facettes de rhomboèdre direct et rhomboèdre inverse combiné. Vous voyez, j'ai encore quelques restes ? »

Le visage de Tribolanti s'illumina : « Eh, monsieur, avec vous c'est un plaisir, sûr que vous saisissez vite, vous vous y connaissez, ce que c'est que d'avoir fait des études !... Rhomboèdre combiné. » Et il éclata d'un rire bruyant. Aussitôt il se ressaisit, prit une attitude humble et contrite.

« Avec votre permission, monsieur, et il s'apprêta à partir.

— Hé, Tribolanti, vos cristaux ! » fit Gutierrez en lui tendant la pierre.

L'autre fit mine de ne pas comprendre : « Mais, monsieur, c'est pour vous, naturellement. Je ne fais pas collection, ce serait du gaspillage, je vous assure.

— Mais je... je ne peux pas... Rendez-vous compte... Moi non plus je ne fais plus collection...

— Je comprends, je comprends, répliqua Tribolanti avec un regard suppliant, on aurait dit qu'il allait fondre en larmes. Vous ne daignez pas accepter, vous voulez m'humilier...

— Mais pas du tout, non, je vous assure...

— Monsieur, je vous en prie, monsieur, ne me faites pas cet affront, c'est un bien de famille !... »

Il avait l'air si accablé, si profondément blessé, que, par pure pitié, le vice-directeur, bien qu'il n'eût rien à faire de l'objet, bien que toute cette comédie lui parût odieuse, eut la faiblesse d'accepter. Et pourtant une voix lui disait : « Fais attention, ne cède pas, il y a un piège là-dessous, tiens bon, ou tu t'en repentiras. »

« Bien, dans ce cas, merci mille fois, murmura-t-il, se reprochant sa propre lâcheté, et il se força à sourire.

— Eh, je le savais bien ! jubila Tribolanti sur le seuil. Je le savais bien qu'une pièce pareille ça vous ferait envie ! Il vous a suffi d'un coup d'œil, pas vrai, pour comprendre combien elle était rare. Entre collectionneurs, on se comprend, eh ! » Et en lui faisant effrontément un clin d'œil complice, il s'esquiva.

Il n'y avait pas mort d'homme, et pourtant Gutierrez maudissait cent fois le comptable, ses cristaux, sa propre lâcheté. Tout cela pour ne pas l'offenser, et maintenant Dieu sait quel trésor Tribolanti était persuadé lui avoir donné, Dieu sait comment il entendait en tirer profit. Avec dégoût, il enveloppa les cristaux dans le papier, dissimula le paquet dans le dernier tiroir. « Il se met le doigt dans l'œil, celui-là, pensait-il, s'il croit m'avoir acheté ! »

Ses craintes pourtant se révélèrent fondées. Désormais il ne se passa pas un jour sans que le comptable, sous un prétexte ou un autre, n'entrât dans son bureau et, après avoir parlé de tel ou tel dossier, ne se mît à faire ses odieux clins d'œil.

« Content, eh, monsieur ? disait-il par exemple. Soyez franc, avec le vieux Tribolanti on peut parler à cœur ouvert, soyez franc : dans votre collection une pièce comme celle-là, vous n'en avez pas ! Eh, eh, rhomboèdre combiné ! Eh, vous avez l'œil, vous les avez tout de suite repérées, les belles facettes ! » Et il riait avec délices, comme s'il faisait allusion à un penchant pour le vice qu'aurait Gutierrez et dont lui seul au monde aurait percé le secret.

Ces sous-entendus, ces plaisanteries, ces petits rires devinrent un chantage quotidien. Non que le comptable réclamât quoi que ce soit. Pis : il laissait entendre que le vice-directeur et lui étaient désormais liés par une sorte de pacte inavouable ; comme le créancier cupide qui ne réclame jamais son dû mais assaille sans trêve le débiteur en lui rappelant sa dette, et sent qu'il le tient à sa merci.

« Eh, monsieur, je ne vous pose même pas la question, je sais me tenir à ma place, moi !... disait-il. Je n'oublie pas la distance qui nous sépare, je ne suis pas comme certains... Je ne vous pose même pas la question, mais je parierais que dans votre collection, à la place d'honneur, eh, eh ! il y a un magnifique cristal de quartz fumé, une géode comme vous dites, vous qui vous y connaissez... Pas vrai, pas vrai que j'ai raison ?... Et vous savez ce que je vous dis, monsieur le très respectable vice-directeur ? Un de ces jours j'espère... j'espère venir vous trouver avec une autre excellente nouvelle... Dans quelque recoin de la maison, il doit y avoir une pièce encore plus rare, mon grand-père en avait laissé une caisse, une caisse pleine... »

Comment mettre fin à une telle persécution ? L'occasion se présenta lorsque la société décida d'opérer une série de licenciements pour réduire le personnel. En conseil d'administration, Gutierrez, par d'habiles manœuvres, fit inclure Tribolanti sur la liste.

Il respira pendant deux jours. Le troisième, le comptable surgit encore une fois dans son bureau, plus souriant que jamais :

« Vous voulez que je vous en raconte une bonne, monsieur ? Vous savez qu'ils voulaient me licencier ? On m'a averti à temps, heureusement. Mon premier réflexe, je vous l'avoue, a été de vous demander votre aide. Puis je me suis dit : "Eh, non, il ne faut pas que tu déranges M. le vice-directeur, il ne faut pas que tu fasses mauvaise impression, eh, eh ! ces chers cristaux n'ont rien à voir avec les problèmes professionnels, tant s'en faut !..." Pas vrai que ça n'a rien à voir ?... Ensuite, grâce à Dieu, tout s'est arrangé bien vite. Monsieur le directeur général m'a expliqué. Eh, eh ! il s'était produit un malentendu. Vous n'en avez rien su ?

— Non, j'ignorais tout de cette affaire, mentit Gutierrez, livide.

— Et moi, je pensais : "Dieu sait combien M. l'ingénieur serait contrarié, si on me licenciait." Eh, mais licencié ou pas, je me serais rappelé ma promesse de toute façon !

— Quelle promesse ?

— Les minéraux de mon grand-père ! Ce qui est dit est dit... ces minéraux sont à vous... dès que je mets la main dessus... Monsieur, vous devez faire confiance au vieux Tribolanti... chose promise, chose due... » Et il riait, il riait, au comble de l'extase.

« Ça suffit, ça suffit, Tribolanti, je vous le répète, vous savez bien que je n'accepterai pas.

— Dieu me garde de vous faire mettre en colère, très cher monsieur, je vous apprécie trop, je vous comprends, vous savez... C'est normal que vous soyez tiraillé... Vous êtes vice-directeur, alors que moi je ne suis qu'un pauvre comptable, vous croyez que j'oublie ça... Mais ces cristaux, ces facettes ! Et dire qu'ils voulaient me licencier ! » Et il continuait à rire en fixant Gutierrez au fond des yeux.

Quelques jours plus tard les journaux relatèrent comment des eaux du Canale Nuovo, pas très loin de chez lui, on avait sorti le cadavre de l'expert-comptable Salvatore Tribolanti, né à Fausto et cetera, victime d'un malaise, selon toute hypothèse, alors qu'il rentrait chez lui : telle fut du moins la version donnée par la police. La piste, dûment explorée, d'un crime, se révéla ne reposer sur rien. Ce n'était pas un vol, pas un crime passionnel non plus, encore moins un acte de vengeance : qui pouvait avoir un motif pour supprimer un homme aussi doux et inoffensif ?

« Ah, comme cela me fait de la peine ! disait Gutierrez chaque fois que quelqu'un évoquait l'affaire. Un si brave homme, une perle de comptable comme lui ! »

Élevé avec les principes les plus sévères, ayant toujours vécu comme un honnête homme, respectueux des lois et des coutumes. Et pourtant il n'eut pas l'ombre d'un remords.

Il Nuovo Corriere della Sera,
3 juillet 1955.

Un cas mystérieux

Je rapporte les faits tels qu'ils se sont produits. Je me trouvais à Venise. L'entrée de mon hôtel donnait sur une ruelle étroite dont j'ignore le nom. Cette petite rue débouchait d'un côté sur le Grand Canal, de l'autre elle finissait par une petite place appelée campo del Mazzer.

Je revenais à l'hôtel, peu après dix-sept heures, lorsque, à l'instant où j'allai passer la porte, je me trouvai face à face avec le peintre Giorgio Lorria, artiste génial, esprit volcanique et langue corrosive.

Deux circonstances rendaient son apparition étrange. Lorria était d'une pâleur impressionnante et semblait en proie à une intense agitation. Mais jusque-là, rien d'extraordinaire : l'agitation, chez Lorria, était pour ainsi dire un état normal. Je fus plutôt frappé par un changement indéfinissable sur son visage. Il n'était ni plus maigre ni plus gros, ni plus vieux ni plus jeune. D'un point de vue objectif, il correspondait en tout à l'homme que je connaissais depuis plus de vingt ans et que je me rappelais avoir vu pour la dernière fois, à Milan, six ou sept jours plus tôt. Mais il avait changé.

Il y avait en lui, pourrait-on dire, quelque chose de nouveau, en plus ou en moins, je ne saurais dire : quelque chose qui m'intimidait. C'était de l'ordre de la nuance, sans doute, un petit détail que je n'arrivais pourtant pas à repérer.

Il y avait aussi une autre circonstance singulière, qui ne me revint à l'esprit que par la suite. Au moment où je le vis, Lorria, qui arrivait en sens inverse, passait à vive allure devant la porte de l'hôtel en direction du campo del Mazzer. Il venait donc de l'autre bout de la rue. Mais, comme j'allai m'en assurer plus tard, là où la ruelle débouchait sur le Grand Canal, il n'existait aucun ponton ; ce n'est qu'au prix d'une manœuvre difficile qu'une gondole, un canot à moteur ou autre embarcation auraient pu y faire débarquer un passager ; et, de toute façon, cela aurait été absurde puisque vingt mètres plus loin il y avait un espace large et pratique, d'où partait même un traghetto. Plus encore : dans la partie de rue comprise entre le Grand Canal et l'entrée de mon hôtel il n'y avait ni magasins, ni brasseries, ni cafés, ni auberges, ni passages par lesquels entrer dans une maison. Il y avait bien, sur le côté d'un palais rouge brique, une petite porte – dans le temps cela avait peut-être été un passage secret –, mais en plus du battant de bois, elle était fermée par une lourde grille de fer, digne de la prison des Plombs, tellement rongée par la rouille et le sel qu'on pouvait jurer que personne ne l'avait plus ouverte depuis au moins un siècle. (Je note tous ces détails en apparence insignifiants pour couper court à toute objection ultérieure.) D'où venait donc Lorria ? Descendu comme un voleur d'une barque au bout de la ruelle ? Ou sorti comme un fantôme des pierres noires de ces murs ?

Nous faillîmes nous heurter. Il s'arrêta, me regardant avec des yeux exorbités : « Toi aussi tu loges dans cet hôtel ? lui demandai-je, car cela me paraissait l'explication la plus plausible.

— Non, non, répondit-il distraitement, je... » Et il fit mine de poursuivre son chemin.

« Où tu files comme ça ? Qu'est-ce qui t'arrive ? » dis-je, un peu agacé. Je le connaissais assez bien pour me permettre cette familiarité.

De mauvaise grâce, il s'arrêta, mais on voyait bien que prendre le moindre retard lui était pénible. Puis il dit : « Tu ne sais donc pas ce qui m'est arrivé ? »

De ma vie, jamais je n'avais entendu une voix semblable. C'était la sienne, celle de Lorria, celle de toujours, seulement il y avait dans cette voix un tel poids d'angoisse et de peur qu'un frisson me passa dans le dos.

« Qu'est-il arrivé ?

— Oh ! non, non, je ne peux pas te le dire moi-même. Impossible, impossible ! » Il fit un geste de la main droite, comme s'il avait voulu dire : « C'est une histoire terrible, mais n'insiste pas, laisse-moi partir, je n'ai pas envie ; de toute façon, tu finiras bien par savoir. »

Il s'éloigna, courbé, à pas précipités, vers le campo del Mazzer. Comme à son habitude, il portait un chapeau de feutre noir et, pendu à son bras gauche, un parapluie fermé. Déjà le soir tombait, le ciel était couvert, d'un moment à l'autre il pouvait se mettre à pleuvoir.

Profondément troublé, je remontai dans ma chambre. Il était exactement cinq heures dix. Mais il n'y avait pas le silence qui régnait d'habitude dans ce petit hôtel.

Ma chambre, au premier étage, donnait sur le campo del Mazzer. De là venait comme le brouhaha d'une foule rassemblée, bruit confus d'où se détachait pourtant l'accent vénitien caractéristique que, Dieu sait pourquoi, j'associe toujours à la bonne odeur du poisson frais.

Intrigué – car cette petite place est généralement déserte et silencieuse –, je me mis à la fenêtre et découvris un spectacle inattendu. Une trentaine de personnes, à vue de nez, se tenaient là, en train d'attendre, à la file indienne, devant une petite maison typiquement vénitienne. Par la porte entrouverte on devinait que la queue se prolongeait dans le vestibule d'entrée. Il y avait des hommes et des femmes d'âges et de conditions divers. Je remarquai un enfant avec une jambe bandée, assis sur un tabouret que sa mère déplaçait au fur et à mesure que la file progressait ; mais elle progressait très lentement. Il y avait même une jeune fille d'une vingtaine d'années dans un fauteuil roulant de paralytique.

J'appelai le garçon d'étage et lui demandai des explications.

Il se mit à rire : « Tous les ans à cette saison, c'est la même chose. Dans cette maison un mage s'installe pour quelques jours. On l'appelle le Mage d'Automne. On raconte qu'il prédit l'avenir, qu'il guérit les maladies. Beaucoup y croient, même des gens instruits.

— Et d'où vient ce mage ?

— Ah, ça... personne n'a jamais réussi à le savoir ! »

À ce moment-là, comme je continuais à regarder par la fenêtre, je fus témoin d'une scène que je n'oublierai jamais.

Un homme – que tout d'abord je n'avais pas remarqué dans la grise pénombre grandissante du crépuscule – allait et venait, fort agité, le long de la file, de temps en temps il s'arrêtait, demandant à ce qu'on le laissât passer pour lui éviter d'attendre. Cela provoquait de continuelles altercations dont, depuis ma fenêtre, je ne pouvais percevoir que quelques mots. De toute évidence, l'homme devait mettre en avant une raison pressante afin de solliciter auprès de ces pauvres gens, pour la plupart malades, un privilège en soi inadmissible. Et effectivement les gens réagissaient vivement, protestant ou se moquant, lui montrant du doigt le bout de la file. Mais lui insistait, avec une impressionnante obstination, sourd aux quolibets qui pleuvaient sur lui. Et tout à coup je reconnus sa voix. Cet homme, c'était Lorria.

Lorria n'était pas croyant, je pense qu'il n'était pas davantage superstitieux. J'avais cependant entendu dire qu'assez souvent il consultait des chiromanciens et des devins. Le fait qu'il voulût faire appel aux lumières du Mage d'Automne n'avait donc, en soi, rien d'étrange. Ce qui était étrange, en revanche, c'était cette précipitation, cet affolement, cette impatience effrénée, cette manière impudique de quémander. Pour un homme comme lui, qui n'avait pas de fins de mois difficiles, il aurait été bien plus simple de se faire donner un rendez-vous. Il fallait en conclure qu'une terrible menace le poussait à agir ainsi. Et qu'après avoir essayé inutilement toutes les solutions raisonnables, il cherchait maintenant le très discutable secours d'un mystérieux charlatan.

Les réverbères s'allumèrent, de piètres réverbères en vérité, qui répandaient sur la petite place une lumière aussi blafarde que celle d'un sous-sol. Alors je le vis mieux. On aurait dit, que sais-je, un homme en train de se noyer, un lièvre traqué par des limiers et blessé de surcroît, un innocent déjà au pied de l'échafaud qui implorerait sa grâce. Tant était grande la frénésie douloureuse avec laquelle il suppliait ceux qui attendaient de lui céder leur place ou de le laisser passer devant. Mais chacun d'entre eux se préoccupait de ses propres ennuis, et n'avait rien à faire de l'angoisse d'un autre ; aux incessantes implorations, on répondait par des paroles injurieuses.

À un certain moment Lorria, maintenant hors de lui, alla jusqu'à tenter de s'imposer par la force et d'entrer à tout prix en bousculant les gens. De toute évidence, c'en était trop. On le repoussa, quelques coups de poing volèrent même, un esclandre éclata : des hurlements, des imprécations en tout genre. Les plus déchaînées étaient les femmes. Et peut-être cela aurait-il mal tourné pour Lorria si les gens n'avaient pas eu le souci de garder, au sein de la file, la place qu'ils avaient patiemment conquise.

Le vacarme fut tel qu'une fenêtre s'ouvrit au premier étage et qu'un homme – il me sembla jeune et blond, les cheveux jusqu'aux épaules – y parut pour voir ce qui se passait.

« Le mage ! Le mage ! » prévint quelqu'un. Et les cris cessèrent.

Presque aussitôt, une petite fille vêtue comme une gitane sortit de la maison, s'approcha de Lorria et, au milieu de la muette indignation des gens qu'un tel geste flouait, elle le conduisit chez le mage. D'un seul coup d'œil, celui-ci avait donc deviné quel fardeau de ténèbres portait cet homme et compris qu'il n'y avait pas une seconde à perdre ? S'il en était ainsi, Lorria – quel que soit son malheur – pouvait se considérer entre de bonnes mains.

Fasciné par ce cas bizarre que je n'arrivais toujours pas à comprendre, je ne me détachai pas de la fenêtre avant que l'affaire ne fût conclue ; ce qui ne tarda guère.

Lorria était entré depuis peut-être une ou deux minutes et la file des postulants, sur la petite place, s'était à présent calmée, lorsque de la fenêtre à laquelle tout à l'heure le mage était apparu – les vitres étaient restées entrouvertes – parvinrent des cris stridents : ce n'étaient pas des cris de dispute, ni de colère, ni d'indignation, mais plutôt, peut-être, de surprise et de terreur mêlées. Ce n'était assurément pas la voix de Lorria. Tout le monde, sur la place, leva la tête pour écouter.

Mais les cris tout à coup cessèrent. Et l'on vit Lorria sortir par la porte en chancelant. Courbé, cachant son visage dans ses mains, il traversa le campo del Mazzer en direction de la ruelle où je l'avais rencontré. Il sanglotait éperdument, et il poussait des gémissements tragiques : « Oh ! Oh ! » Comme un enfant fou de douleur. Non, pire : comme un homme frappé par une condamnation irrévocable et qui a perdu tout espoir. Non, pire encore : comme quelqu'un marchant avec insouciance et qui voit la terre tout à coup s'ouvrir sous ses pieds et se sent tomber dans le gouffre noir de l'enfer.

Ses gémissements, des hurlements peut-être, résonneront dans mon esprit tant que je vivrai, suscitant une tristesse que je ne peux exprimer. Les mêmes personnes qui, peu de temps avant, s'étaient jetées sur lui en le couvrant d'injures, le regardaient maintenant, stupéfaites autant qu'épouvantées, avec une immense pitié. Personne, si ce n'est le mage, là-haut, ne connaissait la tragédie de cet homme ; et voilà que le mage s'était déclaré impuissant ; et il n'y avait désormais plus aucune issue.

Je me précipitai hors de ma chambre, descendis quatre à quatre les deux brèves volées de marches, m'élançai dans la ruelle. Mais Lorria ne s'y trouvait plus. Englouti dans le Grand Canal ? Ou évanoui, comme un fantôme, par une fissure de ces murs décrépis ?

Le matin suivant, dès que j'ouvris le journal, le titre sur trois colonnes me coupa la respiration. Le peintre Giorgio Lorria, cet artiste indomptable, était décédé, foudroyé brutalement, à Milan, sans qu'aucun symptôme prémonitoire n'ait donné le moindre préavis, à seize heures dix de l'après-midi.

Une heure avant que je ne le rencontre.

Il Nuovo Corriere della Sera,
3 octobre 1957.

Notez bien que...

Il y a trois ans, j'étais arrivé à Tokyo en provenance d'Italie, et je venais juste d'entrer dans la chambre 58 de l'hôtel Nikko, à Ginza – je n'avais pas encore eu le temps d'ouvrir mes valises –, lorsque le téléphone au chevet du lit se mit à sonner.

C'était sans doute une communication émanant de la direction de l'hôtel ou de l'attaché de presse de notre ambassade à qui j'avais annoncé mon arrivée.

Je décrochai le combiné et dis « Allô », oubliant que je me trouvais à l'étranger, dans un pays où l'italien est du sanskrit. J'entendis une voix qui, en italien, avec un accent tout à fait italien, me dit très lentement :

« Notez bien qu'il est descendu à votre hôtel.

— Qui ? demandai-je. Et qui est à l'appareil ? »

On n'entendit plus rien, pas même le déclic d'interruption de la communication.

« Allô ! Allô ! Qui est à l'appareil ? » répétai-je trois ou quatre fois. Puis je raccrochai.

Il s'agissait évidemment d'une erreur. Celui qui avait commencé à parler s'était aperçu, repensant à l'accent de mon « Allô », qu'il n'avait pas affaire à la bonne personne.

Mais comment se faisait-il qu'il parlât italien ? Dans l'hôtel Nikko la clientèle était presque exclusivement japonaise. Peut-être qu'il y avait un autre Italien et que quelqu'un de l'extérieur lui avait téléphoné pour l'informer de mon arrivée, et que la standardiste s'était trompée en me passant la communication, justement à moi ? Cela aurait été un concours de circonstances bien curieux. Mais qui pouvait bien savoir, à part notre attaché de presse, que je venais à Tokyo ?

Je ne saurais pas bien expliquer pourquoi, mais cet appel me laissa un sentiment désagréable, d'autant plus que, étant descendu peu après à la réception, je demandai à la standardiste si elle savait d'où provenait la communication reçue et elle m'assura ne m'avoir transmis aucune communication extérieure ; j'interrogeai donc le portier pour savoir s'il y avait dans l'hôtel un autre Italien et celui-ci me répondit que non dans un grand éclat de rire.

D'un autre côté, pensai-je, si quelqu'un avait besoin de moi, il se manifesterait. Ce qui ne se produisit pas. Si bien que je n'aurais plus pensé à cet étrange coup de téléphone si, presque deux ans plus tard, à l'hôtel Americana de New York, la chose ne s'était répétée exactement de la même façon. Je venais juste d'entrer dans ma chambre au trente-cinquième étage lorsque le téléphone se mit à sonner. Une voix, avec un parfait accent italien et une singulière lenteur, me dit : « Note bien qu'il est descendu à ton hôtel. » Puis aussitôt la communication fut interrompue.

Si cela avait été la première fois, là, à l'hôtel Americana où se tenait un congrès médical dans lequel intervenaient de nombreux Italiens, la chose ne m'aurait pas impressionné le moins du monde. Mais c'était la deuxième fois. Et la voix semblait vraiment être celle qui m'avait parlé à Tokyo deux ans plus tôt. Par ailleurs, faire une enquête auprès du standard d'un hôtel aussi gigantesque aurait été pour le moins ridicule.

J'avoue qu'un léger malaise m'accompagna pendant mon bref séjour à New York et je fus soulagé de quitter le grand hôtel. (Juste après le coup de téléphone mystérieux, je m'étais demandé s'il ne fallait pas changer tout de suite de logement, au moins pour faire un essai ; mais quelque chose m'en empêcha, peut-être la paresse, peut-être aussi une espèce de peur, parce qu'il ne faut jamais agacer les obscures puissances qui rôdent de par le monde, se manifestant à l'improviste ici et là par signes hermétiques.)

Depuis New York, je me rendis à Chicago et là, délibérément, afin de me donner la possibilité de vérifier, je m'établis du côté du port, dans une auberge modeste quoique confortable qui s'appelait Great Horizon (c'est un collègue familier des États-Unis qui me l'avait recommandée). Il ne devait pas y avoir plus d'une vingtaine de chambres ; un petit hôtel de style ancien, plutôt aristocratique et très tranquille.

Lorsque j'entrai dans ma chambre – numéro 37 autant qu'il m'en souvienne – au troisième étage, je m'attendais à ce que le téléphone sonnât. Je fermai la porte et en silence je restai là, debout, tendu, guettant la perfide sonnerie.

Eh bien, le téléphone ne sonna pas à proprement parler. Mais il y eut trois courtes vibrations espacées, comme lorsque l'on règle la sonnerie au minimum, peut-être moins encore, tout juste un imperceptible murmure qu'en temps normal je n'aurais même pas entendu.

En un éclair je saisis le combiné. Mais je n'entendis aucune voix, aucun son : seulement cet écho très lointain que créent le vide et le silence à l'autre bout du fil. Peut-être y avait-il quelqu'un là-bas qui écoutait mon « Allô ! Allô ! », se délectant de mon ton anxieux et effrayé ?

En tout cas, pas davantage à Chicago que précédemment à Tokyo et à New York, il ne se produisit quoi que ce fût de désagréable ou de suspect. Et je ne reçus plus d'appels énigmatiques dans les autres villes où je m'arrêtai par la suite. Je commençais à penser que ça avait vraiment été là un, ou plus exactement deux étranges concours de circonstances, mais l'autre soir – je rentrais d'un voyage en Thaïlande, au Vietnam et en Malaisie, et j'avais fait escale à Karachi pour éviter une nuit dans l'avion –, je venais juste d'entrer dans ma chambre au dernier étage de l'étonnant Intercontinental Hotel (qui ne comporte pas une seule fenêtre), lorsque le téléphone sonna ; et rien qu'à la sonnerie, même si cela paraît stupide, je sus exactement quels mots j'allais entendre si je décrochais. Je le laissai épancher son agressivité longtemps, par de très brèves et rapides trilles, comme autant d'attaques à mon système nerveux. Jusqu'au moment où je me décidai ; je répondis, et entendis effectivement la voix habituelle : « Note bien qu'il est descendu à ton hôtel », puis le silence, sans même le déclic de la communication interrompue.

La réapparition, tant d'années après, de l'ami inconnu me mit dans tous mes états, ce qui n'avait pas été le cas les fois précédentes. Et ce fut avec un sentiment de libération que je m'embarquai le lendemain matin dans l'avion qui devait m'emmener tout droit à Rome. Dans ma patrie, si Dieu le voulait, l'odieuse persécution prendrait peut-être fin, n'est-ce pas ?

Comme on se sent tranquille, en sécurité, quand on rentre chez soi, même si le téléphone existe ici aussi. Et ce matin-là, en pensant à ces appels ambigus, je me suis surpris à sourire lorsque – j'étais à peine entré avec mes valises – la sonnerie familière a retenti.

Je savais parfaitement que c'était seulement ma sœur, ou un ami quelconque, ou la secrétaire de mon journal, qui attendaient mon arrivée dans la matinée. Et pourtant en décrochant le combiné je souris, comme pour défier cette maudite voix. Ici, chez moi, à Milan, je me sentais à l'abri.

« Allô », dis-je. À l'autre bout, la voix limpide et terriblement lente : « Note bien qu'il est venu habiter dans ton immeuble. » Puis le silence, comme les autres fois.

Par la suite, naturellement, j'ai demandé à la concierge s'il y avait eu ces jours derniers, ou si l'on attendait, pour les jours à venir, l'arrivée d'un nouveau locataire. Elle m'a assuré que non. Je l'ai interrogée à propos d'un éventuel hôte, venu loger dans l'immeuble chez quelque parent, elle m'a répondu ne rien savoir à ce sujet, puisqu'il lui était impossible de contrôler des mouvements de ce genre dans un immeuble comptant plus de trois cents appartements.

C'est ainsi que l'on m'empoisonna mon retour chez moi, qui s'annonçait pourtant joyeux et serein.

Qui est-ce qui m'appelle ? À qui fait-il allusion lorsqu'il me prévient que quelqu'un est descendu à mon hôtel ou est venu habiter dans mon immeuble ? Peut-être que l'inconnu fait allusion à lui-même ? À quoi riment ces avertissements ? Devrais-je avoir peur ?

Mais j'ai la conscience tranquille. Je ne possède aucun trésor qui puisse faire envie à des voleurs. Je n'ai jamais commis le sacrilège de faire main basse sur des statues de déités orientales, attirant ainsi sur moi la vengeance des fidèles. Je n'ai jamais séduit la femme d'un autre. Même du point de vue politique, je n'ai jamais eu l'occasion de m'exposer et de provoquer des rancœurs. Alors quoi ?

S'agit-il simplement d'une plaisanterie faite par un ami farceur ? Plaisanterie difficile à exécuter et trop coûteuse, à mon avis, si elle oblige celui qui la met en œuvre à se déplacer aux quatre coins du monde pour le plaisir de me décrocher deux ou trois mots au téléphone. Non, ce n'est pas une plaisanterie.

Ou alors c'est l'œuvre d'une secte secrète, dispersée sur toute la surface du globe terraqué, dans le but d'inciter les pécheurs à retrouver le chemin du bien ? C'est-à-dire que ces appels ne seraient que de vagues mises en garde, d'autant plus suggestives qu'elles sont chargées d'un mystère menaçant. Si c'était le cas, toutefois, on en aurait entendu parler ici ou là, d'une manière ou d'une autre. Or à aucun de mes amis, aucune de mes connaissances, qui ont pourtant sillonné le monde en long et en large, il n'est arrivé pareille aventure. Non, ce n'est pas une secte.

Ou s'agit-il par hasard de ce personnage obscur qui poursuit chacun d'entre nous, depuis sa naissance ? Et ne se montre presque jamais, si ce n'est aux heures fatales ? Celui que tour à tour on appelle destin, fatalité ou mort, ou même Dieu ?

Dans ce cas, c'est sûr, il a passé lui-même les appels. Il pouvait dire : « Notez bien que *je suis* descendu au même hôtel que vous. » Pour donner plus d'impact à son message, il a fait semblant d'être une tierce personne, une espèce d'intermédiaire inconnu qui me donnait l'alerte pour que je prenne garde. Mais que je prenne garde à quoi ? C'est justement l'incertitude, le caractère incompréhensible de l'allusion qui fait naître et grandir l'inquiétude.

Ou alors l'énigmatique voix n'était autre que la mienne ? Et l'appel était passé depuis un autre appareil tout proche et celui qui téléphonait était un spectre de l'inconscient ? Ces spectres qui, c'est bien connu, dans les moments où l'on oublie jusqu'à leur existence, errent inquiets de par le monde et, de temps à autre, lorsqu'ils ont perdu leur chemin, appellent leur maître au secours par d'étranges formules.

Il Corriere della Sera,
30 avril 1967.

Le coup de téléphone

En 1959, je me le rappelle très précisément parce que je l'ai noté dans mon journal, je passai un coup de téléphone à une amie très chère pour que nous convenions d'un rendez-vous. Cette amie s'appelait Giorgina Sisieri, une artiste peintre. Une voix de femme me répond, je crois reconnaître la vieille Angiolina, la fidèle domestique. Cependant la voix est étrangement tremblante, dolente, plaintive : « Mais enfin, Monsieur, prononce la voix d'un ton quasi sépulcral, comme si elle venait de l'au-delà, mais Monsieur, vous plaisantez, n'est-ce pas ? »

De toute évidence je me suis trompé de numéro. Mais l'accent, les mots m'ont fait courir un frisson dans le dos. Comme si, dans cette maison, par mon coup de téléphone, j'avais ravivé la douleur d'une tragédie trop récente.

Ayant composé de nouveau le numéro quelques minutes plus tard, j'entends à l'autre bout la voix de Giorgina, plus vivante que jamais.

Huit ans plus tard, comme tous ses amis le savent, Giorgina a trouvé la mort dans un accident de voiture.

Je ne pus assister aux funérailles car j'étais au Japon. À mon retour, j'allai rendre visite à la vieille tante hors d'âge avec laquelle Giorgina avait toujours vécu. Trois mois s'étaient déjà écoulés.

La tante, souffrante, ne me raccompagne pas jusqu'à la porte. C'est la fidèle Angiolina qui m'escorte. Et, au moment où je vais franchir le seuil, elle me demande à voix basse : « Excusez-moi, Monsieur, il y a quinze jours, vous étiez à Milan ? — Non, il y a quinze jours j'étais encore à l'étranger. — C'est bien ce que je disais... Savez-vous, Monsieur, qu'il y a quinze jours, quelqu'un qui avait exactement la même voix que vous – je la connais bien, maintenant, après tant d'années –, quelqu'un a téléphoné en demandant à parler à la pauvre Mlle Giorgina. — Et vous, qu'avez-vous répondu ? — J'ai répondu : "Monsieur, mais vous plaisantez ?" Qu'est-ce que je pouvais répondre d'autre ? »

Inédit.

Le voyeur

Un soir, après dîner, Giovanni nous proposa d'aller rendre visite au professeur Aughen, son vieil ami.

Le professeur Aughen, biologiste, la soixantaine, possédait – expliqua-t-il – une longue-vue pouvant grossir quarante-deux fois l'objet regardé.

Avec une longue-vue de puissance quarante-deux, par les nuits sereines, on distingue bien les anneaux de Saturne. Et dans une grande ville, à travers les fenêtres ouvertes, on peut pénétrer dans l'intimité la plus secrète des foyers.

On se soucie de fermer les persiennes ou les rideaux si l'on a un vis-à-vis. Mais lorsque devant sa fenêtre on a un grand espace dégagé, on ne s'en préoccupe plus. Et l'on agit dans la liberté la plus totale, presque comme si l'on se trouvait seul sur une île déserte au milieu de l'océan. On n'imagine pas qu'à cinquante, cent, deux cents, trois cents mètres un monsieur inconnu est en train de vous observer, de vous surveiller à travers le prisme d'une longue-vue comme s'il se trouvait à cinq ou six mètres.

Nous sonnâmes à la grille d'entrée ; quelques instants après, une femme de service vint nous ouvrir. Par l'ascenseur, nous montâmes au douzième et dernier étage. Giovanni, qui semblait être chez lui, nous montra le chemin.

Nous débouchâmes sur la terrasse alors que le professeur Aughen ne savait encore rien de notre visite.

Il se tenait debout, sur le bord de la terrasse obscure, occupé à observer quelque chose grâce à sa longue-vue montée sur un trépied. À côté, une petite table sur laquelle était ouvert un grand registre faiblement éclairé par une petite ampoule bleue, qu'on n'apercevait pas de loin.

Nous restâmes là à le regarder en silence. La longue-vue n'était pas dirigée vers les étoiles, très nombreuses ce soir-là, elle était à l'horizontale, pointée sur une lointaine bâtisse. De temps en temps le professeur Aughen, que nous voyions de dos, détachait son œil de la longue-vue et se penchait pour porter des annotations sur le registre avec un stylo-bille.

Lorsqu'il s'aperçut de notre présence, il ferma le registre en deux temps, trois mouvements et modifia la direction de l'instrument d'un coup sec de la main ; tout cela dans le but évident d'empêcher que l'un d'entre nous découvrît ce qu'il était en train d'observer.

Le professeur Aughen, avec sa modeste petite barbe grisonnante, était un homme sympathique et raffiné. Et il ne faisait certes pas mystère de son loisir nocturne.

Il salua tout le monde cordialement, puis il se mit à l'écart, dans un coin de la terrasse, pour parler avec Giovanni. Ce dont profita le groupe d'amis pour faire les commentaires de rigueur.

« Il n'a pas honte, à son âge ? C'est tout simplement abject. C'est pire encore, à ce que j'en dis, que de lorgner dans une pièce par le trou d'une serrure.

— Abject et malhonnête, confirmait un autre. Pour moi, c'est un des actes les plus déloyaux et méprisables qui soient. En Angleterre, un type comme lui serait complètement discrédité.

— Dans le fond, c'est comme s'il volait, non ? Il vole à ces pauvres diables un peu de leur liberté. Je serais curieux de savoir ce qu'il regardait quand nous sommes arrivés. »

Alors ils s'attroupent autour de la longue-vue, ils veulent eux aussi jeter un coup d'œil, non certes par goût de l'interdit, mais pour avoir confirmation qu'un homme comme le professeur Aughen puisse être tombé aussi bas.

C'est la cohue. Ils se mettent à la queue leu leu... Ils se disputent la longue-vue. S'ensuivent de violentes prises de bec, car celui qui a réussi à accaparer l'engin et à viser une fenêtre intéressante (où par exemple une jeune femme se met totalement à son aise) bizarrement ne veut plus laisser sa place, lui qui auparavant s'était montré tellement scandalisé. Les autres, impatients, protestent ; il assure qu'il n'a rien vu de spécial.

« Alors laisse-nous voir, nous aussi.

— Oui, tout de suite, attends un petit peu.

— Allez, tu t'es assez rincé l'œil. »

Ils le prennent par les épaules, ils l'arrachent de là, avec avidité ils collent à leur tour l'œil à la lentille. Pendant ce temps les autres continuent leurs commentaires.

« Mais c'est incroyable ! Un professeur d'université. Et il a deux filles déjà mariées.

— Bien plus que deux filles mariées. Il est déjà grand-père, depuis des années.

— Si j'apprenais qu'il surveille ma maison, je le dénoncerais pour violation de domicile.

— Tu as raison. C'est dégoûtant. »

Mais ils sont toujours là tout autour de la longue-vue, se l'arrachant des mains, pressés de regarder.

À quelques pas de là, le professeur Aughen, bien que caché à la vue par l'obscurité, a tout entendu, il sourit avec bienveillance.

« Je sais, je sais, mes amis, dit-il. C'est la première réaction, je vous comprends. Moi aussi, quand j'ai commencé, et c'est arrivé tout à fait par hasard, j'ai éprouvé un sentiment de honte. Puis cela a été plus fort que moi. La curiosité mesquine, la complaisance maligne, le goût pour les malheurs des autres, le vice, je vous assure que petit à petit ils se sont transformés en un pur désir de connaissance.

« Ce fut comme si j'avais ouvert la porte d'un royaume interdit et ignoré, comme si j'avais pénétré dans les coulisses du grand théâtre de la vie, là où personne n'était jamais entré, aucun philosophe, aucun scientifique, aucun policier, aucun écrivain, aucun prêtre.

« Regardez cette longue-vue qui n'a l'air de rien. Il n'existe pas au monde d'instrument plus puissant pour découvrir la vérité de l'homme. Celui qui se croit tout seul et à l'abri des regards de son prochain inconsciemment se transforme, devient une autre personne, il ne joue plus un rôle, il s'abandonne complètement à lui-même, il n'a plus de frein, de retenue, de pudeur. Et je le prends en flagrant délit.

« Ce que peuvent apprendre les confesseurs n'est

rien en comparaison. Les textes de Kraft Ebing, les rapports Kinsey sont des plaisanteries de collégien par rapport à ce que j'ai vu moi. Parce que même les confesseurs – même Kraft Ebing, même Kinsey – ont eu besoin d'interroger pour savoir, ils ont eu besoin que leur prochain se confie, et le prochain peut se confier à cinquante pour cent, à soixante, à soixante-dix, à quatre-vingt-dix pour cent mais jamais davantage, quelle que soit la bonne volonté qu'il y mette. À moi, qui les observe à la longue-vue, ils se confient à cent pour cent.

« Cette ridicule comédie qu'est la vie de tous les jours, la vie sociale, la vie mondaine, la vie professionnelle ! Il faut les voir en privé, quand ils croient que personne ne les surveille, ces beaux messieurs-dames. »

Une jeune femme demanda : « Mais vous avez vu des choses vraiment horribles ?

— Pourquoi les qualifier d'horribles ? Qu'est-ce que j'en sais, moi ? C'est la substance de la vie. Oui, durant des centaines et des centaines de nuits, j'ai exploré un continent inconnu, une immense caverne insoupçonnée qui s'ouvre toute grande derrière le respectable et rassurant rideau de la vie quotidienne.

— Des crimes, aussi ?

— Des crimes aussi, parfois. Et puis les invraisemblables vanités, les méchancetés, les obsessions, les illusions, le fascinant abîme des vices. Et puis l'emprise du sexe, notre mystérieux sous-sol d'où sort, c'est vrai, une quantité d'infamies mais d'où jaillissent aussi de merveilleuses entreprises, de grandes découvertes, des héroïsmes, des chefs-d'œuvre artistiques. Le sexe que médecins, psychiatres et prêtres s'imaginent connaître. Ils me font rire, vraiment.

— Et vous, professeur, vous consignez tout ?

— Je fais ce que je peux. Venez voir. » Il rentra dans la maison, où la lumière était allumée. Il nous conduisit dans son vaste bureau. Il nous indiqua une grande bibliothèque sur laquelle étaient alignés des dizaines et des dizaines de grands volumes, semblables à ceux des notaires d'autrefois. Sur la tranche de chacun était imprimée en caractères dorés une date.

« Vous ne nous en faites pas lire quelques passages, professeur ? »

Il secoua la tête. « Non, ça, c'est absolument impossible.

— Et vous avez l'intention de les publier ?

— Vous plaisantez !

— Mais alors, pourquoi vous donner toute cette peine ?

— La connaissance de l'homme, mes amis, voilà tout. Et puis, qui sait, peut-être qu'un jour lointain cela servira. Là-dedans sont inscrits les actes obscurs et terribles dont personne jamais n'a eu connaissance. Même les bonnes actions passées inaperçues. Là se trouve le dignitaire communiste qui se frappe la poitrine, agenouillé devant le crucifix. Y figure le vieux banquier, à genoux lui aussi, qui embrasse les pieds de la petite bonne. Il y a l'épouse qui verse une petite poudre dans le café. Les violences, les tortures, les désespoirs, les épouvantables disputes. Les paroles, malheureusement, sont inaudibles à cette distance. Dommage qu'il n'existe pas aussi une longue-vue pour les voix.

— Heureusement que j'habite loin d'ici, dit avec un rire forcé une dame.

— De quel côté habitez-vous, madame ?

— Au quartier vert. À au moins cinq kilomètres d'ici.

— Ce n'est pas dit, fit le professeur. J'ai un autre

bureau justement au quartier vert. À l'avant-dernier étage du gratte-ciel.

— Ah, mais j'ai la bonne habitude, le soir, d'abaisser les persiennes.

— Ce n'est pas dit, madame. Il suffit d'une toute petite fente entre deux lattes, comme c'est presque toujours le cas. Et moi, j'arrive à voir.

— Vous n'avez quand même pas un observatoire Porte Occidentale ? demanda un autre.

— Moi, non, répondit-il. Mais cela ne veut pas dire grand-chose. Je ne suis pas le seul, sans doute. Et il se peut qu'il existe quelqu'un de beaucoup plus organisé et efficace que moi, équipé de longues-vues qui grossissent plusieurs centaines de fois, postées dans tous les coins de la ville. Et il ne suffit pas d'être attentif et circonspect. Même la personne la plus prudente au monde, un jour ou l'autre se laisse distraire un instant – une seconde, une fraction de seconde suffit – et elle se trahit pour toujours. »

Ils l'entouraient en silence. Ils le regardaient, un peu effrayés. Derrière la vitre, sur la terrasse noire, la longue-vue sur son trépied se détachait à contre-jour, sur le halo lumineux des rues en contrebas, immobile et passablement sinistre. Il était très tard. Quelques rares fenêtres étaient encore éclairées.

À la fin quelqu'un demanda : « Quelle est, professeur, durant toutes ces années, la chose la plus remarquable que vous ayez vue ? Vous pouvez nous raconter ça ? »

Aughen s'absorba dans ses pensées. Le sourire disparut de ses lèvres. À voix basse : « C'était il y a trois ans, en septembre. Dans une vieille maison, là-bas au fond, du côté de la voie de chemin de fer. Deux fenêtres éclairées, la même pièce. Très loin, toutefois. J'ai braqué ma longue-vue par acquit de conscience. Et aussitôt j'ai vu... Non, pardonnez-moi, je ne peux pas vous dire ce que j'ai vu, je ne le peux absolument pas, en aucun cas...

— Mais qu'avez-vous vu, professeur ? Le démon ?

— Pis. C'était, comment dire ?... C'était le secret le plus ténébreux de notre existence, qui avait pris corps et chair... La frontière ultime, vous comprenez ?... Derrière laquelle il y a le néant... Je ne peux absolument rien vous dire...

— Et cette chose terrifiante, vous l'avez consignée dans vos registres ?

— Je l'ai consignée, oui. Mais le volume n'est pas ici. Il est enfoui dans les sous-sols d'une banque. Et personne ne le verra plus jusqu'à... jusqu'au jour du Jugement universel. Alors on en fera lecture devant le tribunal de Dieu. Et tous les hommes trembleront, et pleureront des larmes amères. »

Il Corriere della Sera,
23 juin 1965.

Le prestidigitateur

Après le spectacle, le commandant Smith (c'est du moins ainsi qu'on l'appelait) copropriétaire et directeur de l'Eldorado, grand théâtre de variétés dans le quartier très populaire de la Conque, trouva dans son réduit, bien en évidence sur son bureau, une lettre : en quelques lignes sèches, Omar er Bazan, maître dans l'art de la prestidigitation, qui avec ses célèbres tours assurait depuis plus d'un an au moins un quart du spectacle, donnait sa démission, annonçant qu'il changeait pour un autre théâtre – il ne précisait pas davantage – où ses talents, écrivait-il, « seraient appréciés d'une manière financièrement plus adéquate ».

Le coup était aussi dur qu'inattendu. On approchait des fêtes, le numéro du prestidigitateur était peut-être celui que le public de l'Eldorado préférait. À qui pouvait-on faire appel pour remplacer le déserteur ? Le commandant Smith passa rapidement en revue les noms les plus célèbres : Gimnothus-Gimnothus ? Sir Basil Jehroboham, Lord of Darkness ? Le comte Dela Monaca (avec un seul *l*), dit aussi Comte de l'Impossible ? Der Gross Hockusposkus ? Flegeton, le Seigneur des Abysses ? (Rien que des noms sinistres, grandiloquents et ténébreux, comme il convient à cet art.) Bien sûr, Dela Monaca était entre tous l'artiste qu'il fallait pour l'Eldorado : bel homme, aristocratique, autoritaire, beau parleur, répertoire classique sans doses excessives de frisson et de mystère, ce qui aurait été déconseillé avec toutes ces mamans et tous ces enfants qui emplissaient le théâtre. Oui, il allait télégraphier à Dela Monaca. Mais en attendant ? Aussi rapide soit-il, dans le meilleur des cas, le comte ne pouvait rejoindre l'Eldorado en moins d'une semaine, dix jours même.

Toc, toc, à la porte. Entrez. Apparut un petit homme à la figure ronde, doux, souriant et un peu effrayé.

« Le directeur du théâtre ? — Lui-même. — Par hasard, monsieur, par hasard auriez-vous besoin de quelqu'un pour le numéro de prestidigitation, magie, télép... — C'est cette fripouille d'Omar qui vous envoie ? — Non, non, monsieur, je ne connais pas de Omar. — Comment avez-vous su alors ? — Moi ? Mais je ne savais rien, je suis venu ici à tout hasard. Vous permettez que je me présente ? Professeur Sepulcrus. — Ouais, vous ne pourriez pas vous choisir un nom un peu plus gai ? — Je m'appelle professeur Sepulcrus, insista l'homme. Alors, est-ce que par hasard je pourrais vous être utile ? »

Le commandant le toisa du regard. Ce devait être un artiste de second ordre, de ceux qui, l'été, font le tour des hôtels et des pensions de famille dans les lieux de villégiature. En tout cas, c'était mieux que rien.

« Bon, on peut essayer... Mais je vous préviens tout de suite : ici nous avons un public tranquille, pas de frissons, pas de frayeurs, pas de spectres, rien d'impressionnant, d'accord ? — D'accord. »

Il commença le soir suivant. Comme le commandant s'y attendait, Sepulcrus présenta une série de tours des plus ordinaires, les éternels foulards colorés qui sortaient des manches, les éternelles cartes qui apparaissaient et disparaissaient de la paume des mains, l'éternelle montre prêtée par un spectateur et mystérieusement retrouvée dans la poche d'un autre à l'angle opposé de la salle, l'éternel cylindre d'où jaillissaient des bouquets de marguerites, des poissons vivants, des lapins – mais dans ce déballage, le directeur du théâtre, qui observait le spectacle avec anxiété, remarqua deux choses bizarres : le public, loin de paraître indifférent, était pendu aux lèvres de Sepulcrus et l'applaudissait avec un enthousiasme inexplicable, bien plus qu'il ne le faisait pour Omar pourtant capable de tout autre chose ; tout aussi singulière était l'attitude du petit homme qui, à chacun de ses tours, semblait hésitant et intimidé, balbutiait, jetait des regards autour de lui, se retournait avec un air suppliant vers Mlle Yvonne, l'assistante blonde qui lui avait été fournie par le théâtre (car lui n'en avait pas).

La soirée s'acheva mieux que prévu. Pendant que Sepulcrus enlevait son frac dans sa loge, Yvonne, en coulisse, tomba sur le directeur. Elle paraissait au comble de l'excitation.

« Vous avez vu, commandant ? dit-elle. Mais vous savez que ce professeur Sepulcrus est extraordinaire ! – Il a fait son numéro, c'est tout, du mieux qu'il pouvait ; extraordinaire, je n'irais pas jusque-là. — Vous ne le trouvez pas extraordinaire ? Mais alors, vous n'avez pas vu ? — Vu quoi ? — Les fleurs, les foulards, les poissons, les lapins... — Et alors ? — Et alors, il n'avait rien. — Qu'est-ce que tu veux dire ? — Il n'avait rien quand il est entré sur scène. Son truc, je vous jure, je n'ai pas réussi à le trouver, et pourtant je peux dire que maintenant j'ai des heures de vol dans ce métier. — Où veux-tu en venir ? — Allez-y, allez le voir dans sa loge. Je parierais qu'on n'y trouve pas de lapins. Cet homme-là est un magicien, un vrai de vrai. Et moi, j'ai peur. »

Cela fit rire le commandant Smith. Et pourtant, quand tout le monde fut parti, que le théâtre demeura vide et silencieux, la curiosité le poussa vers la loge de Sepulcrus. Il entra, regarda : dans un coin il y avait une petite cage avec quelques lapins, un petit bassin avec des poissons, des fleurs artificielles à ressort, des mouchoirs. L'attirail d'un magicien de pacotille.

Très vite le doux et souriant professeur constitua une cible pour ses collègues du théâtre. Au café Circe, où la majorité des artistes se retrouvaient après le spectacle, se moquer du magicien devint le passe-temps favori. S'il n'était pas là, la soirée était fichue. Et le professeur, à la vérité, savait se prêter au jeu. Petit, rondouillard, humble, il encaissait en souriant les railleries sans se vexer, presque comme s'il reconnaissait aux autres le droit de ne pas le prendre au sérieux.

Mais un soir, alors que la troupe était assise au café – il y avait, en plus de Sepulcrus, le commandant Smith, le contorsionniste, les jongleurs pseudo-japonais, la chanteuse, le clown, le faiseur d'ombres chinoises, l'accordéoniste et quelques-unes des Miami Girls (les autres étant parties à l'aventure) –, entra un homme grand, beau, vêtu d'un costume sombre, pâle, les tempes grisonnantes, une canne à pommeau d'or, le monocle, les manières d'un empereur des Indes. Beaucoup, y compris le commandant Smith, se levèrent avec déférence et lui firent place. C'était le comte Dela Monaca, arrivé par avion de Londres pour prendre son emploi de prestidigitateur à l'Eldorado. (La dernière soirée, donc, pour le professeur Sepulcrus, mais il ne le savait pas encore.)

Réprimant à grand-peine de petits rires, chacun dressa l'oreille dans l'attente d'un affrontement. Il était impossible que le comte, imbu de lui-même comme il l'était, laissât passer l'occasion d'humilier son infortuné collègue. En effet, il ne s'écoula pas cinq minutes avant que Dela Monaca n'ouvrît les hostilités, roulant les *r* avec suffisance.

« J'ai le plaisirrr, dit-il d'un ton désinvolte, de parrrler au prrrofesseurrr Sepulcrrrus ?

— Lui-même, monsieur, répondit le petit homme avec bienveillance.

— Un nom extrrrêmement... hum, hum... extrrrêmement euphorrrique, je dirrrais.

— Oui, vous avez sans doute raison, et le professeur rit.

— J'ai entendu dirrre de vous des merrrveilles, des choses vrrraiment extrrraordinairrres, incrrroyables.

— J'en suis tout à fait ravi, monsieur », répondit Sepulcrus avec humilité. Quelqu'un ne put s'empêcher de rire.

« On m'a dit, si je ne m'abuse, on m'a dit, poursuivit le comte, caustique, que vous trrravaillez sans avoirrr besoin... hum, hum... sans avoirrr besoin de prrréparrratifs... Au lieu de trrrucs, de la vérrritable magie...

— C'est exact, monsieur. »

Le commandant Smith prit la parole au milieu d'éclats de rire retentissants : « Et les la... les la... les lapins qui sont dans votre loge ?

— Ah oui ! bien sûr, répondit Sepulcrus en toute

simplicité, sans se démonter. Il a fallu que je les achète pour faire plus vrai...

— Plus vrai ! Ah, ça, c'est la meilleure ! Impayable, vraiment !

— J'avoue, reprit le comte Dela Monaca avec un sérieux affiché, j'avoue que je ne saisis pas l'idée.

— Je dis pour faire plus vrai parce que autrement il me faudrait donner beaucoup trop d'explications.

— Ce qui voudrrrait dirrre, hum, hum... que les lapins qui sont dans votrrre loge ne vous serrrvent à rien.

— Exactement, monsieur », confirma le petit homme, avec une assurance qu'à vrai dire personne n'attendait.

La scène était bien plus amusante que prévu. Dela Monaca ajusta lentement son monocle sur son œil pour mieux dévisager l'individu.

« De sorrrte que nous devons conclurrre, prrrofesseurrr, que vous hum, hum... que vous disposez de vérrritables pouvoirrrs magiques...

— Exactement, monsieur...

— Mais que vous prrréférrrez les cacher, hum, hum... et laisser crrroirrre qu'il s'agit au contrrrairrre de simples trrrucs, d'arrrtifices...

— Monsieur, vous avez parfaitement compris ma façon de penser, répondit Sepulcrus, insensible au sarcasme.

— Et serrrait-il osé d'espérrrer, prrrofesseurrr, que vous puissiez nous offrrrirrr ici, ce soirrr, en famille pour ainsi dirrre, une démonstrrration, hum, hum, de vos pouvoirrrs surrrhumains ? »

Sepulcrus resta un moment pensif : « Je préférerais m'abstenir. C'est peut-être mieux. Pour tout le monde.

— Vous avez tout à fait rrraison, dit le comte en simulant la plus profonde compréhension, vous avez tout à fait rrraison de séparrrer l'activité prrrofessionnelle, hum, hum... des converrrsations de café.

— Ce n'est pas cela, monsieur.

— Ah, non ? C'est quoi, alorrrs ?

— C'est que moi-même, monsieur, j'ignore les limites de mon pouvoir. Je ne l'ai jamais testé.

— Jamais ? Cela nous ferrrait alorrrs vrrraiment beaucoup de peine, trrrès cherrr prrrofesseurrr, si vous nous prrriviez ce soirrr de l'honneurrr d'assister à une expérrrience. »

Sepulcrus, en souriant, secoua sa tête ronde, hésitant. Tous le fixèrent, se délectant à l'avance de la piètre figure qu'il allait faire. On éprouvait même de la pitié pour ce petit homme tombé entre les griffes du comte Dela Monaca. Finalement Sepulcrus murmura : « Si c'est vous, monsieur, qui insistez... »

Les hourras éclatèrent : « Bravo, professeur ! Faites-nous voir ça ! Un miracle ! Un miracle ! »

Le comte se leva, d'un geste impératif il demanda le silence : « Je vous rrremerrrcie au nom de tous, prrrofesseurrr. Que pouvons-nous donc vous demander d'accomplirrr ? »

Le commandant Smith prit la parole : « Comte, dites-lui de faire taire ces maudites machines qui me mettent les nerfs à fleur de peau ! » Dans la rue, en effet, le vrombissement ininterrompu des autos, motos, camions faisait un boucan du diable. « Vous êtes capable de faire cela, professeur ?

— Je peux essayer, dit calmement Sepulcrus.

— Et avec quoi ?

— Avec ceci. » Il sortit de l'intérieur de sa veste une fine baguette blanche.

« La baguette magique ! Bravo, professeur ! » Ils éclatèrent de rire en chœur.

« Allez-y, alors ! l'encouragea le directeur du théâtre. Arrêtez-moi un peu tous ces moteurs à explosion ! »

Sepulcrus regarda autour de lui, on aurait dit un pauvre petit chevreuil cerné par des molosses et qui ne voit plus moyen de leur échapper. Résigné, il les mit en garde : « C'est vous qui l'avez voulu. » Il leva sa baguette, murmura des paroles inintelligibles, abaissa sa baguette en frappant le bord de la table.

« Non, non, attendez ! s'écria le comte Dela Monaca, cette fois-ci en riant de bon cœur. En ce moment, ma femme est en trrrain de surrrvoler l'Atlantique, elle vient de quitter New Yorrrk ! Je ne voudrrrais pas que... »

Sepulcrus le regarda, plus humble que jamais, avec dans les yeux une expression d'effroi : « Monsieur, il est trop tard. » Puis il se leva de sa chaise, salua l'assemblée d'un geste et à petits pas se dirigea vers la sortie, escorté par un ricanement général.

« Eh, professeur ! cria quelqu'un. Les voitures continuent à passer ! Portez-la à réparer, votre baguette magique ! »

Sans se retourner, tête baissée, le professeur se glissa dehors et disparut derrière la vitrine.

À ce moment précis, le silence se fit. Aucun bruit n'arrivait plus de l'extérieur, comme si tout à coup la ville était tombée dans une paralysie mortelle. Ils regardèrent à travers la vitre. Dans la rue tout était silencieux, immobile. Ils se précipitèrent dehors. Là-bas tout au fond, trois ou quatre paires de phares, immobiles.

Le monocle tomba de l'œil du comte Dela Monaca, il tomba et resta là, pendu au cordon. Lui, livide, bouleversé : « Ma femme, gémit-il. Ma femme dans l'avion ! »

Le cœur battant, ils restèrent sur le trottoir, espérant qu'il ne s'agissait que d'autosuggestion, d'une coïncidence fortuite, d'un jeu du hasard. « Mon Dieu, une automobile ! Faites passer au moins une automobile ! » sanglota le comte Dela Monaca, sommité de la prestidigitation, devenu l'ombre liquéfiée de lui-même. Mais l'automobile ne vint pas. Dans le monde entier, les automobiles les motocyclettes les camions les tracteurs les chars d'assaut les bateaux à moteur ne se déplaçaient plus.

Il Nuovo Corriere della Sera,
14 juin 1956.

Impressionnable

Sur le chemin du bureau Ernesto Tracchia rencontre un vieil ami, un camarade de lycée, qu'il n'a pas vu depuis au moins dix ans.

« Salut, Martelli, comment ça va ?

— Salut, répond l'autre un peu hésitant. Excuse-moi, mais je ne...

— Quoi ? Tu ne me reconnais pas ?

— Allons donc, dit Martelli, tu crois que je ne me souviens pas de toi, il ne manquerait plus que ça !

— J'aime mieux ça. Alors : qui suis-je ? demande Tracchia amusé.

— Tu, tu... tente le vieux copain, tu es... Ben, excuse-moi, mais, là, je ne retrouve pas ton nom, je l'ai sur le bout de la langue.

— Tracchia. Ernesto Tracchia.

— Tracchia, toi ? fait l'autre apparemment incrédule.

— Pourquoi ? Qu'est-ce que ça a de si extraordinaire ? Tu trouves que j'ai beaucoup changé ?

— Non, non, mais tu vois, pour être franc... qu'est-ce que tu es devenu maigre !

— Maigre ?

— Eh, c'est peu de le dire ; la dernière fois que je t'ai vu, tu étais une véritable armoire à glace, et aujourd'hui...

— Aujourd'hui, quoi ?

— Rien. Ça dépend aussi des tempéraments, il y en a qui prennent du ventre et d'autres qui se dessèchent.

— Zut alors, de là à ne pas me reconnaître ! »

Puis ils se mettent à parler d'autre chose.

Une fois assis à sa table de travail, il regarda autour de lui et vit que tous les autres travaillaient. Il pencha la tête pour essayer de voir son reflet sur l'une des facettes de l'encrier de cristal. Il était donc si maigre ? Après un long silence il appela un collègue, assis juste en face de lui : « Cerulli... Tu as une minute, s'il te plaît ? »

Cerulli leva les yeux de ses papiers.

« Cerulli, dis-moi, tu trouves que j'ai maigri ces derniers temps ? »

Cerulli le regarda distraitement : « Tu n'as certainement pas grossi ; ça c'est sûr, tu n'as pas grossi.

— Pourquoi ? Je suis si maigre que ça ?

— Eh, ma foi ! fit l'autre en riant, sans que l'on sût s'il plaisantait ou pas. Quelques kilos de moins et il ne te restera que la peau et les os !

— Quoi ? Tu plaisantes ?

— Où est le problème ? Tu es sec, c'est ta morphologie. Ou alors tu es malade ?

— Oh, mon Dieu, je ne me sens pas en pleine forme ! Depuis quelque temps, je suis continuellement fatigué... Tu vois, parfois j'ai un sentiment de vide dans la tête, et si je me penche, j'ai mal à la nuque, et quand je tousse aussi ça me fait mal, et puis j'ai toujours l'impression d'avoir le bras lourd, comme s'il était engourdi.

— Ça doit être un peu de surmenage, fit Cerulli avec indifférence. Mais au fait : c'est le bras gauche ou le bras droit ?

— Le gauche. Pourquoi tu me poses cette question ?

— Pour rien, juste pour savoir... Tu n'es jamais allé consulter ?

— Si, mon médecin... Il dit que je n'ai rien. Il m'a donné des cachets.

— Quels cachets ?

— Cardiastenabrix.

— Ah !

— Ça veut dire quoi, ce "Ah !" ?

— Rien. En général on donne du Cardiastenabrix pour des syndromes d'angine de poitrine.

— Tu as fait des études de médecine ?

— Non, non, mais je m'y intéresse un peu. Dis-moi : tu n'aurais pas également des douleurs dans le thorax, au niveau du sternum, comme si cela te serrait violemment, à t'en couper le souffle ?

— Des douleurs ? Non, pas vraiment. Pourquoi ?

— Rien, je te demandais ça comme ça. »

Et Cerulli se replongea dans sa paperasse.

« C'est bizarre, pensa Tracchia, ça me fait bien un peu mal, là, à la poitrine, du côté gauche, comme si une main me serrait. Quelle chaleur ici. Et comme l'air est vicié. »

« Cerulli, dit-il au bout de dix minutes, on étouffe ici. Ça te dérange si j'ouvre un peu la fenêtre ? »

Il ouvrit les vitres, dehors il pleuvait, il respira profondément l'air froid et humide mais cela ne lui fit aucun bien. En se retournant il vit les autres, courbés sur leurs feuilles, travaillant comme s'il n'existait même pas.

« S'il vous plaît, demanda le célèbre médecin, s'il vous plaît, retenez votre souffle... respirez maintenant... retenez de nouveau votre respiration... respirez... maintenant respirez à fond... toussez... respirez à fond... comme cela, c'est bien... dites trente-trois. Encore... encore. » Son oreille froide contre le dos nu faisait naître une étrange sensation, comme une fleur cartilagineuse qu'on appuierait contre la peau, une gueule-de-loup, un lys, un glaïeul. Puis il commença à l'ausculter. « Ici, je vous fais mal ? Et là ? Et là ? » Et ainsi de suite.

« Alors, docteur, qu'est-ce que vous avez trouvé ?

— C'est encore tôt, répond le médecin avec un sourire mielleux plein de suffisance, encore trop tôt pour que je puisse me prononcer. Maintenant nous allons passer l'électrocardiogramme, et le cas échéant, nous ferons analyser le taux de cholestérol.

— Pourquoi ? Vous pensez que peut-être... ?

— Non, non, ne vous inquiétez pas de cela maintenant, on aura bien le temps de se faire du souci s'il le faut... » Il avait un sourire tellement doux !

« Mais après ce premier examen, quel est votre sentiment ?

— Il est encore trop tôt, je vous le répète. » Le visage du docteur était d'une douceur angélique. « Je ne pourrai vous donner un avis que lorsque tous les examens seront achevés. »

Il sortit de chez le médecin, il faisait un beau soleil, les gens se promenaient, insouciants. Tracchia s'arrêta devant une vitrine, et vit dans la glace son visage décharné, certaines rides qui n'y étaient pas l'année précédente. Dieu sait pourquoi, son cœur battait fort : « Achevés..., pensa-t-il. Cholestérol... » Il se sentait amaigri et fatigué.

Au bureau. Entrée impromptue de Camorzi, collègue d'une autre section.

« Vous savez ce qui est arrivé à Finamore ? annonce-t-il, tout excité. Vous connaissez la nouvelle ?

— Finamore ? Quoi ? Qu'est-ce qu'il a ?

— Oui, Finamore. Raide mort, il y a une heure de cela.

— Mais ne raconte pas de bêtises !

— Une attaque. Il s'apprêtait à prendre le tram. On l'a vu tomber comme une masse. Quand on l'a relevé, il était déjà mort.

— Mon Dieu ! Mais c'est épouvantable !... Quel âge avait-il ?

— Il n'avait pas quarante ans.

— Il devait avoir des ennuis cardiaques.

— Mais non. Il a toujours été en très bonne santé.

— Allons donc ! Il devait bien avoir quelque chose !

— Mais non, je vous dis, jamais rien eu, à part quelques petites douleurs de temps à autre mais qui n'a jamais eu mal quelque part ? »

Tracchia, d'une voix mal assurée : « Quel genre de douleurs ? »

Tous les yeux se tournent vers Tracchia.

« Mon Dieu, comme tu es pâle ! dit Camorzi. Il ne faut pas te mettre dans des états pareils pour ça... Rassure-toi, les gens maigres comme toi, c'est pas à cause de leur cœur qu'ils crèvent, c'est sûr...

— Qu'est-ce que ça veut dire ? Tu trouves que je dépéris ?

— Que tu dépéris ? Tu es maigre, c'est tout... Et remercie le Ciel !

— Mais quel genre de douleurs avait Finamore ?

— Je ne sais pas exactement. Je crois qu'il ressentait parfois des élancements.

— Des élancements ? Mais où ?

— Dans la poitrine, à ce qu'on m'a dit, qui irradiaient jusque dans le bras... Mais il n'y avait jamais fait très attention... »

Quand il rentra chez lui, il tenait à peine sur ses jambes. De temps en temps il devait s'arrêter pour respirer, le souffle lui manquait réellement. Une tenaille – c'est la sensation qu'il avait – mordait une part très fragile de son corps, tout au fond de ses poumons, pendant qu'on posait sur ses épaules une chape de plomb et que son bras aussi devenait de plomb. « Est-ce que je réussirai à arriver jusqu'à la maison ? se demandait-il. Ou bien ma femme viendra-t-elle me reconnaître à la morgue ?

— Excusez-moi, monsieur, lui demanda un agent. Vous ne vous sentez pas bien ?

— Si, si, merci, répondit-il au prix d'un effort héroïque. S'il savait ! » pensa-t-il en s'apitoyant sur sa propre disparition prématurée.

Le jour suivant il se traîna chez le médecin. Il vit tout de suite que celui-ci était de mauvaise humeur. Ils s'assirent. Le médecin le vrilla du regard. « Alors donc, cher monsieur, commença-il très lentement, donc, si je ne m'abuse, c'est vous qui souffrez d'une angine de poitrine, n'est-ce pas ?

— Euh..., fit Tracchia d'une voix tremblante, et son

cœur battait épouvantablement la chamade, c'est ce que je crains...

— Une angine de poitrine, hein ? continua le médecin comme s'il se parlait à lui-même. Et une faiblesse générale marquée également, c'est cela ? »

Tracchia acquiesça sans mot dire.

Alors le médecin se leva d'un bond. « Et la tuberculose pulmonaire ? » se mit-il à crier. « La tuberculose pulmonaire, non ? Et le cancer ? Et la peste bubonique non plus ? » Il s'emportait. « Maintenant, cher monsieur, maintenant vous allez prendre la porte et ficher le camp. Et que je ne vous revoie plus, compris ? Angine de poitrine ? Vous croyez que je n'ai que ça à faire ? Sortez d'ici !... Dehors, je vous dis ! »

Il Corriere d'informazione,
20-21 avril 1953.

Hécatombe au Pentagone

Le 22 mars 1962 le général Kostin, sous-secrétaire d'État américain à la Défense, a été retrouvé mort d'une hémorragie cérébrale dans son bureau du Pentagone.

Le corps fut découvert par le premier secrétaire, le capitaine Daniel E. Lattimore. Il en fut tellement bouleversé que le lendemain, ayant perdu le contrôle de sa voiture qui roulait à vive allure, il fit un tête-à-queue ; il fut tué sur le coup.

C'est ce que dirent les journaux. En réalité, les choses se sont passées d'une tout autre manière. Et la mort du général Kostin cache l'une des affaires les plus étranges et obscures qui soient ; des mois après les événements, elle est loin d'être résolue et laisse dans une grande perplexité les rares personnes au courant.

Il n'est pas vrai, en tout cas, que le capitaine Lattimore soit mort d'un accident de voiture. La catastrophe est le résultat d'une mise en scène savamment élaborée pour masquer la vérité. Lattimore, en fait, a été retrouvé mort aux côtés du général.

La scène, aux yeux d'un planton entré là par hasard, se présenta selon les modalités suivantes : le général était plié en avant, le buste reposant sur la tablette de son bureau ; la main droite, peut-être en cherchant un appui, avait glissé, faisant tomber à terre une pile de papiers ; sur ce monceau de papiers le capitaine gisait, étendu de tout son long.

Quand on eut donné l'alerte, tous ceux qui occupaient les bureaux voisins accoururent ; l'un des premiers fut l'inspecteur Wittington, de la MP ; trouvant que cette double mort simultanée était suspecte, il prit la situation en main, fit interdire l'accès à la pièce, empêcha que la nouvelle ne se répandît : s'il s'agissait d'un crime, il fallait tirer l'affaire au clair avant qu'elle ne tombât dans le domaine public. Dans des cas de ce type-là, dont on peut présumer qu'ils ont, de près ou de loin, quelque chose à voir avec la politique ou l'espionnage, rendre l'affaire publique empêchait la progression de l'enquête bien plus que cela ne favorisait l'identification des coupables.

Mais était-ce un crime ? Aucune des deux dépouilles ne présentait de traces de violence, et l'expertise exclut l'empoisonnement. Le résultat du rapport médical fut le même pour les deux victimes : embolie cérébrale. Ce n'est pas tout. L'autopsie établit chez l'un comme chez l'autre la présence d'une petite hémorragie, localisée exactement dans la même région, et ayant exactement la même forme et les mêmes proportions.

La chose sembla excessivement étrange, tellement étrange que l'inspecteur Wittington décida de mener ses investigations jusqu'au bout, en dépit des affirmations des médecins. Il en était convaincu : ces deux-là avaient été assassinés. Mais de quelle façon ? Et par qui ?

Mis à part les conséquences du remue-ménage qui avait fait suite à la découverte des corps, tout, dans le bureau du général, était resté exactement comme au moment de la mort. Pas un papier n'avait été déplacé. Alors Wittington, aidé par deux techniciens de confiance, s'enferma dans la pièce et se mit à examiner minutieusement le moindre grain de poussière.

La justice se mit en marche le 26 mars. Wittington, il le déclara publiquement, n'avait pas la plus petite idée de là où son enquête pouvait le mener ; mais il était fermement convaincu d'arriver à un résultat. Le lendemain, comme il examinait les papiers tombés à terre, l'inspecteur, qui s'était assis sur un tabouret bas, se pencha tout à coup sur le côté d'une façon plutôt comique, tandis que la feuille qu'il lisait lui échappait des mains ; et il tomba comme foudroyé. Ceux qui se trouvaient là se précipitèrent pour le relever. Il était déjà mort.

Le verdict des docteurs et des médecins légistes fut en tous points semblable à celui énoncé pour les deux cas précédents : embolie cérébrale ; et chez l'inspecteur également on releva, au même endroit précis et pas à un autre, un minuscule symptôme hémorragique, dont on n'expliquait pas clairement la présence.

L'affaire, même aux yeux des plus sceptiques, commençait à devenir préoccupante. Les rumeurs les plus folles se mirent à courir. On parlait d'une malédiction en chaîne comme celles que l'on attribue à certains diamants. D'autres évoquèrent des radiations meurtrières d'un genre inconnu. Les personnes qui travaillaient au Pentagone allaient jusqu'à éviter de passer devant la porte du bureau. Plus encore : les fonctionnaires les plus compétents de la police secrète fédérale inventaient toutes sortes d'excuses pour éviter d'être chargés de l'enquête.

Jusqu'au jour où l'un des jeunes gens les plus brillants parmi les dernières recrues, le lieutenant Mauritius, se porta volontaire pour relever le défi. Il était évident, disait-il, qu'un objet présent dans le bureau exerçait, grâce à ses pouvoirs mystérieux, une influence meurtrière dont la nature était impossible à déterminer a priori. Il fallait agir avec la prudence qui s'imposait. Se revêtir, donc, d'une espèce de scaphandre qui ferait écran, éviter tout contact direct, examiner chaque pièce à conviction en respectant une distance de sécurité. En adoptant de telles précautions, il n'y avait rien à craindre.

Secondé par deux assistants bénéficiant du même équipement, dans une atmosphère lourde d'angoisse, Mauritius rompit les scellés apposés sur la porte, entra dans la pièce maudite et, avec le plus grand flegme, commença l'inspection.

La première des choses qu'il examina fut le tabouret sur lequel le malheureux Wittington s'était assis, puis il passa aux documents que l'inspecteur, au moment de mourir, était en train d'étudier. Ensuite, à l'aide d'une longue pince, il ramassa par terre la feuille qui, dans le désordre régnant parmi les papiers tombés, se trouvait sur le dessus, la déposa sur une petite table et se mit à la parcourir. À peine quelques secondes, et l'on vit les jambes du lieutenant fléchir inexorablement puis l'homme s'affaissa comme une marionnette qui ne serait plus retenue par ses fils. On l'évacua immédiatement de la pièce, on le débarrassa de sa combinaison protectrice, deux médecins se portèrent à son secours. Il était trop tard.

Après quoi, quelque dix jours plus tard, il y eut un troisième volontaire pour essayer de résoudre cette terrible affaire. Ce fut un militaire, cette fois-ci, le major MacGus du Service des renseignements, qui voulut s'y risquer, sceptique comme il l'était sur les compétences des policiers. Lui aussi pénétra dans le bureau ensorcelé, examina le sol, les murs, les meubles, puis commença à dépouiller les papiers. Tandis qu'il lisait un document, il resta cloué sur sa chaise.

Alors s'installa l'effroi, la peur, l'exaspération. Au cœur du Pentagone une force ennemie, d'une origine et d'une nature inexplicables, s'était installée, foudroyant tous ceux qui s'approchaient. Bien évidemment, la première des préoccupations fut de ne rien laisser filtrer. Cela aurait été un scandale sans précédent, que le ridicule de la situation aurait encore amplifié.

Dans l'attente d'une solution dont on n'avait pas encore la moindre idée, on décida la mise en quarantaine et le bureau tristement célèbre fit l'objet d'une étroite surveillance. Au fil des jours, une idée avait confusément traversé les esprits : le maléfice émanait d'un document, d'une feuille, celle qu'avaient probablement tenue en main tour à tour le général, le capitaine, l'inspecteur, le lieutenant et MacGus. Quant à expliquer comment un morceau de papier, par le simple fait d'être lu, pouvait tuer un homme, c'était une autre histoire. Toute hypothèse mettant en avant la radioactivité ou autre phénomène du même genre avait été écartée. Du poison ? Tout à fait impossible. Comment expliquer alors ce pouvoir létal ? Sorcellerie ? Maléfice ?

Durant trois mois, le bureau resta sous scellés, mais pendant ce temps les plus fins limiers de la police secrète se penchèrent sur le cas, explorant toutes les pistes possibles. Rien. On avançait plus que jamais à l'aveuglette.

Mais au Pentagone aussi, comme dans les romans, le grand détective entre finalement en scène. Plus précisément, il ne s'agit pas d'un enquêteur, mais d'un simple avocat qui, grâce à l'acuité sans égale dont il a fait preuve, a tiré au clair pour le gouvernement, et en restant toujours dans l'ombre, un certain nombre d'affaires délicates : Tom Gennarone, un homme d'un certain âge, misanthrope et bizarre, auréolé, dans certains milieux, d'une réputation quasi légendaire.

On le sollicite avec toutes les précautions requises, il se déclare – et il l'est réellement – dans l'ignorance absolue de l'affaire. Une fois qu'on l'a mis au courant, il demande un délai d'une semaine pour considérer la question. Pour finir, il accepte la mission, tout en soulignant, ce qui n'est pas son habitude, le danger encouru. Dans le plus grand secret, il pénètre seul dans la pièce de la mort, il y demeure moins de dix minutes, puis il sort, affreusement vieilli et mal assuré sur ses jambes, tenant dans la main une feuille pliée en quatre. La feuille, à sa demande, est mise sous enveloppe, l'enveloppe est scellée puis enfermée dans le plus hermétique des coffres-forts du Pentagone.

En dix minutes Tom Gennarone a résolu l'énigme. Mais c'est là que se produit le coup de théâtre. Alors que, dans tous les mystères d'origine criminelle, la révélation de la vérité met fin aux cauchemars en proposant une explication concrète et rationnelle, cette fois-ci la résolution du mystère ne fait qu'accroître la terreur. Voici pourquoi.

Ce qui a provoqué les cinq décès, c'est une feuille, arrivée dans une enveloppe par avion, oblitérée à Paris, adressée au général Kostin. Sur la feuille, écrites à la machine, une quinzaine de lignes, pas plus. Dans cette quinzaine de lignes, un génie presque surhumain – on ne peut le définir autrement – a concentré avec un talent monstrueux les puissances maléfiques des ténèbres. C'est un raisonnement rapide et simple, tellement simple que même un esprit fruste peut le comprendre, d'une terrifiante force dialectique. Celui qui le lit se trouve comme entraîné dans un tourbillon et se persuade de *ne plus pouvoir vivre*, au point que se produit réellement une rupture dans le cerveau. C'est une force ensorceleuse qui se dégage d'une succession de termes tout à fait banals : elle est plus violente et plus destructrice que la folie. « Artistiquement parlant, il s'agit, dit Tom Gennarone, d'un chef-d'œuvre sublime, en comparaison duquel tout ce qui a été écrit jusqu'à maintenant dans le monde entier n'est qu'un misérable balbutiement. »

Le général Kostin ouvrit l'enveloppe, lut, et fut foudroyé. Son secrétaire, avant de pouvoir demander de l'aide, fut gagné par la curiosité et voulut lire à son tour. Pour les trois autres victimes, pas besoin d'explication supplémentaire. En ce qui concerne Tom Gennarone, lui aussi a lu mais il a été sauvé par ses capacités intellectuelles hors normes. Le raisonnement satanique qui tue se base, dans son passage décisif, sur un sophisme, un sophisme suprêmement génial qui cache pourtant un point faible, un hiatus, une erreur de logique dissimulée ; le découvrir, pour celui qui lit, signifie aussi gagner son salut, mais le découvrir est chose quasiment impossible, surtout du premier coup. Il a fallu l'extraordinaire acuité d'esprit de Gennarone, et il y a certainement très peu de gens au monde qui seraient capables d'en faire autant. (Remarque : Gennarone dit qu'à un moment donné il a eu lui aussi l'impression que son cerveau explosait ; il a surmonté la crise au prix d'un effort extrême ; phénomène étrange, il ne se souvient plus des termes du texte mortifère ; il hésiterait à tenter de nouveau l'expérience ; depuis ce jour, il se sent très ébranlé.)

Maintenant se pose un problème épineux : quel est l'auteur de ce raisonnement diabolique ? Qui en possède le secret ? Un particulier ou le gouvernement d'un État ? Et qu'a-t-il l'intention d'en faire ? La formule – ces quinze lignes – représente une arme d'emploi excessivement facile et d'une puissance indicible. Il suffirait qu'elle soit diffusée sur les ondes de la radio pour exterminer des millions d'hommes. Mais le fait que, pour la première victime, le choix se soit porté sur une des personnalités américaines les plus en vue, à qui le peuple a confié la charge suprême de l'État, peut faire penser que l'inventeur appartient au camp adverse, à savoir au monde communiste. Et malheureusement c'est une arme contre laquelle il n'y a pas de parade. En comparaison, même les bombes atomiques font pâle figure. Cela a été un miracle, il faut le reconnaître, que Tom Gennarone s'en soit tiré. Par ailleurs, comment éviter de nouveaux attentats ? Il faudrait mettre l'opinion publique en alerte et lui expliquer où se cache le point faible du sophisme. Mais pour arriver à cela, il serait indispensable d'exposer d'abord le raisonnement dans son intégralité, et ce faisant on provoquerait une véritable hécatombe avant même de pouvoir expliquer comment échapper au massacre. (Évidemment l'expéditeur de l'enveloppe devait être persuadé, dans son orgueil luciférien, d'en garder le monopole et le secret. Il ne peut pas imaginer qu'en Amérique un vieil avocat a passé sans dommage, ou presque, l'épreuve de la lecture et a pu expliquer tout cela. Il ne se doute pas que l'ennemi sait, et dispose de la formule lui aussi.)

Sur le monde entier, hélas, sur chacun d'entre nous, pèse donc une menace toute nouvelle. Et nous ne pouvons rien faire pour nous en protéger. Peut-être que dès demain matin le facteur nous portera une lettre d'aspect totalement inoffensif. Nous l'ouvrirons. À l'intérieur, une feuille tapée à la machine : la mort. Bienheureux les analphabètes, c'est le cas de le dire. Non, eux non plus. Le raisonnement, ils pourraient très bien l'entendre de la bouche d'un autre.

Mais, à la fin, que disent donc ces quinze lignes infernales ? Combien d'entre vous, au péril de leur vie, aimeraient le savoir ? Je n'en sais rien. Certes, je ne résisterais pas à l'envie de lire, comme maître Gennarone. Mais même si j'étais assez astucieux pour survivre et que je pouvais faire joujou avec la formule comme un fakir avec son cobra, jamais au grand jamais je ne la dévoilerais, et encore moins dans les colonnes de ce journal. Comment peut-on prendre une telle responsabilité ?

Il Nuovo Corriere della Sera,
25 juillet 1957.

Le plus grand des champions

Le célèbre brigand Sibillano – aux colères redoutables ! – avait acquis à la longue une telle sagesse, un tel flegme et en même temps une telle confiance en lui que ses acolytes se demandaient s'il n'était pas devenu gâteux.

Postées sur la crête des parois rocheuses, ses sentinelles veillaient. Un de ses hommes l'avertissait : « Sibillano, en bas sur la route, la voiture de Geroni arrive. Je parie qu'il rentre du marché, il doit crouler sous l'argent. – Eh bien, laisse-le passer », répondait du fond de la grotte la voix lasse du brigand.

Aujourd'hui Geroni, demain monsieur le comte, un autre jour la marquise avec tous ses diamants. Sibillano ne se déplaçait plus. À quoi bon ? De l'argent, désormais, il en avait volé assez pour lui et pour toute sa bande jusqu'à la fin de leurs jours. Les chemins qu'on redoutait d'emprunter autrefois étaient redevenus tout à fait sûrs.

Si cette passivité était pénible pour certains, c'était bien pour ses admirateurs : car si de nos jours on est supporteur d'une équipe de foot, à cette époque-là les âmes simples se passionnaient pour les grands aventuriers, les pillards, les pirates, et cetera. Cela dit sans la moindre ironie.

« Ton Sibillano, disait Niello, berger de la région, à son compagnon Ermanno, c'est devenu un mouton, il me fait pitié, voilà ce que j'en dis ! — Chhht, faisait Ermanno. Tu me fais rigoler. Il n'est pas encore né celui qui pourra rouler Sibillano ! » Et ils se disputaient, et ils se mettaient en colère, et quelquefois ils en venaient aux mains.

Un jour Sibillano fut averti que la fine fleur de la gendarmerie avait quitté la ville et s'approchait. « Quels gendarmes ? Les chevau-légers de la garde ? — Non, ils sont à pied. — Pouah ! commenta Sibillano, allongé sur de moelleuses peaux de mouton. Ceux de la garde territoriale, pouah ! À l'allure à laquelle ils vont, ils seront là dans un mois s'ils se dépêchent. » Et il se tourna de l'autre côté.

« Sibillano, prévint une seconde sentinelle le jour suivant, les gendarmes sont arrivés dans la vallée. Ils prennent le sentier qui mène ici chez nous. — Mais oui, c'est ça..., répondit Sibillano. Compte dessus et bois de l'eau fraîche ! Il faudra un siècle avant qu'ils aient atteint le sommet de la côte. — Sibillano, les gendarmes sont près du pont. — Minute, papillon, répondait le brigand. Pourquoi tant de hâte ? Laissez-moi dormir.

— Sibillano, les gendarmes se sont engagés dans la gorge, dans quelques heures ils seront ici... Sibillano, on peut déjà compter les gendarmes un par un, il y en a cinquante... Sibillano, on voit déjà les bérets rouges des gendarmes au bout de la prairie, d'ici dix minutes, ils sont ici, nous on fout le camp. — Eh ben, foutez donc le camp, poules mouillées », répondait le brigand imperturbable.

Sur les crêtes alentour, des bergers, des bûcherons et des montagnards observaient la scène avec le plus grand intérêt. « Tu vas voir qu'il va se faire berner comme un bleu, ton célèbre Sibillano ! criait Niello à Ermanno, en ricanant. — Hé, hé, quand le moment sera venu, tu verras bien », répondait Ermanno avec une moue de mépris.

À vrai dire, même ses détracteurs s'attendaient à ce qu'à la dernière minute Sibillano vînt à la rescousse de ses compagnons, au moyen d'on ne sait laquelle de ses diableries. Mais au contraire, rien. Les gendarmes encerclèrent la grotte, s'approchèrent avec circonspection, pour finir le plus courageux s'enhardit jusqu'au seuil de l'antre. « Rends-toi Sibillano, intima-t-il d'une voix mal assurée. Maintenant tu ne peux plus t'échapper. Rends-toi. C'est un ordre du roi.

— Mais bien sûr que je me rends. Qu'est-ce que je pourrais faire seul contre tant de valeureux soldats ? » Voilà ce que répondit Sibillano du fond de sa grotte. « Allons, entrez, entrez, chers amis. »

« Tu vas voir maintenant, on va rire, commenta le berger Ermanno, persuadé que le brigand avait préparé quelque incroyable surprise. Tu riras jaune, bientôt, mon cher Ermanno. » Mais au contraire Sibillano ne fit rien du tout. Après de longues hésitations, les gendarmes entrèrent dans la cavité et réapparurent peu après, encadrant Sibillano menotté.

« Sibillano, qu'est-ce que tu fais ? » lui hurla de loin Ermanno, pendant que Niello se tordait de rire. Le brigand se retourna, laissant voir un visage hilare, et, faisant tinter ses chaînes, il fit un geste digne, plein de supériorité, comme pour dire : « Attends, attends, on a encore le temps, ne t'en fais pas, le moment propice n'est pas encore venu. »

Ermanno se sentit soulagé : « Eh, vous ne le connaissez pas, Sibillano ! S'il s'est laissé prendre, c'est qu'il a ses raisons. Il veut aller en ville pour s'amuser. »

Sans se faire voir, les compagnons du brigand le suivirent en ville, de nombreux admirateurs firent de même. Dissimulés au sein de la foule, ils tournaient autour de la prison, criant de temps à autre : « Sibillano ! Sibillanooo ! Qu'est-ce que tu fais, Sibillano ? » D'une très haute fenêtre grillagée, alors, surgissait la main du brigand, elle faisait un geste des plus éloquents, comme pour dire : « Ne vous inquiétez pas, mes amis, nous avons le temps, faites-moi confiance, le moment n'est pas encore venu. »

Quelle sorte de surprise avait pu mettre au point le célébrissime bandit ? Quelle astuce, quelle ruse, quel coup de théâtre pour recouvrer sa liberté et humilier les autorités constituées ? Qu'est-ce qu'il attendait donc ? Le jour du procès arriva, le tribunal était archicomble. Les juges n'eurent pas un instant d'hésitation : condamnation à mort, par pendaison.

Dans la foule, parmi les curieux, se trouvaient Niello et Ermanno. « Ah, il est beau, ton grand champion ! railla Niello. — Attends un peu, répliqua l'autre tranquillement. Le moment venu, tu verras bien de quoi Sibillano est capable. »

Jusqu'au moment où l'on amena le brigand sur la place, et sur la place s'élevait le gibet, et aux pieds du gibet se trouvait le bourreau. On passa la corde au cou du brigand.

Au même instant, provenant de la foule, une voix : « Sibillano, qu'est-ce que tu attends, Sibillano ? » En réponse à quoi le brigand, bien qu'ayant les mains attachées dans le dos, réussit à faire un geste des plus expressifs, comme pour dire : « Les gars, encore un peu de patience, et vous allez voir ce que vous allez voir, je vous le jure. »

Tout à coup le bourreau retira l'escabeau sous ses pieds, Sibillano dégringola et resta suspendu par le cou, ses pieds battirent l'air deux ou trois fois puis il s'immobilisa, les membres ballants. Raide mort.

« Bon, et maintenant ? ricana triomphalement Niello, en donnant un coup de coude à Ermanno. Qu'est-ce qu'il attend pour sortir ses petites griffes, ton redoutable lion ? Il attend d'être arrivé là-bas en enfer ? »

Mais le véritable inconditionnel ne se rend jamais. « Tu crois pas si bien dire ! répondit Ermanno. C'est exactement ça. En bas, chez le diable, regarde un peu ce qu'il t'a concocté, Sibillano. Regarde, mais regarde. C'est pas un type formidable, peut-être ? » Et de la main droite il montrait le volcan éteint depuis des siècles qui dominait la plaine dans le lointain.

De l'extrémité de l'immense cône tout à coup avaient jailli d'énormes flammes, auréolées d'un énorme nuage noir qui grandissait à vue d'œil. Et l'on entendait un sinistre grondement de tonnerre.

Il Corriere d'informazione,
18-19 mars 1953.

Les six mamans

Le vigile de la banque a sommeil. Une fatigue diffuse, une envie de somnoler, peut-être parce que c'est le printemps.

Assoupi sur le canapé, le vigile est toutefois prêt à bondir, en cas de danger. Il a étudié tous les mouvements nécessaires, il a calculé la distance exacte pour avoir sa mitraillette à portée de main. Dans ces conditions, il n'a aucune crainte. Son métier, qui plus est, il le maîtrise parfaitement. À l'époque où il faisait l'école de formation, il était sorti major de sa promotion.

Pour le moment, du fond de sa torpeur, il sommeille. Il n'a pas enlevé ses bottes car ce serait trop risqué. Mais il a déboutonné le col de son uniforme, défait son ceinturon. Un rayon de soleil éclaire la porte du fameux coffre-fort et se déplace lentement. Comme les heures sont longues. Toujours tellement seul. Quel drôle de métier.

Mais les bandits sont très bien informés, ils savent que le vigile est assailli par le sommeil, le sommeil et la fatigue, et un autre mal encore qui touche les vigiles parvenus à un certain âge, sans qu'ils s'en rendent compte.

Cela fait des années que les bandits ont préparé leur coup. Mais jusqu'à présent il fallait attendre l'occasion. Aujourd'hui, enfin, l'heure est venue.

Les bandits et le vigile ne sont pas, les uns pour les autres, de parfaits inconnus ; au contraire, ils sont unis par une espèce de relation d'ordre privé, on ne peut pas dire que ce soient des amis, ce serait exagéré, mais des connaissances de longue date, oui. D'ailleurs, dans une ville aussi petite que Rome, tout le monde finit par se connaître.

Il arrive que les cinq bandits croisent le vigile dans la rue tandis qu'il se rend à son travail. De loin ils le voient bâiller. Pour éviter qu'a priori puisse se porter sur eux l'ombre d'un soupçon, lorsqu'ils ne sont plus qu'à quelques pas de lui ils se mettent à bâiller à leur tour, avec exagération, à s'en décrocher la mâchoire. Ils rient : « Eh, c'est le printemps ! — C'est ça, c'est le printemps », répond l'autre d'un ton jovial. Et les premiers : « Au revoir. Monte bien la garde. »

Car personne en ville n'ignore qu'Anselmo occupe un poste de vigile à la banque. D'abord à cause de son uniforme, qui permet de l'identifier au premier coup d'œil. Ensuite parce que lui-même aime à le dire à tout le monde, et qu'il en tire un certain orgueil.

En fait, les vigiles de la banque sont au nombre de trois, ils se relaient, chacun montant la garde huit heures d'affilée. Entre les trois, les bandits l'ont choisi, lui Anselmo, parce qu'ils pensent qu'il est mûr maintenant. Les années qui passent, en effet, ont une action délétère. Sans qu'aucun événement réellement nouveau ne se produise, vient un jour où le général, l'inventeur, le chanteur, le poète, le rémouleur se trouvent tout à coup complètement hors circuit. Après quoi, si la chose s'ébruite, ils se font laminer par leurs collègues.

Heureusement pour Anselmo, personne ne s'est encore aperçu qu'il était dans cette situation, mis à part les cinq bandits ; mais eux n'ont aucun intérêt à répandre la nouvelle, bien au contraire. Les dirigeants de la banque font une confiance illimitée à Anselmo. Dans les prospectus publicitaires destinés à inciter les habitants à ouvrir des comptes courants et à louer des coffres sécurisés, on fait mention du fait notable que l'un des trois vigiles préposés à la garde du trésor a obtenu son diplôme de vigile auprès de l'école la plus prestigieuse, avec les notes les meilleures et les félicitations du jury. Ce qui – pense-t-on – devrait décourager les voyous.

Au contraire les cinq bandits savent que désormais le vigile s'est étendu sur le canapé pour y somnoler, il ne se déplacera plus, il ne tendra même pas la main pour saisir sa mitraillette ; ils savent qu'au moment fatidique, tout lui sera complètement égal, son emploi, son uniforme, son salaire, sa renommée personnelle, sa vie même ; il n'aura plus à cœur que de rester bien tranquille sur son canapé, de s'abandonner entièrement à la fatigue, à l'ennui, à son corps, à la fainéantise, au sommeil, à la lâcheté. C'est pour ça que liquider le vigile et dévaliser la banque sera un jeu d'enfant.

Ils en sont tellement persuadés, ces cinq-là, qu'ils ne sont même pas pressés d'en finir. Ils savourent d'avance le statut économique dont ils vont jouir, avec son cortège d'immeubles luxueux, de belles femmes, de voyages, de domesticité, de collection d'art, d'agapes, mais ils repoussent jour après jour le moment de passer à l'action. Après tout, pourquoi se précipiter ? C'est un coup réussi d'avance. En outre, plus le temps passe, plus le vigile va s'alanguir et s'amollir. Et de cette façon, les mois, les années se succèdent.

Mais comment ont-ils fait, ces bandits, pour obtenir des informations si précieuses ? C'est bien là tout le problème.

Parmi les cinq bandits, il y a : deux garçons de café, un gardien de parking, un commis de mercerie (monter et descendre des escaliers toute la sainte journée, chargé de lourds colis remplis d'aiguilles, de rubans et de boutons) et un médecin malchanceux. Leurs vieilles mères sont aux petits soins pour eux, elles leur demandent : « Alors, quand est-ce que vous y allez, mes trésors ? Ce soir ? Pas ce soir non plus ? Ah, les jeunes d'aujourd'hui, ils ne savent pas se décider ! »

Au fil des années, elles ont réussi à devenir amies intimes de la vieille maman du vigile. Elles se connaissaient de longue date, dans une petite ville comme Rome comment peut-on ne pas se connaître ? Maintenant elles savent tout d'elle. Souvent, elles vont lui rendre visite, elles discutent courtoisement pendant des après-midi entiers, elles parlent du temps qu'il fait, des fiançailles, des mariages, des cancans de voisinage, et ce faisant elles recueillent des informations utiles, précieuses.

« Et Anselmo ? demandent-elles à la petite vieille.

— Eh, eh, Anselmo ! répond-elle avec un petit rire attendri. Anselmo est dans la pièce à côté, il dort. En ce moment, il a besoin de beaucoup de sommeil, cet amour d'enfant. Peut-être parce qu'il est jeune ? ou à cause du printemps ? Bah...

— Mais à la banque, il n'a pas la possibilité de dormir, j'imagine, insinue l'une des cinq.

— À vrai dire, explique la mère, dormir à la banque, c'est interdit, mais Anselmo est un si bon vigile qu'il peut se permettre quelques entorses à la règle. Dans la salle de surveillance, il y a un canapé et lui, il s'étend sur ce canapé ; il ne dort pas vraiment, mais il sommeille. Bien évidemment, il reste habillé de pied en cap. À la moindre alerte, il est debout.

— Oui, mais quelle responsabilité !

— Ah ça, c'est sûr ! » fait la vieille mère avec orgueil.

Voilà comment les cinq bandits sont parvenus à savoir que le vigile n'était plus du tout dans la course. Et aujourd'hui ce sont leurs propres mères qui les poussent à agir : à la différence de leurs fils, elles, elles sont assez pressées ; elles n'ont pas tant d'années que ça devant elles pour profiter des milliards volés à la banque.

Aujourd'hui encore, les cinq hyènes sont allées, en délégation, rendre visite à cette pauvre femme. Elles ont pris le thé. Elles bavardent de choses et d'autres au salon. Le soir tombe. Tout à coup on entend, au loin, un cri prolongé, comme un animal qu'on égorge. Dans la pénombre cinq paires d'yeux luisent d'une joie triomphale.

« Tu as entendu ? demande l'une d'elles.

— Qu'est-ce que ça peut être ?

— Rien, quelqu'un qui hurlait.

— Pourvu qu'il ne soit rien arrivé de grave.

— Quelle idée ! »

La mère du vigile se lève pour allumer la lumière. En revenant vers son fauteuil, elle hoche la tête avec compassion : « Vous vous faites toujours du souci pour vos fils, hein ? Je vous comprends, mes pauvres amies. Avec toute la délinquance qu'on voit aujourd'hui, une mère n'est jamais rassurée. Tous les enfants ne sont pas forts et courageux comme mon Anselmo, tous ne sont pas armés comme lui. »

Il Corriere della Sera,
8 avril 1966.

Le corrupteur

Un matin, alors qu'il se rendait au bureau, Antonio Turba, cinquante-deux ans, « éminence grise » du gouvernement, posa le pied sur quelque chose de glissant et perdit l'équilibre. Il tomba à la renverse et il se serait probablement fait mal si un passant ne s'était précipité pour le rattraper.

S'étant retourné pour le remercier, Turba se trouva face à un élégant monsieur d'une quarantaine d'années, au visage avenant, qu'il ne connaissait pas, et qui lui souriait cordialement.

« Vraiment, je ne sais pas... je ne sais pas comment vous remercier..., bredouilla-t-il.

— Il n'y a vraiment pas de quoi, répondit l'autre sur le ton désinvolte d'un homme très sûr de lui.

— Sans vous, monsieur, j'aurais pris un mauvais coup, répliqua Turba, qui se sentait presque dépité.

— En quelque sorte, je vous ai sauvé la vie, hein ? » fit l'autre, en éclatant de rire.

Entre eux deux, tandis qu'ils échangeaient ces propos, s'était engagée une compétition fébrile pour ramasser le contenu d'une mince serviette qui avait échappé aux mains de M. Turba et s'était ouverte en tombant.

« Non, non, je vous en prie, ne vous dérangez pas », protestait le fonctionnaire, se précipitant pour s'emparer de trois ou quatre feuilles de papier ministre qui semblaient être des documents bureaucratiques. Manifestement il avait peur que l'autre pût voir ce qui y était écrit. Mais l'homme ne prêta aucune attention aux documents : de la serviette avait glissé, en s'ouvrant, une enveloppe pleine de timbres qu'il récupérait maintenant un par un.

« Mais non, pour rien au monde je ne peux accepter que vous... », disait Turba fort embarrassé ; et il se pencha à son tour pour ramasser les timbres.

Ce qui le mettait mal à l'aise, c'était justement la courtoisie de ce monsieur. Jaloux de son intégrité de fonctionnaire, M. Turba ne voulait jamais se sentir débiteur de qui que ce fût. Bien que d'un caractère humble et modeste, il savait l'importance du pouvoir qu'il avait acquis au fil des années.

Mais il savait aussi combien cette prérogative était fragile et vulnérable. Et sa plus grande préoccupation était d'en user comme il le fallait. D'où un culte de l'honnêteté qui confinait à l'obsession. À la seule idée que quelqu'un pût le soupçonner pas même d'une indélicatesse mais d'une quelconque manifestation de partialité ou de favoritisme, il frémissait. Et pour éviter que se présentât la moindre occasion, il vivait pratiquement comme un ours. Rien ne lui déplaisait davantage qu'un cadeau, une invitation, un service rendu. Ne jamais accepter la moindre faveur – c'était sa devise –, car les faveurs sont la première étape de la corruption ; ne pas les accepter, mais ne pas en faire non plus, parce que celui qui les reçoit est enclin à les rendre : c'est un cercle vicieux.

C'est ainsi qu'il avait acquis une réputation de misanthrope. Pour ce qui était des distractions, il se contentait de bien peu : une collection de timbres, un chien et des parties de pêche à la belle saison.

Ce jour-là, Turba aurait presque préféré se retrouver à l'hôpital, la tête en mille morceaux, plutôt que de se sentir débiteur de ce monsieur inconnu. Il ne parvint malheureusement pas à écourter la conversation. L'homme lui demanda s'il se dirigeait vers le centre, Turba ne put le nier, l'autre dit que c'était aussi sa route, et il lui emboîta le pas tout en discutant.

« Une cigarette, peut-être ? et il tendit un paquet.

— Non, merci, fit Turba, le matin je ne fume jamais. »

Mais au fur et à mesure que l'autre parlait, le malaise du fonctionnaire se dissipait. Il était rare de rencontrer quelqu'un d'aussi sympathique et discret. Il parlait de lui, disant qu'il partageait ses journées entre la ville et la campagne où il possédait une propriété, qu'il n'était pas marié, et cetera. Mais, en général, les gens qui font beaucoup de confidences sans qu'on leur ait rien demandé sont aussi ceux qui se montrent très curieux des affaires des autres. L'inconnu au contraire ne posa aucune question quelle qu'elle soit, on aurait dit qu'il n'avait absolument rien à faire de Turba.

Ils arrivèrent sur la place juste devant le gouvernement ; Turba, qui n'avait pas encore prononcé le moindre mot, hésitait à prendre congé et à entrer dans l'immeuble ; car ainsi il aurait révélé la nature de son métier. Heureusement, l'autre le devança.

« Excusez-moi, dit-il, il faut maintenant que je vous

quitte. Vous permettez ? Voici mon nom. » Et il lui tendit une carte de visite.

« Oh, enchanté ! répondit Turba en fouillant dans son propre portefeuille. Pardonnez-moi, j'ai bien peur de ne pas avoir de carte... Je m'appelle Turba... Grand merci pour tout !

— Allons donc ! » fit l'autre en riant et il disparut dans la foule. Sur la carte il y avait écrit : « Comte Valerio Kynocephalos ».

« Quel drôle de type, se dit Antonio Turba. Jamais vu quelqu'un d'aussi peu curieux, je parie qu'il n'a même pas compris mon nom... » Et cela lui laissa un sentiment de malaise, comme un vide, comme quelque chose d'inachevé, qui ne pouvait trouver son accomplissement sur l'heure. Peu après, depuis la galerie intérieure d'où, à l'abri des regards, il supervisait chaque jour la succession des audiences, il scruta longuement la foule inquiète qui fourmillait en bas dans le hall d'entrée, des gens pour la plupart bien vêtus, impatients d'être reçus, chacun ayant ses illusions et ses angoisses. Mais le comte Kynocephalos n'était pas là.

Il le rencontra – quelle coïncidence ! – le jour suivant, dans le bar où il allait prendre son café de l'après-midi.

« Ah, bonjour monsieur Tarba, que puis-je vous offrir ? »

Se sentant déjà redevable, le fonctionnaire réagit avec vivacité (et se garda bien de rectifier son nom) : « Ah non, non ! Vous, plutôt, dites-moi ce que vous prenez. »

Le comte se montra docile : « C'est très aimable. Merci. Je prendrai un bon café. » Tout en parlant, cependant, il sortit ses cigarettes : « Puis-je vous en offrir ? »

Turba voulait à tout prix s'acquitter de sa dette, et non contracter de nouvelles obligations, aussi minimes fussent-elles.

« Merci, répondit-il, celles-ci sont trop fortes pour moi.

— Mais j'en ai de plus légères, des suisses, les voilà.

— Sans façon, fit Turba. Pour tout vous dire, j'ai arrêté de fumer...

— Ah, très bien ! Moi aussi j'aimerais bien en être capable... Et depuis combien de temps ?

— Depuis quelques heures », répondit Turba d'un ton glacial en pensant : « S'il se vexe, tant pis pour lui, comme ça au moins il se décidera à me laisser tranquille. »

Le comte ne releva pas l'impolitesse. En souriant, il sortit de sa poche quelques enveloppes : « À propos, monsieur Tarba, vous qui vous y connaissez en timbres, regardez un peu là-dedans si, par hasard, il y a quelque chose qui vous intéresse, moi je ne fais pas collection...

— Mais moi non plus, vous savez, répliqua-t-il immédiatement, mentant pour ne pas avoir à accepter un cadeau. Les timbres que j'ai fait tomber par terre hier étaient destinés à un de mes neveux...

— Ah, je croyais que vous...

— Non, non, pas moi... Quand j'étais jeune, bien sûr, moi aussi, comme tout le monde, mais c'est du passé maintenant. »

C'étaient des timbres de la poste aérienne d'Uruguay, une série nouvelle qu'il ne connaissait pas. L'espace d'un instant, Turba fut tenté : « Après tout, pensait-il, ce comte Kynocephalos m'a tout l'air d'un bon diable, un naïf, il ne connaît même pas mon nom exact, il ne sait pas qui je suis, il ne viendra jamais au gouvernement pour m'importuner. » L'excuse du neveu aurait même pu lui permettre d'accepter. Puis il se laissa gagner par son habituelle lâcheté. Non, jamais de cadeaux de la part d'étrangers.

Le jour suivant était un dimanche, une splendide journée. Et M. Turba partit pêcher.

Avec son petit véhicule utilitaire, il avait déjà quitté la ville lorsqu'il vit une voiture immobilisée, et un mécanicien occupé à trafiquer dans le moteur. Et au milieu de la rue un homme qui faisait signe de s'arrêter.

Il s'arrêta. Il eut l'agréable surprise de reconnaître Kynocephalos. « Ah, c'est toi aujourd'hui qui as besoin de moi, en dehors du bureau ! pensa-t-il. Je vais enfin pouvoir m'acquitter de mes dettes. Je vais te prendre à bord, t'accompagner là où tu veux, même au bout du monde. Ensuite, nous serons quittes, si Dieu le veut. »

Le comte, d'excellente humeur malgré la panne de voiture, parut content de rencontrer « M. Tarba ». Et il lui demanda de le conduire jusqu'au prochain village. Son chauffeur s'occuperait ensuite de trouver une voiture.

« Non, non, dites-moi où vous vous rendiez et je vous y accompagne.

— Ah, j'allais à la pêche !

— Quoi ? Vous aussi ? laissa échapper Turba.

— Noon ! Vraiment ? Nous sommes collègues, alors ! »

S'ensuivit un duel diplomatique. Turba voulait absolument accompagner le comte sur le lieu où il se rendait.

Le comte : « Ne vous donnez pas cette peine. »

Turba : « Mais tout le plaisir est pour moi. »

Le comte : « Je ne voudrais pas abuser. »

Turba : « Vous n'allez pas me faire cette offense. »

À la fin Kynocephalos céda.

C'est ainsi qu'au lieu de se rendre au bord du canal habituel, Turba, pour accompagner le comte jusqu'à un certain petit ruisseau, s'engagea sur des chemins difficiles dans un coin inconnu.

Ils arrivèrent à une masure solitaire. De la masure sortit un paysan qui déchargea le matériel de la voiture et ouvrit la route aux deux messieurs.

« Mais il y a un ruisseau par ici ? demanda Turba.

— Il est juste là, dit Kynocephalos. Et vous allez voir ces truites... »

Ils étaient arrivés sur le sommet d'une petite levée de terre. Tout de suite après, le terrain descendait en pente et tout au fond, le comte avait dit vrai, coulait un petit cours d'eau.

Ils s'installèrent au bord d'une anse ombragée, enserrée dans des murs de verdure. L'eau, très profonde, stagnait.

« Là, là, regardez », chuchota le comte Kynocephalos. Au fond, parmi de ténébreux entrelacs d'algues, des formes tirant sur le blanc étincelaient à intervalles irréguliers, apparaissant puis disparaissant. Le cœur de Turba se mit à battre. C'étaient des poissons, et de dimensions extraordinaires.

À peine eut-il lancé sa ligne qu'il eut l'impression qu'on la lui arrachait des mains. Il résista. Il sentit que cela tirait de façon formidable. « Zut alors ! » cria-t-il, incapable de réprimer son enthousiasme.

Ce fut un combat long et exaltant. « Mais vous êtes un professionnel, vous êtes un champion ! » ne cessait de répéter le comte pendant que, pour assurer sa prise, Turba tournait doucement le moulinet.

Puis la surface entra en ébullition. Turba tendit l'épuisette, mais la proie était trop grosse. Le comte dut la saisir à pleines mains. C'était une truite comme Turba n'en avait jamais vu de sa vie. Elle devait peser au moins dix kilos.

Pourtant son triomphe prit un goût amer. En enlevant l'hameçon de la bouche, il remarqua, sur la queue de l'énorme bête, quelque chose qui luisait au soleil. Il regarda mieux : c'était une petite couronne d'or.

« Sainte Vierge ! balbutia-t-il, effaré. Qu'est-ce qu'on va faire ? »

À l'évidence Kynocephalos l'avait emmené dans l'un des viviers ultraréservés de la maison royale, protégés par des lois impitoyables : quiconque y pêchait sans autorisation risquait plusieurs années de galère et dans certains cas la potence.

Le comte cependant ne s'était pas départi de sa bonne humeur. Bien plus, il riait, satisfait.

« Eh, Giosuè, cria-t-il, toi qui es un vieux braconnier, viens un peu par là voir ce poisson ! »

Giosuè s'approcha, l'examina, cligna de l'œil. « Peut-être vaudrait-il mieux, dit-il, confirmant le terrible pressentiment, lui couper la queue. »

Ces mots épouvantèrent Turba. « Allons-nous-en, allons-nous-en vite, supplia-t-il, et il regardait autour de lui au cas où des gendarmes arriveraient.

— Allons, allons, courage, fit Kynocephalos. Après tout, personne n'en saura jamais rien. Giosuè va couper la queue, et ce soir vous aurez un repas de choix.

— Ah, pas moi ! pas moi, j'ai peur, je ne savais pas, je ne pouvais pas imaginer que...

— Par pitié, monsieur Tarba, n'en faites pas un drame... Personne n'en saura jamais rien. »

« À part toi, pensait Turba, à part toi, charogne, et ton sous-fifre Giosuè qui pourra témoigner pour toi. »

En toute hâte, ils regagnèrent la voiture, le paysan y chargea la truite emballée dans une espèce de petit paquet de branchages et de feuillages. Sans dire un mot Turba démarra. Et ce faisant il pensait : « Maudit comte, que le diable t'emporte, je suis entre tes mains maintenant, tu pourrais me dénoncer, me déshonorer, m'envoyer aux galères. Heureusement que tu es un idiot et que tu ne sais pas qui je suis réellement, heureusement que tu es riche et que tu ne fréquentes pas le gouvernement pour obtenir des passe-droits ou des exonérations. Tu es un idiot et ton idiotie me sauvera. »

Lorsqu'ils furent arrivés en ville, sans encombre, il déposa le comte en le priant de garder la truite. Kynocephalos l'accepta sans réticence et il continuait à rire, extrêmement amusé par la peur du « cher monsieur Tarba ».

Mais le lendemain matin, à peine arrivé au gouvernement, M. Turba, saisi d'un obscur pressentiment, se mit au balcon du grand vestibule d'entrée où déjà s'entassait la multitude inquiète des postulants, des gens bien vêtus pour la plupart, impatients d'être reçus, chacun ayant ses illusions et ses angoisses.

Il regarda. Et aussitôt il le vit. Au milieu de la foule, le comte Kynocephalos riait, riait, et de la main droite il lui faisait signe, le saluait, et semblait vouloir lui dire : « Me voilà enfin, mon cher Turba, et maintenant tu es mon esclave. J'ai besoin de toi, cher ami, j'ai besoin d'une quantité de choses, des affaires un peu difficiles, scabreuses même, compromettantes peut-être. Que diable, si on ne s'aide pas un peu entre amis ! Et puis je sais que tu m'apprécies, mon cher Turba, tu m'apprécies beaucoup, et je suis sûr que tu m'aideras. Pas vrai, très cher ami, que tu m'aideras ? »

Il Nuovo Corriere della Sera,
25 avril 1954.

La farce du coffret

Par un bel après-midi, un somptueux carrosse tiré par deux chevaux s'engagea dans l'étroite et tortueuse ruelle des Boules, et s'arrêta devant la boutique d'Antonio De Gigicomi, ébéniste. « Ébéniste », c'est ce qui était écrit sur l'enseigne, mais la plupart du temps Antonio devait se contenter de tâches plus ordinaires, comme des tables de cuisine, des lits pour de jeunes mariés issus du peuple, des portes, des étagères pour des magasins. Comme on ne lui faisait pas très souvent de commandes de qualité, il prenait tout son temps pour les achever selon les règles de l'art : ainsi il avait toujours sous la main un exemple de ce qu'il était capable de réaliser, et pouvait le montrer à ses clients afin que ceux-ci comprennent immédiatement qu'il se chargeait des travaux les plus modestes seulement de manière exceptionnelle, car les temps étaient difficiles, et cetera, mais que sa vocation était tout autre. Il semblait d'ailleurs étrange qu'il n'eût pas réussi à faire carrière : il était habituellement considéré comme un homme sagace et rusé en affaires, capable de se mettre en valeur ; et lui-même était de cet avis. Au point que, depuis quelque temps, il songeait à s'installer ailleurs, dans une rue plus centrale et plus passante, pensant que sa relative infortune était liée au caractère presque plébéien du quartier où il résidait.

L'arrivée de la magnifique calèche suscita aussitôt la curiosité stupéfaite des habitants de la ruelle. Des enfants, des femmes et même quelques hommes affluèrent avec une incroyable rapidité sur le pas de leurs portes, aux fenêtres de leurs maisons, regardant la scène avec ébahissement. C'était moins la magnificence du carrosse – modèle qu'on ne voyait pourtant que très rarement, même dans les rues élégantes de la ville – qui les sidérait que la façon dont il avançait dans une voie aussi étroite. Trottant de façon altière, les deux superbes chevaux allaient de l'avant sans jamais ralentir et à tout moment l'on s'attendait à ce que les ornements dorés de l'attelage se fracassent contre l'angle de l'une ou l'autre des maisons, car la ruelle tantôt se rétrécissait, tantôt bifurquait soudainement. Mais, avec une habileté quasi inexplicable, l'imposante voiture rasait les vieilles maisons de guingois sans les toucher. Et les cochers ne semblaient pas faire d'efforts particuliers pour surmonter l'épreuve. Raides et droits comme des automates, regardant fixement devant eux, ils restaient impassibles et leurs mains imprimaient aux rênes de savants petits coups secs. Une foule de curieux commentait à voix haute l'incroyable manœuvre. Jusqu'au moment où le carrosse s'arrêta devant l'atelier, ne laissant pas assez d'espace, d'un côté comme de l'autre, pour qu'un chat pût se faufiler. Et maintenant ? Comment ouvrir la portière si quelqu'un devait descendre ? Mais le cocher avait tout calculé à la perfection. Sur un signe, l'homme qui se trouvait assis sur le siège à côté de lui se pencha jusqu'à atteindre la manette en or de la portière gauche ; laquelle était venue se placer exactement en face de la large porte de la boutique, ce qui lui permit donc de pouvoir s'ouvrir. Dommage qu'il n'y ait pas eu assez de place pour les curieux. Certains réussirent quand même à apercevoir un personnage de haute taille, coiffé d'un chapeau chatoyant, qui descendait de la berline et disparaissait dans l'atelier.

De Gigicomi s'était levé d'un bond sous l'effet de la frayeur au moment même où l'imposante voiture s'était arrêtée juste devant la boutique, empêchant pratiquement la lumière du jour d'y pénétrer. Il s'était ressaisi, et, tandis que dans son esprit tournoyaient de vagues pressentiments de menaces, de vexations policières et même de méchantes farces, de celles qu'affectionnent souvent les riches désœuvrés, il avait accueilli le visiteur inconnu en s'inclinant timidement. Ce dernier était un homme encore jeune, au visage pâle et flasque ; sur les lèvres une moue d'ironie ennuyée ; un individu distingué et sûr de lui, on le comprenait au premier coup d'œil ; un noble, sans aucun doute, imbu de son autorité et de sa richesse.

Une fois entré dans la boutique, l'homme, sans enlever son chapeau à plume, annonça : « Je suis le colonel Lunetta. Don Marco Stefanari daigne s'intéresser à vous. Voici le travail que vous devez accomplir pour lui. » Et il se mit en devoir de déplier un long rouleau de papier.

Au nom de Stefanari, officier public très puissant, De Gigicomi baissa la tête en signe d'allégeance. « Ses désirs sont des ordres », murmura-t-il. Mais l'autre avait déjà déployé le papier : c'était un dessin, absolument parfait, de l'œuvre à accomplir.

« C'est beau, n'est-ce pas ? » commenta le colonel,

guettant les réactions de l'ébéniste ; celui-ci hochait la tête de haut en bas, un peu comme font les chouettes, sans qu'on sût si cela traduisait son assentiment, son étonnement ou sa réserve. Il y eut un silence. Puis : « Cela ne vient pas de chez nous, assurément. Je me trompe, mon colonel ?

— Vous avez raison. Cela vient de l'étranger. Pourquoi ? Cela comporte peut-être des difficultés ?

— Oh ! non, non, fit l'ébéniste, qui examinait attentivement le dessin comme s'il s'agissait d'un adversaire redoutable. J'observais les joints. Chez nous, on ne fait pas les assemblages comme ça.

— C'est beau, ou pas ? Allez, dites ce que vous en pensez ! insistait Lunetta.

— Euh, répondit De Gigicomi, de façon évasive. Un travail de longue haleine ; vous le savez ?

— Est-ce que j'ai dit que c'était urgent ? Bien sûr, plus vite cela sera prêt... J'ai de bonnes raisons de penser que don Marco Stefanari veut en faire cadeau à Sa Majesté.

— Je suis très honoré, dit l'artisan. J'hésite cependant : est-ce que je vais vraiment en être capable ? Des travaux de cet acabit, je n'en ai encore jamais fait... Je suis déjà âgé... La main fatigue. » Il s'attendait à ce que Lunetta manifestât son incrédulité en riant ; c'est bien ce qui se passa.

« Vous, De Gigicomi, pas capable de faire un coffret comme celui-ci ? Don Marco Stefanari vous aurait-il confié cette mission si vous n'en étiez pas capable ? Ou alors vous croyez que don Marco donne des ordres et désigne les gens comme ça, au petit bonheur la chance ?

— Dieu m'en préserve. Mais ce sera un travail long, très long. Ce n'est pas une question de semaines. Mais de mois, et encore...

— Ne vous inquiétez pas. Vous aurez le dédommagement que vous méritez. Et même davantage encore, si le travail est fait comme il faut. »

De Gigicomi s'approcha de la porte pour mieux examiner le schéma à la lumière du jour : lumière bien chiche, en vérité, puisque le fiacre, garé juste devant, y faisait obstacle.

« C'est incontestablement un travail qui prendra du temps, répéta-t-il. Des essences précieuses, des essences rares. De nos jours, cela coûte cher, c'est le moins qu'on puisse dire. Certes, c'est une pièce intéressante, je ne peux pas le nier, quand on est du métier, on sait apprécier le travail... mais je ne sais pas, je ne sais vraiment pas... » Il approchait puis éloignait le dessin de ses yeux comme s'il était tout à la fois effrayé et attiré. Le colonel remarqua que ses mains tremblaient un peu.

Alors, l'air de rien, le gentilhomme déposa sur le comptoir une minuscule bourse de velours qui produisit un son métallique. « Voilà qui devrait vous motiver, dit-il, et il y en aura d'autres par la suite. Son Excellence est très magnanime. » Mais en son for intérieur, il ricanait. De Gigicomi le regarda ; on aurait dit qu'il pressentait vaguement qu'une affaire aussi étrange cachait un piège.

Il y avait bien un traquenard. Mais tellement subtil, tellement difficile à repérer en raison de sa nature même et à la fois tellement évident que même un homme averti comme notre artisan ne pouvait le discerner. Le dessin de ce meuble était une étrange création de Pu Uang, le célèbre artiste chinois du XVIIe siècle : c'est un marchand, ami de don Marco, qui le lui avait offert en rentrant d'un long voyage en Extrême-Orient. Stefanari, il faut le préciser, aimait beaucoup les objets exotiques et, de façon plus générale, les œuvres d'art qui sortaient de l'ordinaire.

Déjà âgé – c'est du moins ce que dit la légende et que confirment les nombreuses œuvres qui nous sont parvenues –, Pu Uang s'était complu à rechercher non seulement le beau mais aussi l'extravagant, peignant par exemple des paysages invraisemblables, avec d'énormes roches soutenues par de frêles stèles de pierre, des globes lunaires de proportions gigantesques, des nuages de forme géométrique ou humaine, des lumières qui émanaient des profondeurs de la terre. Il trouvait plaisir, pour le dire en quelques mots, à représenter des choses absurdes à partir d'éléments qu'il empruntait pourtant à la réalité la plus commune. Concernant cette période très particulière de sa carrière, les documents les plus fascinants dont on dispose sont des dessins extrêmement détaillés, tout à fait singuliers, représentant du mobilier (des écrins, de petits coffres, des armoires, essentiellement, mais également des sièges, des baldaquins et des lits), conçus avec une connaissance du métier sans égale alliée à une perfidie sans précédent. En les imaginant, en effet, il avait concentré en un espace très réduit tous les problèmes les plus épineux de l'ébénisterie, les exacerbant jusqu'à l'extrême et même jusqu'à l'irréalisable : comme un compositeur écrivant pour le violon des partitions de virtuose qu'aucune main humaine ne saurait jouer, mais *vraisemblables* au point de tromper tout d'abord même les professionnels les plus avertis. Les travaux proposés par Pu Uang, bien qu'ils aient l'air tout à fait cohérents, *ne pouvaient pas* être réalisés par qui que ce soit au monde, et cela à cause de l'impossibilité matérielle, par exemple, de donner aux bois choisis la courbure indiquée, de les couper, de les ajuster, de les marqueter comme les plans le prescrivaient.

L'un de ces dessins, justement – sans doute une copie, mais irréprochable quant à la précision des traits et des perspectives –, était tombé entre les mains de don Marco, homme très fin d'esprit. Et comme l'époque voulait qu'on aimât à jouer des tours, il lui vint l'idée de réitérer le défi de Pu Uang : il fallait cependant taire la difficulté de l'entreprise, le meilleur ébéniste de la ville en ferait les frais. Après s'être renseigné il choisit De Gigicomi, auprès duquel il dépêcha son fidèle messager Lunetta.

Qu'allait faire l'artisan ? Allait-il deviner qu'il était le dindon de la farce ? Ou alors, assoiffé d'ambition comme il l'était, se jetterait-il à corps perdu dans cette entreprise insensée ? Un projet d'une complexité si raffinée était de nature à aiguillonner son amour-propre. Et il paraissait peu probable que De Gigicomi puisse mesurer le caractère irréalisable d'un type de travail auquel il n'avait jusqu'alors jamais été confronté. Il se profilait à l'horizon une farce aussi longue qu'implacable, dont déjà don Marco savourait les différentes phases : comme quelqu'un qui, du haut du Maelström, se réjouit de voir un navire plonger dans l'abîme, tournoyant en cercles de plus en plus restreints, jusqu'au moment où le tout dernier remous l'aspirera dans un mugissement pour le laisser tomber à pic dans l'obscurité.

Cependant ni la prodigieuse apparition du colonel dans la boutique ni sa proposition ne signent encore la condamnation d'Antonio. Son destin va bientôt se décider, mais il n'est pas encore accompli. Antonio pourrait se désister, trouver des prétextes pour ne pas assumer cette charge. Depuis l'instant où le gentilhomme, au moment de prendre congé, lui a dit tout à trac, avec une surprise douloureuse : « Parbleu, mais vous êtes encore jeune, vous ! », et qu'Antonio interloqué ayant répété « Jeune ? » il a ajouté : « Eh oui, vous en avez encore, du bon temps, devant vous ! », depuis cet instant De Gigicomi, parce qu'un tel discours est totalement absurde, a l'intuition que quelque chose de nouveau et peut-être de désagréable l'attend.

Dans le plan du petit meuble, n'y a-t-il vraiment rien qui puisse l'alarmer ? Antonio, mis en confiance par l'aspect concret et les avantages économiques de la proposition, ne s'attarde pas à examiner celui-ci en détail, alors qu'une voix intérieure l'y inciterait. Il est sûr de son affaire, les difficultés du métier ne l'effraient pas. D'autre part, l'idée d'entrer enfin au service des grands de ce monde, de devenir en quelque sorte l'un des leurs, le flatte. Pour nous, qui voyons cela de l'extérieur, il est facile de prendre parfaitement la mesure de la situation. D'ailleurs, d'une façon ou d'une autre, le destin de De Gigicomi, le moment venu, devait forcément s'accomplir.

Ils se rencontreront un jour, don Marco, dont nous n'avons jamais vu le visage, et le perfide colonel. « Elle est bien bonne, dira ce dernier, en courtisan qu'il est. Tu avais bien calculé ton affaire. Maintenant il ne pense plus qu'à ça, il ne s'intéresse à rien d'autre. Et ça fait sept ans que ça dure ! Dans le quartier, on dit qu'il est fou. »

Alors, il semble qu'un vague sentiment de pitié effleure le cœur de Stefanari. « Mais que veux-tu que je te dise, mon cher Lunetta ? Est-ce que nous avions vraiment besoin de lui ? Personne d'autre n'aurait pu faire l'affaire ?

— Mais c'est l'homme idéal, proteste le colonel en

riant. On dirait qu'il est fait pour ça, tellement gentil, tellement serviable, tellement attentif ; il fera n'importe quoi, et même plus encore, c'est moi qui te le dis, pour ne pas s'avouer vaincu.

— Hum, je commence à me demander quel besoin nous avions... Un honnête homme, après tout, qui ne faisait de mal à personne. Je crois que nous nous sommes assez moqués de lui... »

Mais Lunetta le convainc de ne pas renoncer : c'est maintenant que cela devient amusant, il faut le laisser devenir fou pour de bon, ensuite, si c'est nécessaire, on le dédommagera.

Le fin mot de l'histoire (mais peut-on justifier une mésaventure pareille, qui ressemble tellement à ce qu'ont vécu tant d'autres personnes ?), nous l'aurons après : le jour où l'épouse d'Antonio s'enhardit à frapper à la porte de Stefanari et parvient à lui parler. Lui, son mari, ignore tout de cette visite, elle est venue en cachette et de sa propre initiative. « Délivrez-le, supplie-t-elle, laissez-le tranquille, dites-lui que vous n'avez plus besoin de ce coffret ; ne lui donnez pas un sou, s'il le faut, mais rendez-lui sa liberté !

— Mais pourquoi, que se passe-t-il donc, ma bonne dame ? » demande don Marco, l'air innocent. À ce moment, la femme lui dira : « Vous autres, qui êtes des Messieurs, vous savez bien plus de choses que nous, pauvres gens, et même sur les métiers qui sont les nôtres. C'est comme ça que vous pouvez rester aux postes que vous occupez, vous êtes intouchables. De là où vous vous trouvez, vous dominez le monde et vous percevez mieux les choses : vous en voyez tant, d'un seul coup d'œil, que cela vous permet, en les confrontant, d'exercer votre jugement. Mais au bout d'un moment vous finissez par abuser de ces privilèges et vous vous amusez à tourmenter ceux qui sont en dessous de vous ; rien que pour plaisanter, vous êtes capables d'anéantir un homme.

— Anéantir un homme ?

— Oui, vous saviez parfaitement, Votre Excellence, que mon mari ne pouvait pas réaliser ce travail. Et vous lui en avez confié l'exécution exprès. Et vous saviez aussi que mon mari, lui, croyait être capable de le faire et qu'en conséquence, il allait accepter. Et que, comme il est honnête, il allait tout sacrifier à la réussite de ce travail et qu'il allait même délaisser ses commandes ordinaires... Et nous voilà plongés dans la misère, et lui, déjà vieux avant l'âge... » Mais don Marco secoue la tête et rit.

Peut-être De Gigicomi deviendra-t-il réellement fou, peut-être tombera-t-il malade et en mourra-t-il, peut-être se pendra-t-il, une nuit, à une poutre de son atelier. Il n'est pas impossible non plus, sa femme lui ayant tout révélé, qu'il parvienne en définitive à se tirer du piège dans lequel il est tombé ; et qu'il en réchappe. Il faudra attendre pour le savoir. Mais après tout, qu'importe ? Tout ce qu'il y avait d'intéressant dans cette histoire a été raconté. Le reste compte peu.

Oggi,
1949.

Masinco

Quand Sebastiano, l'année dernière, vit pour la première fois la pluie du haut plateau, je me trouvais là. Ce jour-là il était tout seul dans le bureau de sa société commerciale à Addis-Abeba, et tout en discutant avec moi il regardait avec insistance, à travers les larges fenêtres, les nuages qui grossissaient. Le bureau de Sebastiano était une petite construction de facture abyssine, une sorte de boîte, située plutôt en centre-ville ; mais juste derrière il y avait des eucalyptus, des étendues d'herbe, des huttes habitées par des indigènes.

Bien que nous discutions de sujets tout à fait ordinaires il me semblait que Sebastiano était inquiet : comme si, nouveau venu dans ces contrées, il se préparait avec une émotion excessive au célèbre phénomène des pluies, dont il avait tellement entendu parler en Italie. Pendant une demi-heure au moins les nuages grommelèrent, rappelant le bruit d'un immense chariot qui roulerait sur les pavés disjoints du ciel ; et ils répandaient sur le monde une lumière sombre, bien avant que ne vînt le soir. Vers dix-sept heures, il commença à pleuvoir à verse et, juste au-dessus de nos têtes, les tôles du toit résonnèrent comme un tambour de métal. Au bout d'un moment, Sebastiano, abandonnant l'attitude désinvolte de rigueur, interrompit la conversation pour demander : « Dis, qu'est-ce que c'est que ce truc ? Tu n'entends pas ? »

J'entendais. C'était un son plaintif, semblable à celui de l'eau qui gargouille en tombant des gouttières, mais, d'un certain point de vue, plus régulier et plus humain. On aurait même pu le qualifier de musique ; comme un lamento qui montait un peu pour se dissiper aussitôt après en retombant avec une cadence rapide. Il s'élevait puis s'atténuait, invariablement.

Je dis : « Ce doit être un musicien. Un de ceux qui parcourent les routes en chantant, les gens leur donnent quelques pièces. Tu n'as jamais vu cette espèce de petit violon avec une seule corde ? On appelle cela un *masinco.* »

Nous le vîmes depuis la fenêtre. C'était un aveugle, sans âge, que son visage gonflé et couvert de verrues rendait horrible. Il s'était abrité sous l'avant-toit d'une bicoque voisine et recroquevillé à terre il jouait, chantant qui sait quelle histoire. Cela nous parut d'une infinie tristesse : la musique recelait non pas de la douleur, comme tant de nos mélodies, mais un renoncement abject, qui faisait venir un frisson de répulsion. La voix de l'homme, de surcroît, était emplie d'un agacement déplaisant et mesquin.

Nous écoutâmes quelques minutes pendant que des rideaux de pluie tombaient sans cesse, occultant les horizons lointains. À certains moments le bruit de l'averse et le chant étaient tellement semblables qu'ils se confondaient. Sebastiano était visiblement contrarié. « J'espère que cette affaire ne durera pas longtemps », dit-il et il alluma la lumière électrique.

Je le revis une semaine plus tard dans des circonstances analogues. Tous les jours un orage éclatait l'après-midi. « Tu entends ? me demanda aussitôt Sebastiano. Tu entends qu'il est toujours là, cet aveugle de malheur ? Chaque fois, dès qu'il commence à pleuvoir, il se met à jouer, cet animal. Comme s'il sortait de terre ! Et comment tu peux faire pour l'expulser de là, avec toute cette eau ? Et un aveugle, en plus ! » Comme il était encore peu habitué à ces contrées, Sebastiano ! Une semaine de mauvais temps avait suffi à le pousser au comble de l'exaspération. Ce sont des choses qui arrivent : peut-être parce que ici les pluies, pour d'obscures raisons, font plus d'effet que chez nous, qu'elles sont plus mélancoliques aussi. « Si seulement je pouvais quitter ce pays, pestait-il. Cela ne fait même pas deux mois que je suis arrivé et j'ai l'impression d'être là depuis vingt ans !

— C'est comme ça au début, lui répondis-je. Peut-être à cause de l'humidité. Ensuite, on s'habitue. » J'aurais pu lui dire d'autres choses encore mais je me tus. Je savais que ni la pluie ni le musicien aveugle ne suffisaient à expliquer ce qu'il ressentait : avant même de quitter l'Italie le cœur de Sebastiano avait été brisé et cela lui faisait encore mal. (Mais il n'avait jamais voulu me parler d'elle.)

Je revins le voir souvent. Deux fois de suite, je tombai sur des journées plutôt clémentes. La troisième, alors que je me trouvais dans son bureau, la tempête reprit. Et bien qu'il n'en dît mot, je me rendis compte qu'il était angoissé, comme s'il attendait quelque chose de très important. Nous vîmes les nuages se déchirer, nous entendîmes le toit de tôle résonner sous la pluie, puis il me sembla entendre la voix misérable du *masinco*.

« Encore lui ? demandai-je en m'efforçant de sourire.

— Et maintenant, tu vas voir », fit-il avec une impatience soucieuse. Il se leva de sa chaise, courut vers la porte d'entrée et se mit à crier : « Fekrù ! Fekrù ! Viens ici tout de suite ! »

Fekrù était son domestique indigène. C'était un Noir de haute taille, proche de la quarantaine, habillé de toile kaki. Sebastiano m'en avait parlé comme d'un phénomène : il parlait l'italien presque aussi bien que nous.

Le maître ouvrit la fenêtre afin qu'on entendît mieux la voix de l'aveugle. « Fekrù, demanda-t-il, qu'est-ce qu'il dit, là ? »

Fekrù répondit : « Je ne comprends pas très bien, Monsieur. La pluie fait du bruit.

— Arrête, c'est toujours la même histoire, s'emporta Sebastiano. Qu'est-ce qu'il dit ? Allez ! »

Le Noir écouta quelques instants avec attention, se penchant un peu par la fenêtre malgré la pluie. Puis il commença à traduire.

« C'est une chanson. » Fekrù parlait lentement, trouvant difficilement ses mots. « Il dit : J'ai aimé une fille d'un lointain pays, de l'amour que j'avais il n'est resté que le chagrin. Il dit : Je t'avais oubliée complètement, je ne sais pas pour quelle raison je me mets à me souvenir de toi.... »

Sebastiano ne rit pas à l'idée de ce vieillard répugnant qui parlait d'amour. Il était tout à sa tâche, comme s'il recueillait un message secret. « Ensuite ? Ensuite ? demandait-il au Noir.

— Ensuite, reprit lentement Fekrù, ensuite il dit : Tu seras toujours mon unique mal, les céréales se vendent bon marché et l'abondance règne sur le pays, mais je me meurs car j'ai faim de toi. »

Le grondement du toit s'affaiblissait, le ciel çà et là se trouait, laissant passer de longs rayons de soleil. Et ces rayons illuminaient, par-delà les eucalyptus, tout au fond là-bas, au pied des montagnes si lointaines, les merveilleuses et solitaires prairies du sud entourées de bois où les hommes, sans aucun doute, pourraient être heureux. Sur l'immense haut plateau encore enténébré par la tourmente, elles seules étincelaient, invraisemblables et terriblement romantiques, comme des paradis argentés.

Les yeux de Sebastiano brillaient. La chanson réveillait dans son cœur la peine qui était sienne, peut-être était-ce pour cela qu'il semblait en avoir si soif. « Et puis, que dit-il ? insistait-il.

— Il dit ça, continuait patiemment le Noir. Il dit : Si je n'avais pas perdu mes dents, si mes yeux voyaient encore la lumière, je serais peut-être pour toi sujet d'amour. Et il dit : Tu étais lumineuse comme une lampe à pétrole, tes jambes étaient finement modelées, tes yeux blessaient comme des mitraillettes, tu étais belle comme un drapeau que l'on garde pour la revue, mais hélas, bientôt la mort viendra me chercher, notre implacable ennemi... »

Le silence était tombé d'un seul coup, le toit de tôle ne résonnait plus, le ciel aussi s'était tu, comme si sa respiration s'était arrêtée avec la pluie. Sebastiano semblait déçu. « Tu ne le traites plus d'aveugle de malheur ! observai-je, pour plaisanter. — Non, dit-il, maintenant je commence à comprendre. »

Ce soir – une année entière a passé – je suis retourné voir Sebastiano, dans sa petite villa, au cœur des bois. La blessure de son cœur étant guérie depuis longtemps, nous plaisantions, et il me paraissait serein, quand tout à coup le toit se mit à vibrer sous le choc de la pluie. Il bondit aussitôt, sur le qui-vive, peut-être pour saisir un signal attendu. « Tu l'entends ? demanda-t-il ensuite d'une voix pour le moins pathétique. Tu l'entends ? — Si j'entends quoi ? — Mais le *masinco* ! Tu n'entends pas le *masinco* ? »

Non, cette fois-ci, sincèrement, je n'entendais que le bruit du toit, absolument rien d'autre. Je le lui dis, mais il sourit avec une étrange expression de supériorité, comme pour dire que je n'étais qu'un pauvre étranger de passage, que je ne pouvais pas savoir, alors que lui si, au contraire, lui qui régnait sur ces terres depuis si longtemps et en comprenait les mystères les plus secrets.

Interloqué, je l'entendis appeler Fekrù et l'interroger sur ce que disait le chanteur inexistant. Et lorsque, dans la salle emplie de pénombre, je vis le Noir se figer, immobile, attentif à recueillir la voix du dehors, pendant un instant il me sembla moi aussi entendre, au milieu des tambourinements de la pluie, les lamentations du *masinco* et du musicien. Un instant seulement, car je fus rapidement convaincu que Sebastiano était la proie d'une certaine exaltation.

Et pourtant Fekrù commençait à parler, comme un an plus tôt, avec une solennité émouvante, il traduisait la chanson que je n'entendais pas : « Il dit : Le Seigneur Dieu t'a donné la pluie, bénéfique aux semences que tu as jetées en terre. Ainsi le fruit de la terre te donnera le pain et le bétail paîtra dans des pâturages riches en herbe. Il dit encore : La cage est remplie de petits oiseaux, de la même façon, tes étables seront pleines de bœufs et de vaches grasses, la terre qui était désolée deviendra un jardin... »

Je restai là, subjugué, à l'écouter. Lorsque, plus tard, l'averse se calma, je dis à Sebastiano ce que je pensais : qu'il faisait une fixation et qu'il ferait bien de rentrer en Italie pour quelques mois. Je lui dis aussi que Fekrù pour lui faire plaisir faisait semblant d'entendre la voix qui n'existait pas ; sans doute avait-il feuilleté quelque vieux livre, la Bible peut-être, et il utilisait ces réminiscences pour tromper son maître.

Sebastiano me regarda avec un air de suffisance inhabituel chez lui, et se mit à rire : « Mais tu parles sérieusement ? Mais tu ne l'as pas entendu, là, dehors ? s'exclama-t-il. Il est toujours là, chaque fois qu'il pleut ! »

C'était bien évidemment absurde, une obsession sans fondement. Et je pensai : « Il a fallu que ça lui arrive à lui, justement à lui qui vilipendait Addis-Abeba, les eucalyptus, la pluie et les musiciens noirs. Complètement ensorcelé ! Et il ne bougera pas d'ici tant qu'il sera de ce monde. »

Finalement je m'en allai seul dans la nuit, pour rentrer à la maison. Du ciel noir recommença à tomber la pluie et, tout en marchant par les rues désertes entre les eucalyptus ruisselants, moi aussi, je le jure, j'entendis tout à coup, s'élevant au-dessus de la musique des toits métalliques, j'entendis gémir le *masinco* mystérieux, de son antique voix humaine. Alors – pour me défendre, mais ce fut en vain – je pressai le pas et me mis à siffloter une petite chanson stupide et désuète.

Il Corriere della Sera,
31 mars 1940,
puis in *L'Africa di Buzzati*
Marie-Hélène Caspar, Université Paris X-Nanterre,
Paris, 1997.

Grève

Finalement les hommes se révoltèrent contre le phénomène de la mort et firent une grève de protestation. Magasins, bars, théâtres, trains, tout fut bloqué. Les épiceries ouvertes seulement une heure par jour. Et l'on vit des jeunes gens vigoureux, les jambes bien plantées sur le sol dans une attitude de défi, devant les grilles des cimetières. Pendant que des orateurs parcouraient les couloirs d'hôpitaux, exhortant les malades déjà condamnés à tenir bon. Il suffisait de résister quelques jours – disaient-ils – et la bataille serait gagnée : si l'humanité par le passé avait été davantage consciente de ses propres droits, ce dysfonctionnement honteux aurait depuis longtemps disparu de la surface du globe. « Un peu de courage, que diable ! disaient-ils. Jetez les thermomètres ! Jetez la pénicilline et l'huile camphrée ! »

Il est indéniable que plusieurs malades, déjà sur la pente fatale, s'arrêtèrent en chemin à ces paroles, serrant les dents. De nouveaux espoirs fleurissaient dans ces cœurs affaiblis, par la grâce des propagandistes. D'un lit à l'autre les impotents qui avaient déjà un pied dans la tombe s'espionnaient mutuellement dans une lutte sans pitié. Qui donc, renonçant à la vie, aurait le premier failli au mot d'ordre lancé ? Les chirurgiens eux-mêmes, par peur d'être demain montrés du doigt comme des saboteurs, repoussaient jour après jour les opérations les plus risquées. La ville retenait son souffle. Chambres mortuaires, morgues, salles d'anatomie restèrent effectivement désertes.

Mais il y avait un homme qui ne lisait pas les journaux et qui ne regardait jamais du haut de sa fenêtre la rue en bas (il regardait seulement vers le haut, ou vers l'horizon où les lointaines collines qui le virent naître verdoyaient faiblement dans les ténèbres). Et comme il vivait absolument seul, il n'entendit pas parler de la grève. C'était un professeur de physique qui avait eu son heure de gloire dans les académies : mais maintenant il était en retraite, très âgé, oublié de tous, dans la misère.

Lui aussi, se pliant aux devoirs civiques par une vieille habitude, il aurait suivi le mouvement, comme on dit, s'il en avait été informé. Mais au contraire, à cause de l'amertume grandissante qu'il éprouvait à se voir abandonné de tous, à se sentir toujours plus faible et souffreteux, sans aucun confort matériel, il décida de s'en aller justement à ce moment-là. Il ouvrit la fenêtre qui donnait sur les lointaines collines et, en les regardant, il ingurgita un petit verre de poison.

Les autres locataires ne s'étaient jamais souciés de lui. Ils avaient cependant l'habitude de voir tous les matins le vieux professeur paraître un instant dans la cage d'escalier pour ouvrir sa double porte extérieure ; ils ne le virent plus. Puis, de son petit appartement solitaire niché sous les toits, commença à s'exhaler une caractéristique odeur douceâtre qui faisait venir des frissons.

Bien vite dans l'immeuble on devina ce qui s'était passé. Mais qui oserait parler ? Si quelqu'un dénonçait l'infraction, comment pouvait-il être sûr que le scandale ne l'éclabousserait pas ? Le simple fait de prononcer les termes mort, décès et même disparition, trépas paraissait peu prudent. Les habitants descendaient et montaient les escaliers en se mettant un mouchoir sur le nez ; lorsqu'ils se croisaient, ils faisaient de vagues allusions à une épidémie de rhume. Mais qui aurait le courage de parler ?

Et voilà que, au moment où les journaux les mieux informés annonçaient comment la mort, intimidée par la fermeté des hommes, s'était retirée de la ville, voilà que l'un des innombrables cortèges, au son de joyeuses chansons, défila devant la maison où, au dernier étage, le pauvre professeur gisait parmi les livres et la poussière, tout couvert de grosses mouches. Ils se précipitèrent dehors pour voir, les gens de l'immeuble, et, inconsciemment, à cause du secret qu'ils taisaient, ils regardaient en l'air, vers la fenêtre du défunt, puis ils regardaient le cortège et ainsi de suite, dans une direction puis dans l'autre.

Le chef des manifestants demandait : « Eh, vous, excusez-moi : pourquoi est-ce que vous regardez là-haut ? — Pour rien, répondait l'interpellé, je croyais que quelqu'un m'avait appelé. » Malgré ça, ses regards aussitôt repartaient en l'air, attirés par une force irrésistible, vers la fenêtre ouverte d'où entraient et sortaient, tout à leur affaire, des nuées de grosses mouches iridescentes.

Jusqu'ici rien de grave. Seulement l'un des locataires, en arrêt sur le trottoir, confrontant par la pensée l'exubérance des grévistes à l'immobilité totale du professeur sous le toit, se prit à sourire. Il sourit, non sans quelque ironie, au passage des manifestants.

L'un d'entre eux, soupçonnant quelque chose, s'avança vers lui, menaçant. « Il y a quelque chose qui ne vous plaît pas, cher monsieur ? demanda-t-il. — Moi ? répondit le locataire, feignant l'étonnement. Pas du tout, les choses se déroulent comme elles doivent se dérouler. » Voulait-il jouer sur les mots ? Toujours est-il que ses propos furent mal interprétés. « Sus au briseur de grève ! » entendit-on crier. Une bagarre s'ensuivit. Un coup de bâton atteignit en pleine tête celui qui avait souri : il s'écroula raide mort.

« Imbécile, tu as tout gâché ! » cria le chef du cortège à celui qui avait cogné. Mais déjà tous les manifestants, abandonnant drapeaux et banderoles, partaient à la débandade, en une fuite précipitée. En quelques secondes la rue fut vide, avec la tache noire de ce corps, absolument immobile, en travers du trottoir.

Puis, au milieu du silence effrayant, on entendit une clochette approcher. Drelin ! drelin ! drelin ! Complètement étranger à la grève, le saint sacrement arrivait.

Il Nuovo Corriere della Sera,
23 septembre 1947.

Confidences du « monstre »

Tant que je travaille au guichet de la banque ou que je me promène en ville, tout va on ne peut mieux. Je me sens à l'aise, tranquille, fort, j'ai même l'impression d'être quelqu'un, très supérieur à tous ces horribles gens que l'on trouve en foule sur les places et dans les trams. (Ce ne serait pas mieux s'il y en avait moins, de ces faces de rats ?) Mais dès que je rentre chez moi, adieu la tranquillité ; j'ai l'impression d'être quelqu'un d'autre, une sensation bizarre que je n'arrive pas à exprimer. Je ne me sens pas bien, voilà tout. Malade ? Je ne crois pas, sinon j'éprouverais la même chose en dehors de la maison. Je soupçonne plutôt autre chose : cela pourrait venir de la maisonnette que j'habite. Je ne sais comment dire, mais c'est un bâtiment étrange. Tellement calme, éloigné de tout, avec un petit jardin en friche, le silence en permanence. D'un côté une usine d'installations thermiques, de l'autre une maison vide, à laquelle on n'a pas touché depuis les bombardements. L'avenue est large. En face, d'autres petites maisons semblables à la mienne, côte à côte ; elles aussi, c'est vrai, isolées, paisibles, avec des petits jardins plus ou moins en friche ; pas aussi esseulées pourtant. Comment vous expliquer ? Cette petite maison dans laquelle j'habite est peut-être trop intime, elle pousse à laisser vagabonder son imagination, et je pense trop, dès que je me trouve entre ces quatre murs, je me mets à penser, je ne fais rien d'autre que penser. Un jour – vous allez rire – je venais juste d'entrer et, du vestibule, j'observais le sommeil des objets, la lumière immobile et flegmatique qui les éclairait, le silence profond, la rampe de l'escalier en colimaçon qui descend à la cave, quand une idée me traversa l'esprit : « Tu sais à quoi elle ressemble, cette maison ? me demandai-je. Elle ressemble à ces petites villas de périphérie où l'on commet des crimes. » Vous allez rire, bien sûr, mais je voulais vous le dire. Une pensée comme une autre.

Qu'est-ce que vous insinuez ? Que j'ai fermé la porte derrière moi avec une précipitation excessive ? Qu'il est ridicule de regarder autour de soi comme je le fais quand on est dans sa propre maison ? Je sais, c'est vrai, ce sont des attitudes de gamine hystérique, et je ne vaux guère mieux. Mais je vous l'ai déjà dit : je ne me sens pas très bien, depuis quelque temps. Je n'arrive pas à me dominer. Pourtant je serais bien en peine de vous répondre si vous me demandiez de quoi j'ai peur. J'aimerais vraiment le savoir moi-même.

Une autre obsession : depuis quelque temps j'ai l'habitude de descendre à la cave. Aujourd'hui, ça se comprend, le froid a fait un retour impromptu et il faut allumer la chaudière qui se trouve en sous-sol. (J'ai observé les cheminées des maisons du quartier : tout à l'heure, elles fumaient. Tant mieux. Les gens aiment tellement les commérages. Toute la sainte journée, ils ont les yeux braqués sur la cheminée de votre maison comme si c'était la seule chose intéressante dans ce bas monde. Et vous risquez de passer pour un farfelu si, quand eux ont éteint leur chauffage, vous, vous avez allumé le vôtre. Tant mieux. Aujourd'hui, en tout cas, ils ne trouveront rien à redire.) Je disais donc : aujourd'hui, ça se comprend. Mais même les jours précédents, pour une raison ou pour une autre, j'étais toujours en bas, à la cave. Non, non, les corvées de bois domestiques qui m'amusaient autrefois ont fait leur temps ; c'est un *hobby* dépassé, et si je ne me débarrasse pas de l'établi et des outils, c'est uniquement par paresse. Je descends à la cave parce que la cave m'attire.

Il faudra que je fasse consolider les marches du petit escalier en colimaçon. On a beau descendre doucement, elles font toujours un boucan d'enfer. Et il faudrait aussi faire réparer le robinet de l'évier qui goutte, goutte. Mon Dieu, comme c'est énervant ! Mais à quoi bon : voir des ouvriers chez moi, cela m'insupporte ; ils ont un air sournois, ils sont indiscrets, ils vont farfouiller dans tous les coins. En attendant, nous voilà arrivés. Regardez-moi un peu cette cave. Trêve de plaisanterie, est-ce qu'elle n'est pas vraiment *cosy* ? Comme tout y est rassurant, calme, loin du reste du monde, vous ne trouvez pas ? La lumière dont je vous parlais tout à l'heure y est encore plus immobile, blanche, romantique aurait-on envie de dire, comme sur certaines estampes anciennes. Par les petites fenêtres qui donnent sur le jardin au ras du sol, le soleil n'entre jamais, seul pénètre son reflet, très discret, familier. On voit ce qu'il faut voir et rien de plus. On se sent à l'abri, dans cette lumière.

Vous examinez le fauteuil, pas vrai ? Pas très élégant, mais très confortable. Il a au moins cent ans. Il en aurait des choses à raconter, s'il était doué de parole. À quoi pensez-vous donc ? Si le pauvre Dick Snuffin, l'horloger, un brave homme, s'y est jamais assis ? Bien sûr qu'il s'y est assis, et plus d'une fois encore. Il venait souvent chez moi, dans le temps. Disparaître de cette façon... le pauvre Dick, d'un jour à l'autre. Encore en bonne santé, plein aux as. Comme s'il s'était volatilisé, en moins de temps qu'il n'en faut pour le dire. Ah ! nous vivons dans un monde bien étrange.

Peut-être direz-vous que je suis un peu excentrique ? Pourquoi, par exemple, ai-je acheté cette hache ? Manies ridicules. Et que contenait cette bonbonne, là, dans le coin ? Oh, je sais très bien : elle contenait de l'acide sulfurique. Manies, manies. Vous avez déjà essayé de vous servir d'une de ces longues épingles à chapeau ? Vous n'avez jamais eu envie de vous l'enfoncer dans l'œil ? Ou, lorsque vous empoigniez un fusil, de le décharger sur ceux qui se trouvaient là, juste comme ça, histoire de gâcher votre vie ? Quand vous vous trouvez dans les cortèges des cérémonies publiques et que passe le roi, vous n'éprouvez pas, au fond de vous, la tentation de l'insulter tout fort, dans le seul but de faire voler en éclats votre honorable passé ? Peut-être que j'ai cédé à une pulsion de ce type en achetant cet attirail. Un risque équivoque. Si un jour la police – admettons –, en cherchant à retrouver les traces d'une personne assassinée, venait perquisitionner ici, à coup sûr naîtrait quelque soupçon. J'aime bien jouer avec le feu. Ou je suis un peu fou. Allez savoir.

Je possède également d'autres instruments, presque neufs : des scalpels, des marteaux, une scie. Chut. Attendez, s'il vous plaît. Qui marche dans le jardin ? Qui s'est penché vers la petite fenêtre pour regarder à l'intérieur, empêchant la lumière d'entrer ? Et pourquoi frappe-t-on comme cela contre la vitre ? Ah... je préfère... un morceau de papier que le vent a poussé jusqu'ici. La bonne blague. J'avoue que... Je suis devenu pâle, dites-vous ? Je sais, j'en ai honte. Mais j'ai les nerfs à vif, je vous l'ai même avoué, depuis quelque temps.

N'importe qui, d'ailleurs, aurait les nerfs en pelote dans cette maison. Il s'y passe des choses étranges. L'histoire de la valise, par exemple. Il y a une semaine, là-haut, dans le cagibi, mon regard tombe sur une valise qui n'était pas à moi. Qui l'a apportée ici ? Et pourquoi ? Vous conviendrez que ce ne sont pas des découvertes très sympathiques. Bien entendu, je l'ai ouverte. Rien de spécial. Elle contenait un pull, des chaussettes, une paire de vieilles chaussures, un *Gillette**, une brosse à dents, et cetera : ce que l'on appelle les effets personnels d'un homme ordinaire. C'était une journée froide, heureusement. Personne n'a eu quoi que ce soit à redire en voyant ma cheminée fumer.

Et puis les rats. Comment se fait-il que je ne puisse pas descendre à la cave sans surprendre ces sales bêtes en train de fouiller dans la cendre, là, sous le foyer de la chaudière ? Que cherchent-ils ? Je les observe longuement, parfois, en avançant juste la tête en haut de l'escalier. Ils mangeottent. Ils rongent. Ils font la parlote entre eux, à voix basse. Ils doivent être six ou sept. Oh, moi, en ce qui me concerne, je les laisse faire. Qu'ils mangent donc, s'ils trouvent des débris comestibles. Des os, par exemple ? Dans le charbon qu'on vend maintenant on trouve même des os, parfois. Bizarre, non ? Mais quel silence, vous l'entendez, vous aussi, ce silence ? D'un moment à l'autre, dans un silence pareil, on s'attend à ce qu'il arrive quelque chose.

À propos. Il y a d'autres bestioles encore plus surprenantes : les moineaux. Autrefois j'avais l'habitude d'aller au jardin les mains pleines de miettes. Les oiseaux accouraient aussitôt, il y en avait des dizaines, joyeux et agités, qui faisaient un vacarme extraordinaire. Ils picoraient directement dans mes mains, cela ne les rebutait pas le moins du monde. Ce n'est plus le cas. Ils sont devenus timides, on dirait que la race s'est modifiée. Maintenant, lorsque je sors en portant mes miettes, personne ne vient. Sûr, pourtant, qu'elles doivent avoir faim, ces petites bêtes, avec un hiver pareil ! Mais rien. Pire : ils s'enfuient, s'il y en a quelques-uns dans les parages. Puis ils se mettent à tourner là-haut, au-dessus de la maison, ils tournent, ils tournent en piaillant. Imbéciles ! Ils risquent même de me porter tort. Dieu seul sait combien les gens sont méchants dans le coin. Ils exploitent jusqu'à la stupidité des passereaux, du moment qu'ils peuvent faire des commérages. Quant au chien que je possédais...

On sonne, Sainte Vierge ! On sonne à la porte. Je n'attends personne aujourd'hui. Depuis un bon moment, Dieu sait pourquoi, j'ai les visites en horreur. Les amis, je les rencontre au café et ça suffit bien. Je n'ai pas de dettes. Je n'ai pas d'aventure féminine. Je n'ai pas d'ennuis avec la police. Je n'ai absolument rien. Au diable celui qui vient me gâcher ma journée. On sonne, nom d'un chien, on sonne... Faire comme si de rien n'était ? Et s'ils m'ont entendu bouger, ici, à la cave ? Ne pas répondre serait peut-être pire ?... Non, il vaut mieux que j'enfile mes pantoufles, cela met davantage en confiance... Oui, oui, que d'impatience, j'arrive tout de suite !... Si au moins cet escalier ne faisait pas tant de boucan !... On dirait qu'ils sont deux. Il paraît qu'ils vont toujours deux par deux, *eux*. « J'arrive, j'arrive ! »

(« Courage, ouvre vite, compose-toi un visage acceptable, souris. ») « Bonjour... Ah, c'est vous ? Entrez... Non, non, merci, je me sens parfaitement bien... peut-être parce que je m'étais endormi... Il est là, voyez... Vous voulez que j'allume la lumière ?... Vous l'avez déjà fait ?... Un sale temps, hein... On n'a jamais vu un froid pareil au mois de mars... Pensez-vous, c'est moi qui vous remercie. Au revoir. »

Cette fois-ci encore, c'est passé. Sauvé ! Mon Dieu, j'ai encore le cœur qui bat tellement j'étais inquiet. Et cette nuit ? Non, je n'en peux plus, je ne vais pas continuer à vivre ainsi... J'ai pensé me trouver mal quand j'ai vu ce képi. Et ce n'était que le releveur du compteur d'électricité. Le releveur, rien que le releveur, un bien brave homme, Dieu le bénisse... Et demain ? Pour moi, ce sera toujours le même enfer ?

Il Nuovo Corriere della Sera,
11 mars 1949.

La maison ensorcelée

Lorsqu'on parcourt la rue Cosma, en direction des laminoirs Floridia, là où l'élan vital de la ville commence à être moins perceptible et où dans les matins sereins stagnent de flasques rideaux de brume – un peu plus loin, derrière les derniers hangars, sont déployées les forces d'assaut de l'armée des brouillards ! –, on peut remarquer, à droite, une maison à deux étages de couleur grise qui porte le numéro 47. Elle n'est ni neuve ni ancienne, une petite bande de jardin qui la sépare de la grille lui donne une certaine allure, elle ne susciterait en elle-même aucun motif d'aversion ou de sympathie, elle serait tout à fait anodine, elle se confondrait tout à fait avec les autres maisons aux murs épais et sombres qui se serrent contre elle, bref, cela ne vaudrait même pas la peine d'en parler si...

À peine rentré chez lui, à sept heures et demie du soir, M. Enrico Marsia, haut fonctionnaire dans les assurances, quarante-neuf ans, eut le sentiment qu'il s'était passé ou qu'il se passait quelque chose de spécial.

Il entra dans la salle de séjour. Sa femme Clara, ses trois filles Anna, Paola et Esterina, l'attendaient déjà assises autour de la table. Lorsqu'il apparut, les filles, tels des soldats, se levèrent d'un bond en le saluant.

« Tout va bien, Clara ? demanda-t-il.

— Bien sûr. Tout va bien. Pourquoi ?

— Il n'y a pas de pourquoi. » La voix était métallique. « Je croyais que je pouvais demander, pas vrai, si chez moi tout se passe comme il faut. » Il fit une pause, on entendit le tic-tac de la pendule. « Personne n'a appelé ?

— Personne, chéri.

— Et toi, Paola, tu as travaillé ?

— J'ai fait mes devoirs. Et tout à l'heure, après le repas...

— Tu sais bien, Paola, que cela ne sert à rien de travailler après le repas. Je veux que ce soit bien clair : à neuf heures, neuf heures et demie au plus tard, toi et Esterina vous allez au lit. Au lit. Et vous éteignez la lumière.

— Mais, papa, si je ne travaille pas aussi un peu le soir...

— Non, j'ai dit non. » Il se tourna vers l'aînée. « Et toi, Anna chérie, qu'est-ce que tu as fait ?

— J'ai fini de lire le livre que tu m'as offert pour Noël, *À l'aube de la civilisation* d'Unterhalterer.

— Je crois que c'est un ouvrage instructif.

— Oui, très instructif, c'est vrai, papa.

— Esterina, qu'est-ce que tu regardes ?

— Moi, rien, papa.

— Tu t'es retournée tout à coup et tu as regardé derrière toi. Il y a quelque chose qui ne va pas, Esterina ?

— Je ne sais pas, papa. » La petite fille avait rougi. « J'ai dû le faire sans m'en rendre compte.

— Derrière toi, il y a le buffet. Pourquoi t'es-tu retournée pour regarder le buffet ?

— Je ne regardais pas le buffet.

— Je vous ai observées, mes petites... » M. Marsia eut un léger sourire de satisfaction. « Je considère qu'il est de mon devoir de vous observer. Même si vous ne vous en apercevez pas. Dis-moi, Esterina chérie, qu'a donc ce buffet pour que tu éprouves le besoin de le regarder ?

— Je ne sais pas, papa, je...

— En te retournant d'un coup...

— Je ne crois pas, papa, je...

— J'ai dit d'un coup et je sais ce que je dis. Que veux-tu insinuer, Esterina : que ton père raconte n'importe quoi ?

— Oh, Enrico ! le supplia son épouse. Esterina n'a pas voulu dire cela. Ce ne sont que des enfants, après tout !

— Bon, bon, d'accord, fit-il d'un air exagérément contrit. Alors c'est moi qui ai mal vu. »

Silence. Il y avait de ces soirées noires où Enrico Marsia semblait s'amuser à terroriser sa famille.

« Ça vaut mieux, reprit-il en cassant un gressin en deux et il regardait ses filles à travers ses lunettes glaciales. Ça vaut mieux. »

Silence encore. Et dans le silence il y eut un bruissement, comme de soie froissée. Cela semblait venir du plafond. Paola sursauta, leva les yeux au ciel, ses lèvres exhalèrent un soupir.

« Qu'est-ce qui se passe, Paola ? demanda son père d'un ton faussement enjoué. Pourquoi tu sursautes comme cela ?

— Moi ? Je n'ai pas sursauté.

— Tu as sursauté, Paola, je t'ai vue. Tu as sursauté et tu es devenue toute pâle. J'aimerais savoir pourquoi.

— Papa, je te jure...

— Je te jure, je te jure. » Marsia éleva la voix. « Tu sais bien que je ne supporte pas ces serments : tu as sursauté, Paola, je l'ai remarqué, clairement. Toi aussi, pas vrai, Anna, tu as remarqué ? ajouta-t-il en s'adressant à l'aînée de ses filles, raide, sèche, celle qui lui ressemblait le plus.

— Oui, papa, je l'ai remarqué.

— Menteuse, répliqua sa sœur, menteuse, tu me regardais même pas, dès que tu as l'occasion de m'humilier...

— Tu le reconnais, alors, Paola, fit le père avec un calme exaspérant. Sans le vouloir, tu as reconnu, n'est-ce pas, que tu as sursauté il y a quelques minutes. S'il y a une menteuse, donc...

— Enrico. » Pour la deuxième fois, timidement, son épouse intervint. « Enrico, il se peut que Paola se soit embrouillée, tu l'as interrogée d'une telle façon !

— De quelle façon est-ce que je devrais donc interroger mes filles ? Dis-le-moi, Clara. Je vois l'une de mes filles, inopinément, je dis bien inopinément, se mettre à sursauter, là, à table, pendant que nous attendons la soupe qui, à ce qu'il paraît, se fait désirer...

— Enrico, je t'en prie !...

— ... Je la vois sursauter, donc, et comme la chose ne me plaît pas, tu le sais bien Clara, comme depuis quelque temps dans cette maison, ces sursauts, n'est-ce pas, ces hystéries pour être plus exact deviennent de plus en plus fréquentes, eh bien je voudrais que tu m'expliques quelles formes diplomatiques je dois adopter pour m'adresser à mes filles afin que... »

Il souriait, ironiquement, et sa fille aînée souriait aussi. Les trois autres femmes étaient exténuées, elles le fixaient avec des yeux pleins d'épouvante, de supplication et de haine.

Mais à ce moment précis – depuis le couloir s'approchaient enfin les pas de Sofia, la bonne, avec la soupe – on entendit un cri terrifiant. Et tout de suite après un fracas monstrueux, comme de la vaisselle cassée.

« Sainte Vierge, qu'est-ce qui se passe encore ? » soupira la maîtresse de maison, pressentant une nouvelle tourmente.

Sofia apparut, hagarde, sur le seuil. Dans ses mains, elle ne tenait rien. Elle bredouilla : « ... Il y avait quelqu'un.

— Où ?

— Là, dans le couloir. J'ai senti une main, ici, sur ma poitrine. Elle me serrait !

— Et tu as laissé tomber la soupière !

— La soupière ! Qu'est-ce que vous voulez que j'en aie à faire, de votre soupière ? Je, je... cette maison est maudite, je n'y resterai pas une minute de plus. Je m'en vais, moi ! » Et elle s'enfuit en sanglotant vers la cuisine. On entendit des portes claquer, des tiroirs s'ouvrir et se fermer, des pas qui allaient et venaient, puis le bruit caractéristique de la porte sur les escaliers. Tout cela en deux ou trois minutes, pas plus.

« La voilà partie ! » gémit Mme Clara.

Son mari avait le visage austère des grandes occasions. Il ajusta ses lunettes – mauvais signe.

« Laisse-la partir. Ça vaut mieux. On entendra moins de racontars dans le coin. Nous nous passerons de domestique. Après tout, vous êtes quatre femmes.

— C'est vite dit de ta part, Enrico, mais ensuite,

pour peu qu'on égare ne serait-ce qu'une épingle, tu fais tout un drame. »

Marsia devint rouge de colère. Il tapa violemment sur la table des quatre doigts de la main droite.

« Écoutez-moi bien. » Il détachait les syllabes d'une manière très désagréable. « Cette maison, c'est mon grand-père qui l'a construite et elle a toujours été irréprochable. » Il fit une pause, frappa de nouveau sur le bord de la table. « J'exige qu'elle reste irréprochable ! Je n'admets pas, vous comprenez ? je n'admets pas que des bruits complètement idiots courent, j'en ai assez des cachotteries, des messes basses, des visages paniqués, des scènes d'hystérie, de... de... Ça y est, ça y est, elle recommence à trembler ! » Sa voix était dure et mauvaise. « Paola, pourquoi tu trembles ? Pourquoi tu fais ces mouvements incontrôlés ? Ce ne sont que de viles superstitions et vous savez ce qu'est la superstition ? La superstition est synonyme de mauvaise conscience, de désordre, de péché. Une femme superstitieuse n'est jamais une femme honnête ! »

Esterina éclata en sanglots. Clara s'en alla ramasser les morceaux de porcelaine dans le couloir et nettoyer le carrelage.

« Mais, papa, s'enhardit Paola, tu sais que les gens dans la rue font un détour pour ne pas passer devant chez nous ? Tu sais qu'ils marchent sur le trottoir d'en face et qu'ils font un signe de croix ?

— Les gens sont d'une ignorance crasse. Dans cette maison, il ne s'est jamais rien passé qui ne fût honnête.

— Papa, on dit que grand-père...

— Quoi, grand-père ? Qui porte atteinte à sa mémoire respectable ? Allez, parle. Qu'est-ce qu'on dit sur grand-père ?

— Je sais, moi, ce que disent ces porcs, expliqua

Anna, car sa sœur ne pipait mot. Ils disent que c'était un usurier et que son âme erre encore par ici, ils disent que certaines nuits... »

On entendit un remue-ménage, dans la pièce voisine, comme si on déménageait des meubles.

« Qui est dans cette pièce ? Maman ?

— Non, je ne crois pas. »

Marsia se leva. Poussé par la colère, il alla voir de quoi il retournait. On entendit des coups, un vacarme confus, comme une lutte acharnée, puis Marsia apparut sur le seuil, les vêtements en désordre, mais se tenant droit, maître de lui, souriant en un rictus forcé. « Un rat, ce n'était qu'un rat », parvint-il à articuler. Il était évident qu'il mentait.

Aujourd'hui, moi qui passe assez fréquemment dans la rue Cosma, je vois parfois cet homme sortir, ou entrer, dans la maison. Bien du temps a passé, mais le numéro 47 a gardé son poids de mystère. Il est resté seul. Sa femme et ses filles, même Anna qui lui ressemblait tellement, vivent ailleurs. Parties pour raison de santé ? Séparation diplomatique ? Rupture irrémédiable ? Marsia n'a pas cédé, il est toujours là, à défendre l'honneur de sa famille, sourd aux sollicitations perpétuelles des esprits qui vont et viennent à travers les pièces vides et qui, dans les heures pesantes de la nuit, font des bruits effrayants ; en vain puisqu'il les ignore. Les premiers temps, je l'avoue, je le trouvais odieux. Au fil des mois et des années, une obstination si tenace à défendre la règle, l'ordre, la respectabilité a fini par lui donner une sorte de grandeur. Et même ceux qui autrefois se signaient en le voyant se sentent inexplicablement intimidés. En apparence, c'est donc lui, l'homme impénétrable et peut-être abject, qui a gagné la partie.

En apparence ! Bien qu'elle soit toujours tenue en ordre, la maison lentement dépérit. Et elle se meurt. Tout ce que cette âme a de misérable et de froid traverse les pierres et suinte des murs qui restent toujours – surprenant phénomène – gris et sans ombre même quand le soleil resplendit.

Marsia va et vient aux heures habituelles, il sort, il rentre, bien droit, ses lunettes sur le nez, son chapeau noir rigoureusement horizontal. Si on le salue, il répond comme un parfait gentilhomme, il sourit, un peu obséquieux. Certains jours il parvient presque à inspirer de la pitié.

« Mais pourquoi, ai-je demandé au sage Geronimo, qui m'a pourtant expliqué dans d'autres circonstances des choses sur la vie et la mort, mais pourquoi faut-il que les esprits s'acharnent justement sur cet homme-là ? Est-ce qu'il le mérite vraiment ? L'histoire du grand-père usurier est une légende. Alors pourquoi les esprits, parmi tant d'autres maisons, sont-ils allés choisir la sienne ? Pourquoi ne vont-ils pas dans les autres ?

— Mais toutes les maisons, me répondit avec étonnement le vieil homme, toutes les maisons abritent des esprits. Et tout se passe bien. Si la malédiction s'installe, c'est notre faute. Pourquoi ce M. Marsia veut-il les combattre ? Pourquoi refuse-t-il de croire en eux et les ignore-t-il ? Les plus forts, ce sont eux. »

Il Nuovo Corriere della Sera,
30 janvier 1958.

La chambre close

J'ai toujours été convaincu que dans les pièces closes et abandonnées, où des personnes ont longtemps vécu, quelque chose peut arriver.

J'avoue que je ne crois pas beaucoup en une vie consciente après la mort. Il me semble toutefois plausible que de nombreuses personnes, surtout celles qui ont une forte personnalité, laissent une trace, une empreinte qui perdure après leur disparition.

Dans ces pièces-là, que devrait-il se passer ? Je l'ignore. Je n'exclus pas que la marque laissée par le mort soit assez prégnante pour provoquer l'apparition de fantômes et la manifestation d'esprits, lesquels fantômes et esprits ne sont rien d'autre que l'écho physique, si l'on peut dire, des présences d'autrefois.

Plus fréquemment, je suppose, se produisent d'autres petits phénomènes que la science, encore balbutiante, ne peut expliquer aujourd'hui. Les livres qu'il aimait lire, par exemple, descendent de l'étagère et s'entrouvrent eux-mêmes. Les tiroirs où elle gardait les choses les plus précieuses s'ouvrent d'eux-mêmes. Le vase qui durant tant de saisons fut toujours rempli de fleurs se déplace tout seul vers la lumière. Les lettres qui, sans que personne ne le sache, contiennent un douloureux secret se recroquevillent. La robe de soirée qui fut portée lors de la grande fête donnée dans le fabuleux palais se détache du cintre, et s'essaie à une sorte d'amère danse. Mais si quelqu'un ouvre la porte, plus rapides que la pensée, ces choses regagnent leur place, et se tiennent coites.

Je crois qu'il serait étrange que nos meubles, nos objets, nos habits, une fois que nous sommes partis pour le grand voyage, soient soudainement dépouillés de tout cet amour que, même sans y penser, nous leur avons porté si longtemps. Et qu'ils ne le fassent pas rayonner autour d'eux, surtout lorsqu'ils se trouvent seuls et que la présence des étrangers ne s'oppose pas à ce modeste enchantement.

Voilà pourquoi habiter une maison ancienne est plus intéressant que de vivre dans une maison neuve, aussi belle soit-elle ; pourquoi un meuble ancien a bien plus de valeur qu'un meuble fabriqué hier matin. C'est dans ce pouvoir que réside l'esprit des choses anciennes. S'il en était autrement, dépenser des millions pour un *trumeau** ancien alors que l'on pourrait en acheter un neuf exactement semblable pour quelques dizaines de milliers de lires serait la chose la plus stupide au monde.

Pour la même raison le véritable sanctuaire des personnes aimées qui nous ont quittés, ce n'est pas le cimetière, mais les lieux et les choses qu'elles ont le plus chéris. Je répète que je ne crois pas en une vie consciente après la mort ; je ne suis pas non plus en mesure de l'exclure de manière catégorique. Toutefois, j'admets qu'après leur disparition les êtres humains puissent, d'une façon ou d'une autre, fréquenter encore cette vallée de larmes, c'est-à-dire revenir, visibles ou invisibles, dans les endroits fréquentés lors de leur passage sur terre ; comment peut-on imaginer qu'ils aient le mauvais goût de s'établir là où, dans l'obscurité, gît leur corps d'autrefois en putréfaction ou redevenu poussière ? Ils reviendront, c'est une évidence, dans les maisons où ils ont été plus ou moins heureux, dans la rue ensoleillée de la ville où ils achetèrent tant de beaux objets, dans les bibliothèques où ils découvrirent tant de sagesse, dans la petite vallée loin de tout où furent échangés tant de baisers. Pas dans les cimetières, lieux horribles et funestes que l'on devrait rayer de la surface de la terre.

Au contraire, conservons vivantes, autant que faire se peut, les pièces qui furent leurs, telles qu'ils les ont laissées ! Au moins durant les premières années, quand la douleur de la séparation est sans doute la plus cruelle. Le lit comme si ce soir ils devaient y dormir, le linge lavé et bien repassé dans les tiroirs, le porte-cigarette ou le pot à tabac garni, le flacon de parfum rempli. C'est peut-être stupide, mais c'est pour moi la seule façon possible d'honorer les morts. Dans l'Antiquité, d'ailleurs, les Égyptiens n'agissaient-ils pas ainsi ?

Bien. Dans la vaste maison de campagne qui appartient à ma famille depuis la fin du XVIIIe siècle et où, durant qui sait combien de saisons, ont dormi mes parents, mes grands-parents, mes arrière-grands-parents, les oncles et tantes, les grands-oncles et les grands-tantes et une ribambelle de cousins, parents et amis, trois chambres sont restées intactes et intouchables. L'été, mes frères et sœurs et moi-même nous réunissons, avec nos enfants et petits-enfants, et cela forme une belle tribu. Mais la maison est tellement grande.

C'est sans aucun problème que l'on a pu conserver telles qu'ils les laissèrent les chambres à coucher de :

— Amos Costa Berlingieri, jeune artiste peintre, ami d'un grand-oncle, qui durant une partie de chasse, en 1880 ou quelque chose comme cela, fut mordu par une vipère et mourut justement dans notre maison ; depuis ce jour, il est considéré par la famille comme un symbole du romantisme malheureux ;

— Fausto Micoletti, abbé, que je n'ai pas eu le temps de connaître ; quelqu'un, me disaient mes parents, de très aimable, cultivé, spirituel et courtois ; que l'on accueillait tous les étés et qui chaque matin disait la messe dans la petite église attenante. Il mourut une nuit, dans sa chambre au troisième étage, sans déranger personne, habillé de pied en cap pour la cérémonie funèbre ;

— Margherita Della Corte, l'aînée de mes cousines, née vingt-deux ans avant moi et retrouvée morte dans sa chambre, en 1902, à l'âge de dix-huit ans, dans des circonstances sûrement très mystérieuses puisque mes parents, chaque fois que je posais des questions, changeaient tout à coup de sujet.

De cette Margherita, il existe à la maison un petit portrait à l'huile exécuté par un modeste artiste. Ce devait être une jeune fille belle, dure et sensuelle. Encore aujourd'hui, pour moi, un mystère.

L'été dernier nous avions pour hôte Federico Gimma, le fiancé de ma nièce Maria Stefania : grand, beau, blond, tout frais diplômé en ingénierie électronique, engagé à gauche par tradition, et qui m'était tout à fait antipathique, surtout à cause de cette repoussante petite barbe sans moustaches qui commençait à être à la mode.

La question des fantômes ou des phénomènes analogues arriva un soir dans la conversation. Le jeune homme, après avoir entendu mon opinion sur la question, se mit à ricaner, comme le font de nos jours les jeunes peu intelligents face aux personnes beaucoup plus âgées qu'eux.

Sans me fâcher, je dis que je n'avais pas eu, personnellement, d'expériences décisives en la matière. Mais par deux fois, justement ici dans notre maison de campagne, alors que j'avais ouvert par inadvertance la porte de deux chambres inoccupées depuis qui sait combien de temps, j'avais entrevu l'éclair d'un mouvement. Comme si quelque chose de mobile, en me voyant entrer, était subitement revenu à la place qui lui était assignée. Quoi donc ? Je n'aurais su dire, peut-être un pan de rideau ou de tapis ; peut-être une boîte, un bibelot, peut-être rien.

Gimma rit à nouveau. Mais le jour suivant, là-bas, au fond du couloir interminable du premier étage, je le vis, sur la pointe des pieds, à pas légers et furtifs, comme un rat d'hôtel, s'approcher de la chambre de la pauvre Margherita, s'arrêter à ce niveau, écouter, puis soudain ouvrir toute grande la porte comme pour surprendre quelqu'un. Je lui criai : « Pardon, Gimma, vous cherchez quelque chose ? »

Il fit un bond, comme sous la morsure d'un serpent.

« Non, non, balbutia-t-il, je me suis trompé de porte, c'est tout. »

En effet, la porte de sa chambre était celle d'après. Mais moi, qui ne l'avais pas cru, je lui dis : « Écoutez, Gimma. Vous êtes libre de penser ce que vous voulez. Mais dans cette chambre, avant même ma propre naissance, est morte toute jeune l'une de mes cousines. Et je n'ai jamais su de quelle façon. C'était une jeune fille très belle. Cela fait presque soixante-dix ans, maintenant. Vous n'y croyez pas. Cependant les esprits, ou ces choses que nous appelons des esprits, avec le temps vieillissent eux aussi, ils perdent de leur agilité, ils deviennent plus lents. Si vous ouvrez la porte par surprise, peut-être n'auront-ils pas le temps de se cacher... vous comprenez ?... et le cas échéant, je ne voudrais pas...

— Vous ne voudriez pas quoi ?

— Qu'il vous arrive quelque chose de désagréable. »

Le surlendemain matin le vaillant jeune homme fut retrouvé dans la chambre de la belle Margherita étendu sur le dos, un œil écarquillé et l'autre non, la bouche tordue dans un spasme, raide mort comme sont morts les rails de tramway.

Il l'avait bien cherché.

Il Corriere della Sera,
12 novembre 1967.

Sans titre

Excusez-moi si je vous raconte une de mes expériences personnelles, qui date d'il y a bien longtemps.

Enfant, avec ma famille, je passais les grandes vacances d'été dans notre vieille villa, à un kilomètre et demi de Belluno. C'était, et c'est encore, une maison plutôt grande, d'un aspect assez singulier non pas tant par ses qualités architecturales que par les fresques qui couvrent entièrement les façades.

On en a même décoré un long édifice d'aspect vaguement nordique qui constitue la limite septentrionale du jardin, édifice à cette époque inhabité qui servait uniquement de grenier et de cellier.

Il est avéré que dans ce vaste grenier rôdait, durant les premières décennies de ce siècle, l'esprit d'un ancien fermier, un nommé Fontana, dont on entendait de temps à autre les pas cadencés et lourds. Mais, comme il est de règle avec de telles présences, ces bruits se firent au fil du temps de plus en plus rares et de plus en plus faibles. Les nuits passées à guetter les manifestations du phénomène n'ont rien donné, ces derniers étés.

J'ai mentionné ce fantôme pour donner une idée de l'atmosphère qui régnait dans cette vieille demeure, surtout à certaines heures. Mon imagination d'enfant, notamment, était fortement sollicitée par la bibliothèque, essentiellement consacrée à des ouvrages historiques, dont le fonds constitué par mon grand-père Augusto puis enrichi avec beaucoup d'amour par mon père Giulio Cesare comptait plus de trois mille manuscrits traitant de l'histoire de la région.

Un jour, je me souviens, papa nous montra un grand livre relié qui devait dater du début du XIXe siècle. Il y avait de grandes gravures sur double page représentant des insectes grossis dans des proportions extraordinaires. Tout particulièrement monstrueuse était la puce, longue d'une quarantaine de centimètres au moins.

C'était sûrement un livre de beaucoup de valeur. Après nous avoir laissé le feuilleter, mon frère aîné et moi, papa le remit à sa place sur une haute étagère.

Bien sûr, nous, les enfants, n'avions pas l'autorisation de pénétrer dans ce *sancta sanctorum*. Mais le livre des insectes géants m'avait fasciné. Et un soir, profitant du départ de mes parents en visite dans le voisinage, je montai à la bibliothèque, grimpai sur une chaise et attrapai le volume.

Il pleuvait, je me souviens. La maison était silencieuse ; par les trois fenêtres pénétrait la lumière grise du crépuscule qui peu à peu devenait plus faible. À genoux sur le plancher, je dévorais des yeux les insectes fabuleux, la mouche, le grillon, les scarabées, le moustique, la puce.

J'étais justement en train de contempler cette invraisemblable puce lorsque j'eus l'impression que ses pattes, incroyablement poilues, bougeaient tout doucement.

Non, ce ne pouvait pas être un souffle de vent qui aurait fait onduler la feuille, portes et fenêtres étaient fermées. Avec une certaine méfiance, j'effleurai la page de la main, en regardant de plus près. Tout était normal. Dieu sait ce qui m'était passé par la tête.

Pourtant une étrange excitation m'avait gagné. Ce livre avait quelque chose d'inquiétant. Mon premier réflexe fut de laisser tout en plan et de me précipiter en bas, où la lumière à gaz avait sûrement déjà été allumée. Mais avant de partir il fallait remettre le volume à sa place. Gare à moi si papa s'apercevait que je l'avais touché. Or, juste au moment où je faisais le geste de le refermer, l'horrible insecte – désormais une vague silhouette dans la pénombre grandissante – eut un sursaut, comme s'il s'efforçait de se dégager de la page.

Alors une chose plus effrayante encore se produisit : au moment où, pris de panique, je refermais le volumineux ouvrage de toutes mes forces, d'entre les pages me parvint un atroce craquement, le bruit répugnant que font les cafards quand on les écrase, mais multiplié par cent.

D'un bond, je fus debout et, saisi d'une frayeur indicible, je me jetai en hurlant hors de la bibliothèque, cherchant dans le noir le départ de l'escalier.

Tata, la fidèle gouvernante, me vit arriver comme une furie dans la cuisine, complètement bouleversé. Je m'efforçai d'expliquer ce qui m'était arrivé mais, bien entendu, on crut à une sorte d'hallucination (il n'était pas rare que la nuit je me réveille en hurlant en proie à d'effroyables cauchemars).

Je suppliai Tata de monter tout de même dans la bibliothèque et de remettre le livre en place ; quant à moi, il était clair que je n'en avais plus le courage. Entre-temps, mes parents étaient rentrés.

Je me cachai pour échapper aux questions embarrassantes. Je m'attendais à être puni. Papa allait trouver le livre sur le plancher, il allait m'interroger, j'allais devoir avouer.

Mais pas du tout. Papa ne demanda rien, et pourtant Dieu sait combien il tenait à ses livres. Si bien que j'eus la tentation de tout raconter de moi-même, spontanément.

Or le lendemain, le soleil brillait et, comme il arrive à tous les enfants, je n'avais plus aucun souvenir de cette mésaventure.

Je retournai à la bibliothèque deux jours plus tard, à un moment où il n'y avait personne. Par terre, ainsi qu'on pouvait s'y attendre, pas de trace du livre des insectes. Mais il n'était pas non plus à sa place, sur l'étagère habituelle.

Mon père l'avait-il caché ? Quelqu'un d'autre l'avait-il pris ? Quelques jours après, nous rentrâmes en ville. C'était en octobre 1917. Caporetto, l'invasion, la bibliothèque pillée par les Autrichiens et emportée à Vienne puis, après la victoire, restituée dans un état pitoyable. Ce grand livre, je ne l'ai jamais revu.

Préface à Montague R. James, *Cuori strappati*,
Bompiani, Milan, 1967.

Le livre sur l'...

Ce fut le plus grand des hasards. Giorgio Capranica, notaire, quarante-deux ans, avait un ami journaliste, sténographe au quotidien *Chronos*, un dénommé Andrea Belcore. Un jour, il le rencontra dans la rue, se mit à bavarder avec lui et l'accompagna jusqu'au journal.

Sur le pas de la porte, Belcore lui dit : « Écoute, Capranica, si tu m'attends une minute, je fais un saut à l'étage pour avertir un de mes collègues et on va boire un vermouth ensemble dans les parages... D'ailleurs, pourquoi ne monterais-tu pas avec moi ? »

Ne serait-ce que pour voir à quoi ressemblait la rédaction du grand quotidien, Capranica accepta. Mais le collègue de Belcore n'était pas dans son bureau ; il s'était rendu à la bibliothèque du journal pour vérifier quelque chose. « Bien, fit Belcore, allons l'y retrouver, comme ça tu verras nos archives : sans vouloir me vanter, elles sont hors du commun. »

La bibliothèque des archives était installée dans une salle interminable où des étagères, des fichiers, des rayonnages entièrement métalliques se succédaient à perte de vue, alignés avec ordre. Capranica y fit la connaissance du collègue de Belcore et de la directrice des archives, madame Loderini. Comme cela se passe dans ces cas-là, ils se mirent à discuter tous les quatre. De quoi ? Dans les jours qui suivirent, Capranica chercha longtemps à se souvenir, à reconstruire le dialogue qui devait lui être à ce point fatal. Mais il n'y parvint pas.

Ils étaient debout et Capranica s'était appuyé du coude à un fichier au-dessus duquel se trouvait une étagère pleine de livres. À un certain moment, tout en bavardant, de façon presque machinale – de la même manière que l'on pianote du doigt sur la table ou que l'on ouvre et referme une boîte –, il prit sans y penser un livre et l'ouvrit. Sur certaines pages, il y avait des dessins, dont certains en couleurs, d'une finition parfaite : quelque chose comme des mollusques, rosés, carnés. Mais Capranica n'y prêta pas attention. Par simple perception sensorielle, ses yeux entrevirent aussi quelques titres et quelques phrases du texte. Mais sans que son esprit, occupé ailleurs, s'en rendît compte. Il éprouva seulement un vague sentiment de malaise, peut-être à cause de ces illustrations qui évoquaient l'idée de choses molles et visqueuses.

Cela dura à peine quelques instants. Comme Belcore faisait mine de s'en aller, Capranica, qui devait l'accompagner, referma l'ouvrage et le rangea à sa place. Ce fut seulement en se dirigeant vers la porte qu'il se demanda pour la première fois : Quel livre était-ce ? Que signifiaient ces dessins ? Mais c'était un mouvement de curiosité superficielle, il ne lui parut pas utile de revenir sur ses pas pour vérifier, au fond il s'en fichait. Malgré tout, d'un mouvement instinctif, il se retourna pour regarder l'étagère. Et il releva qu'en haut du meuble était fixée une petite pancarte blanche sur laquelle on lisait « Médecine » (de la même façon que sur les autres il y avait un panonceau « Sport » ou « Géographie » ou « Histoire de l'art » et ainsi de suite).

Les deux amis prirent le chemin de la sortie. Pendant qu'il descendait l'escalier, Capranica ressentit – trouble qui revenait de façon récurrente depuis plusieurs jours déjà – une sorte d'élancement douloureux dans le bras gauche, irradiant jusque dans le dos.

Au même instant, comme cela arrive, les phrases et les mots qu'il avait lus distraitement quelques instants plus tôt dans le livre ouvert par hasard lui revinrent tout à coup à l'esprit. Soudain il se souvint du nom de l'auteur en haut de la page de gauche : B. J. Bow Wiley. Il se rappela le titre du chapitre imprimé à droite, en vis-à-vis : « Symptômes subjectifs ». Il se rappela même certaines des phrases sur lesquelles ses yeux étaient tombés ; dont celle-ci : « N.3. Spasmes plus ou moins prolongés dans les membres supérieurs ; le caractère de périodicité n'est pas toujours observé. Dans les stades avancés [*sic*] se greffe l'apparition de... » (suivait un terme qu'il ignorait et que sa mémoire pour cette raison escamotait).

Cette description correspondait étrangement à l'élancement qu'il ressentait et cela bouleversa profondément notre homme. Le livre, à l'évidence, traitait de quelque maladie. Mais laquelle ? D'un naturel anxieux, Capranica se mit en tête l'idée suivante : le hasard, qui aime à se jouer des hommes par des moyens détournés, avait peut-être mis Belcore sur sa route en sachant pertinemment que Belcore l'aurait amené au siège du journal et que là, par un concours de circonstances savamment orchestré, il serait entré dans la bibliothèque et qu'en bavardant, il se serait appuyé au fichier sous l'étagère des livres de médecine et que sans y penser il aurait saisi justement cet ouvrage et que le livre se serait ouvert justement à cette page.

Mais de quelle maladie s'agissait-il ? Debout devant le comptoir du bar, pendant qu'il suivait les propos frivoles de Belcore, il continua à ruminer ces pensées. Et bien qu'il n'eût pas la clef de l'énigme, l'aspect répugnant des dessins, particulièrement de celui en couleurs, laissait le champ libre à de sinistres conjectures.

La seule solution, pour être tranquille ou tout au moins pour faire cesser l'incertitude, aurait été de retourner à la bibliothèque du journal pour se faire remettre le livre. Mais comment demander à Belcore quelque chose d'aussi bizarre ?

Il adopta une tactique plus prudente. Après avoir pris congé de Belcore, il partit se promener, et environ une demi-heure plus tard se présenta de nouveau au journal en demandant à parler à Mme Loderini.

« Pardonnez-moi, lui dit-il quand elle vint à sa rencontre dans le vestibule, je ne sais pas si vous vous rappelez... je suis venu il y a une demi-heure avec Belcore. Et je ne trouve plus mes gants. Je les ai peut-être oubliés dans la bibliothèque. Pour tout vous dire, je n'en suis pas sûr, mais il se pourrait que...

— Bien sûr, cela se pourrait », répondit gentiment Mme Loderini et à cet instant, Dieu sait pourquoi, Capranica crut percevoir sur son visage une pensée qu'elle n'exprimait pas, comme si cette femme lisait dans son esprit et ne s'étonnait pas de le voir revenir. « Cela se pourrait, allons voir tout de suite. »

Elle le mena à la bibliothèque où, à son arrivée, les archivistes – ils étaient quatre, assis sur leur siège – tournèrent la tête comme un seul homme, le regardant de haut en bas. Mais lui dirigea tout de suite son regard vers l'étagère au panonceau « Médecine », y cherchant le livre. Un coup d'œil suffit. À la place de l'ouvrage il y avait un espace vide. Entre-temps, quelqu'un l'avait pris.

Il n'osa pas poser de questions par peur de se trahir. Il fit semblant de chercher ses gants, ne les trouva pas, s'excusa pour le dérangement et quitta la bibliothèque plus inquiet qu'à son arrivée. N'était-il pas étrange, à la vérité, que ce livre-là justement ait été sorti de son rayonnage ? Sa curiosité augmenta, son inquiétude aussi.

Il connaissait toutefois le nom de l'auteur. Il pouvait donc trouver les références de l'ouvrage. Le jour suivant il se rendit à la Bibliothèque nationale. Il chercha dans le fichier des auteurs. Il trouva Bow Wiley, il n'y avait qu'une notice. Il la déchiffra avec appréhension : « Bibliothèque de pathologie médico-chirurgicale, était-il écrit. Volume XI. » Puis l'article *L'* suivi d'une grosse tache d'encre. Il était absolument impossible de lire la suite.

Alors, tandis qu'une douleur aiguë lui remontait le long du bras, gagnant l'épaule puis la poitrine, Capranica fut pris d'une frayeur sans nom.

Il y avait à l'époque (et il y a peut-être encore) une maladie aux prémices sournoises, dont le cours était très lent et l'issue funeste. Il n'existait pas de remède à cette maladie. Sa propagation en l'espace de quelques décennies avait semé dans toute l'humanité une panique vile et muette. La moindre allusion à son sujet faisait pâlir de terreur tous les visages. À tel point que par une espèce de convention hypocrite, on n'osait même plus prononcer son nom. Et les médecins eux-mêmes, pour la désigner, utilisaient des périphrases, quand ils n'écrivaient pas tout bonnement « l'... », comme s'il s'agissait d'un terme honteux et coupable. En pratique, on admettait que c'était un substantif masculin qui commençait par une voyelle ; rien de plus.

Capranica conçut alors l'idée invraisemblable que cette tache n'était pas fortuite mais faite exprès, pour dissimuler le nom exécré. Toutefois le livre se trouvait à la bibliothèque : il suffisait de le demander et d'y jeter un œil.

Il nota les références du catalogue, remplit une fiche, présenta cette fiche à l'employé. Celui-ci regarda le papier, sans dire un mot il leva les yeux vers Capranica et il sembla à celui-ci – c'était évidemment l'effet de son imagination surexcitée – qu'il le dévisageait avec une expression de stupeur ; puis il passa le feuillet à l'un des « chercheurs » en lui murmurant quelque chose, à son tour le « chercheur » partit à pas rapides dénicher l'ouvrage, mais une minute plus tard il revint vers le comptoir, n'ayant rien d'autre entre les mains que le formulaire de demande. Le livre avait été emprunté, annonça-t-il.

Comme c'était étrange. On aurait dit que les événements s'enchaînaient les uns aux autres selon un dessein arrêté. Mais c'était absurde, c'était une idée insensée. Comment imaginer un complot à l'échelle de la ville entière visant tout d'abord à l'avertir, lui, Capranica, pour ensuite, par une espèce de grâce miséricordieuse, lui interdire de trouver le livre qui l'aurait finalement éclairé ?

Il courut à l'université. Là aussi il y avait une grande bibliothèque médicale, ils auraient sûrement cet ouvrage. Arrivé sur place, il eut de nouveau l'étrange sensation que le personnel – il y avait un appariteur, un vieux bibliothécaire et une jeune fille – avait été prévenu et savait qu'il allait venir. Certains sourires, un certain zèle excessif, une certaine courtoisie affichée (mais à coup sûr son imagination lui jouait un tour).

Avant même qu'il eût ouvert la bouche il pressentit qu'il ne trouverait pas le livre là non plus ou que, en tout cas, on ne lui permettrait pas de le consulter. En effet : « Désolé, vraiment désolé, lui dit le vieux bibliothécaire, mais l'un de nos enseignants a emprunté l'ouvrage que vous demandez. Si vous le jugez utile, nous pouvons faire une requête... »

Une requête ? Il s'en alla sans répondre. Il ressentait fréquemment des élancements au bras ; la douleur n'était pas intolérable, loin de là, mais elle prenait, en référence implicite au livre, un poids angoissant, et résonnait dans son esprit avec des échos funestes : « Tu crois que ce n'est qu'une petite douleur au bras de rien du tout ? Un rhumatisme ? Tu verras, tu verras. Tu vas comprendre quel genre de rhumatisme ! »

À ce stade-là, pour calmer son anxiété, il aurait pu consulter un médecin. Pourtant le courage lui manquait. À l'intérieur de lui, une voix lui disait : « Ne fais pas ça. Pour le moment tu peux encore considérer que tu es un homme comme les autres, un homme en bonne santé, un habitant de la Terre. Pour le moment tu es vivant. Si tu vas chez le médecin tu sauras que tu es condamné... »

Il était fatigué, les douleurs dans le bras le rappelaient à la réalité chaque fois que ses pensées, avides de repos, étaient sur le point de l'en distraire. Il avait envie d'une manifestation de pitié, d'un geste gentil. Il se souvint du visage plein de compréhension de Mme Loderini.

Il se rendit au journal comme à un confessionnal :

« Madame, lui dit-il, hier, l'histoire des gants était un prétexte, un prétexte stupide.

— Je sais, répondit-elle en rougissant.

— Vous le savez ? Alors vous aviez compris la véritable raison ?

— Oh, monsieur Capranica, dit-elle d'une voix douce, ne vous mettez pas dans des états pareils...

— Alors, vous saviez ? Répondez-moi : vous saviez ? »

La jeune femme inclina la tête : « Le livre, oui... Quand vous l'avez pris sur les rayonnages et que vous vous êtes mis à le feuilleter... nous avons tous eu un frisson...

— Pourquoi ? Pourquoi ? Je vous en supplie, dites-moi...

— C'était un signe... Oui, il existe une force obscure qui emporte l'homme vers sa... vers sa perte. Ce livre, qui sait depuis combien de temps, vous appelait. Il était écrit que vous deviez venir ici, vous en saisir et l'ouvrir à cette page où il y a sûrement une phrase, un mot qui vous concerne directement... N'est-ce pas ainsi ?

— Exactement, cria-t-il. C'est vous, alors, qui avez fait enlever le livre ? Vous saviez que j'allais revenir ? »

Elle acquiesça d'un signe de tête.

« Oh, laissez-moi le voir. Vous ne pouvez pas refuser ! » Elle ouvrit les bras comme pour signifier : "Au point où nous en sommes ! Que la volonté de Dieu s'accomplisse !" Puis elle dit : « Il est là. Ils sont en train de le lire. » Elle montra de la main une table au fond : deux jeunes gens, vêtus de la blouse grise du personnel de service, étaient penchés sur le livre et ricanaient.

Il se dirigea en tout hâte vers eux, d'une démarche légère pour qu'ils ne s'aperçoivent de rien. Il arriva derrière eux. Il se pencha par-dessus leurs têtes pour voir.

Les deux autres étaient en train de tourner une page. En découvrant la suivante ils se mirent à rire de bon cœur : « Regarde ce type, dit l'un. Tu sais à qui il me fait penser ? Tu ne te souviens pas ? C'est tout à fait lui ! Je le reconnais. Il ressemble au monsieur qui est venu ici hier, et qui doit être un ami de Belcore. »

La page de droite était entièrement occupée par un dessin : le visage d'un homme, pitoyablement inexpressif comme le sont tous ceux des malades reproduits dans les traités de médecine. Il n'était pas altéré par des plaies, ni par des tumeurs, ni par aucun autre symptôme de maladie. Et pourtant on y lisait que l'homme était condamné.

N'en croyant pas ses yeux, il écarta brutalement des deux mains les jeunes gens pour pouvoir regarder de plus près. Il se vit comme dans un miroir. C'était son visage à lui, Giorgio Capranica.

Il Nuovo Corriere della Sera,
15 janvier 1954.

Un état alarmant

L'écrivain Antonio Licurgo, quarante-sept ans, rédacteur en chef de la *Gazette Let*, se réveille un matin en proie à une étrange sensation. Comme si quelque chose, ou quelque animal minuscule, s'était agrippé à sa tête juste derrière la tempe droite. Et pourtant, lorsqu'il passe la main, il ne sent rien.

Comme la sensation persiste, il ne tarde pas à sauter du lit et à se précipiter dans la salle de bains pour s'examiner dans le miroir. Mais il ne parvient pas à voir quoi que ce soit.

C'est nerveux, voilà tout, conclut-il. Il n'y aurait plus pensé si, au fil des heures, le phénomène, au lieu de s'atténuer, ne s'était amplifié. Aux alentours de midi – Licurgo se trouve à la rédaction de la *Gazette* –, la sensation, qui plus est, se transforme : ce n'est plus comme s'il avait quelque chose de rivé à la tête, à l'extérieur ; ce corps étranger, il a l'impression qu'il se trouve maintenant à l'intérieur, et cela fait comme un poids.

Une fois rentré chez lui, il se décide à en parler à sa femme. Sa femme se met à rire : « Toujours aussi neurasthénique. C'est une obsession. Et d'ailleurs, est-ce que cela te fait mal ? — Mal, à proprement parler, non, mais... — Cela te gêne ? — Je ne parlerais pas de gêne non plus, au contraire, d'une certaine façon c'est presque agréable, comment dire, comme une tension... — Écoute, chéri, je te connais. Si tu veux arrêter de te faire du souci, il n'y a qu'un moyen : va voir Ferrani. Ferrani te dira que tu n'as rien et tu te sentiras tout de suite mieux. »

Ce jour-là Ferrani, le vieux médecin de famille, s'est absenté pour visiter un malade hors de la ville. Licurgo doit attendre le lendemain. Mais le lendemain cette sensation de poids, de corps étranger est devenue si intense qu'on ne peut plus l'attribuer à de l'autosuggestion. Pire encore, en se regardant dans le miroir, l'écrivain croit remarquer, au niveau de l'endroit concerné, un renflement, réel bien que quasiment imperceptible.

Chaque fois – et cela arrive souvent – que Licurgo se rend chez le docteur Ferrani pour lui faire part d'une de ses terribles inquiétudes, le médecin, après un simulacre de visite, affiche le sourire libérateur convenu : Licurgo n'a absolument rien de rien, Licurgo est seulement un grand anxieux.

Cette fois-ci, en revanche, le sourire habituel ne s'affiche pas sur les lèvres de Ferrani. Le médecin tâte le crâne de l'écrivain centimètre par centimètre, puis il fait passer son patient et ami dans la petite salle de radio attenante et il lui tire une douzaine de clichés. Ensuite il reste pensif, comme devant un mystère.

Pour finir, il fait étendre Licurgo sur le dos, en lui demandant de se détendre complètement. Et l'on remarque que la tête, reposant sur l'occiput et soumise à la force de gravité, a tendance à rouler légèrement sur le côté droit, c'est-à-dire du côté du poids dont se plaint Licurgo.

Le médecin ne se prononce pas, se contentant de poser question sur question, tandis que Licurgo sent monter en lui une épouvantable angoisse.

« Mais qu'y a-t-il ? Parle. Je suis un homme. Quel que soit le problème, j'ai le droit de savoir. À quoi tu penses, à une tumeur ? »

Ferrani éclate de rire : « Une tumeur ? N'y songe pas une seconde. Il y aurait des symptômes d'un tout autre genre. Une tumeur... et puis quoi encore ?

— C'est quoi alors ? Un abcès cérébral ?

— Arrête avec tes catastrophes. Un abcès... n'importe quoi ! Les abcès se manifestent par des signes bien précis.

— Et alors, pourquoi tu restes comme ça, l'air pensif ? Tu vas me faire avoir un infarctus. Allez, vas-y, parle.

— Bon, un diagnostic catégorique, je ne me sens pas en mesure d'en porter un... Il va falloir faire d'autres examens, que je n'ai pas les moyens de réaliser ici. Mais surtout je crois qu'il faut laisser mûrir l'événement.

— L'événement ? Quel type d'événement ?

— Courage, alors. Je vais être franc. Mais je ne voudrais pas qu'ensuite tu te mettes à tirer des plans sur la comète. Bref, si c'est ce que je soupçonne, ce sera pour toi une occasion formidable, tu auras gagné le jackpot.

— Tu me donnes le tournis, tu sais. Moi je suis là, assailli par le cauchemar d'une tumeur, et toi tu me parles de jackpot.

— Écoute, je m'explique. On n'observe aucune manifestation morbide d'aucun type, ni infectieuse, ni congestive, ni constipante, ni néoplasique. Cependant, il vaut mieux que je te le dise clairement, ta tête, pour ainsi dire, est plus lourde du côté droit que de l'autre. Et même plus : sur les clichés on remarque non pas une ombre floue mais quelque chose de bien net, qui a la forme d'un minuscule haricot.

— Mais à l'instant tu excluais la possibilité d'une tumeur..., soupira Licurgo que l'angoisse assaillait de nouveau.

— Et je continue à l'exclure, ne t'en déplaise... Cette forme de petit haricot est typique, elle est le signe d'un cas particulier extrêmement rare que, à ma connaissance, on n'a plus observé depuis des années où que ce soit dans le monde entier.

— Ça suffit, Ferrani, je t'en supplie. Tu veux me voir mourir sur place ? »

Le docteur lui donne une tape énergique sur l'épaule.

« Allez, réjouis-toi, imbécile que tu es ! Tu sais ce qu'indique ce petit haricot ? Tu sais ce que ça veut dire ? Ce petit haricot signifie roman !

— Roman !

— Eh oui ! Mon cher Licurgo, si mon diagnostic est bon, je dis bien s'il est bon, tu es dans un état intéressant, comme on dit. Un roman est en train de grandir dans ton cerveau.

— Ça t'amuse de te payer ma tête ? Des romans, il y en a des centaines qui paraissent chaque année, et je n'ai jamais entendu dire qu'ils ressemblent à des haricots ni qu'ils grandissent dans les cerveaux.

— Mais arrête un peu ! Tu appelles ça des romans, toi, ces choses qu'on publie, comme tu dis, par centaines ? De la gnognotte, voilà comment j'appelle ça. Des romans qui puissent revendiquer le nom de roman, il en paraît peu, très peu. Aujourd'hui encore moins qu'hier. Mais autrefois il n'y en avait pas beaucoup non plus, rassure-toi.

— Et je serais...

— Oui, tu serais l'élu des Muses.

— Mais alors, il va continuer à grandir ? Il va falloir m'opérer ?

— Je ne crois pas. Quand le moment sera venu, il sortira tout seul : un petit rouleau d'un très fin papier manuscrit.

— J'ai jamais entendu un truc pareil...

— Ce sont des choses intimes, en fin de compte. Autrefois, il était de mise de les garder secrètes. D'ailleurs, si tu te replonges dans la biographie des grands romanciers, les vrais romanciers je veux dire, tu verras que l'avènement de leurs chefs-d'œuvre a toujours été précédé d'une période, plus ou moins longue, où ils s'isolaient...

— Et donc, il faudrait que je garde l'affaire secrète, moi aussi ?

— Fais comme bon te semble, mon cher. Moi je ne dirais rien. C'est sûr, les choses ne sont plus comme autrefois, aujourd'hui on est plus indulgent. Tu pourrais peut-être même devenir le héros du jour... »

Le vieux Ferrani a vu juste. D'autres collègues à lui, plus célèbres et plus spécialisés dans cette branche, après avoir soumis Licurgo à des tests et à des examens de toutes sortes, en arrivent à la même conclusion : l'écrivain est enceinte d'un roman.

Depuis ce jour-là on voit le rédacteur en chef de la *Gazette Let* marcher la tête penchée du côté droit. Et les gens évidemment lui demandent : « Mais qu'est-ce qui vous arrive, Licurgo ? Un torticolis ? » Et lui répond que non, que ce n'est pas un torticolis, que c'est comme un poids à l'intérieur, un poids qui pèse un peu plus chaque jour. « Mais vous n'êtes pas allé consulter ? Les médecins, qu'est-ce qu'ils en disent ? » Et lui aimerait bien annoncer à tout le monde la grande nouvelle, mais sa modestie l'en empêche. Si révélation il y a, elle doit venir des grands pontes.

Jusqu'au jour où il n'y tient plus. « Tu sais, mon cher, dit-il au téléphone à Ferrani. Pour une raison bien précise que je t'expliquerai plus tard... bref, je crois qu'il serait peut-être mieux que cette histoire de roman, comment dire ?... se répande un petit peu. Le seul problème c'est que, tu comprends, je ne peux pas moi-même... »

Il comprend au quart de tour, Ferrani, que cette « raison bien précise » n'est rien d'autre que l'incorrigible vanité de son ami. Et il le persuade que, ne serait-ce que par superstition, il vaut mieux garder le secret : ne jamais vendre la peau de l'ours avant de l'avoir tué, et cetera. Mais, arguant de prétextes tellement puérils qu'ils ne tromperaient personne, l'autre insiste tant et si bien que le médecin abdique.

Moins de vingt-quatre heures après, des titres sur cinq, six colonnes à la une annoncent dans les journaux la conception d'un roman, d'un authentique roman, événement qui ne s'était pas vu depuis au moins trente ans. Et Licurgo, la tête plus que jamais inclinée vers la droite – plus que ne le demanderait la sensation de poids réellement ressentie –, apparaît sur les écrans de télévision : il accorde de longues interviews, il se pose en arbitre compétent dans des jeux où les candidats doivent répondre à des questions. Ses collègues regardent ça avec jalousie et consternation.

Le seul problème, c'est que le jour même où le nom de Licurgo est jeté sur la place publique, l'écrivain a l'impression que sa tête est un peu moins lourde. L'angoisse ressentie lors de la première alerte refait son apparition, pour la raison diamétralement opposée. L'écrivain n'a maintenant qu'une hantise : que le processus s'arrête, ou, pire encore, que le petit haricot

– devenu entre-temps, aux dires des médecins, gros comme une fève – se recroqueville, se rétracte et finisse par disparaître.

Il court aussitôt chez Ferrani. « Je te l'avais pourtant bien dit, très cher ! lui répond le médecin du tac-au-tac. Je t'avais dit que la meilleure tactique, c'était de rester tranquillement dans ton coin. Qu'est-ce que je peux y faire, moi, maintenant, si ton roman risque de partir en fumée ? Mais ce n'est pas une raison pour jeter l'éponge comme ça : rien n'est encore joué. »

En revenant chez lui, Licurgo trouve devant sa porte un attroupement et deux fourgons de police. Des dizaines d'éditeurs, certains venus de l'étranger, se bousculent sur le seuil : c'est à qui entrera le premier et obtiendra la primauté. Licurgo se sent défaillir. Comment oser se présenter ? En essayant de ne pas se faire remarquer, il s'éclipse par une petite rue sur le côté.

À la suite de quoi Licurgo demeure introuvable. Et les premiers doutes concernant la réalité effective du roman commencent à émerger, au soulagement grandissant de ses collègues à la torture.

Un mois a passé et l'on n'a plus aucune nouvelle du bonhomme. Sa femme dit que l'écrivain est à l'étranger, qu'il y fait une enquête pour un journal. Mais sa présence n'a été signalée dans aucun autre pays. Une retraite pour préparer l'arrivée d'un chef-d'œuvre ? Les experts, interpellés, disent qu'à l'heure qu'il est le roman aurait dû arriver à maturité ; si ce n'est pas le cas, cela veut dire que l'œuvre s'est résorbée d'elle-même. Dans les milieux littéraires, en tout cas, tout le monde est redevenu bien plus détendu et serein. Que va-t-il se passer ?

Il Corriere della Sera,
27 novembre 1968.

L'idée

Je détenais une idée merveilleuse.

Les idées importantes, en général, vous viennent dans votre jeunesse. Et pourtant jamais de ma vie entière, même dans mes vertes années, je n'avais conçu une idée aussi puissante. Je pensais : « J'aurais beau l'abîmer, la maltraiter, il en sortira un roman formidable, dont le destin sera de conquérir le monde. »

Puisque l'écriture est la seule chose au monde qui m'intéresse désormais, j'aurais dû me sentir heureux d'avoir à ma disposition une idée aussi divine. Eh bien, non. Une inquiétude. Une hantise. D'étranges craintes. Provoquées par un doute : « Cette idée-là, est-ce bien moi qui l'ai eue ? »

Les idées. Le plus crucial des problèmes pour nous qui vivons d'idées. D'où viennent-elles ? Comment se forment-elles ? Qui nous les donne ? Pourquoi à certains moments tombent-elles du ciel l'une après l'autre tandis qu'à d'autres on n'entend plus parler d'elles ? Les Anciens avaient inventé les Muses, et ils avaient tout à fait raison.

Jamais je n'ai réussi à deviner où elles naissent. Il

suffit de trois fois rien. Le vol d'une feuille, un point de côté, un pas trébuchant, une bribe de chanson, une phrase en langue étrangère, le gémissement d'une porte, le titre d'un journal, une phrase tronquée cueillie au vol dans la rue, le téléphone qui insiste au fond du couloir, un bruit sourd au loin, une phrase comprise de travers, le glapissement dans le jardin là-bas, une phrase qu'on entend répéter trois quatre cinq fois sans raison : des années entières ne suffiraient pas pour établir la liste des moments propices aux idées. Des moments que l'on ne peut pas prévoir. Et gare à vous si vous vous mettez à les attendre, les yeux, les oreilles et l'esprit aux aguets. Ils ne se présenteront plus.

Mais la superbe idée dont je suis en train de parler m'était venue en rêve.

Il est rare que les bonnes idées vous viennent en rêve. Depuis que je suis tout petit, je suis un très grand rêveur. Et pourtant en quatre occasions seulement, pas plus, mes rêves ont servi de point de départ à une nouvelle correcte.

La plupart du temps, c'est bien connu, il est même très difficile de se rappeler ce dont on a rêvé. Au réveil, des histoires, des ambiances, des atmosphères, des intrigues d'une qualité exceptionnelle se racornissent, se délitent, se dissipent, disparaissent pour toujours.

Dans le cas présent, il ne s'agissait pas exactement d'une histoire que j'aurais vécue dans mon sommeil. Et c'est justement pour cela que je m'angoissais, en me demandant : « Est-il vraiment sûr que cette idée m'appartienne ? Est-il vraiment certain que je puisse l'utiliser comme l'une de mes créations ? »

Les choses s'étaient déroulées de la façon suivante.

Je rêvais que je me trouvais dans le hall d'une auberge de montagne, j'étais sur le point de partir pour l'ascension de la Torre Circanna, aiguille immense et dangereuse au pied de laquelle j'errais souvent la nuit, hanté par le désir d'en atteindre le sommet, ce à quoi je n'étais jamais parvenu jusqu'à présent. (Tout au plus avais-je atteint une fois la dernière saillie – en rêve, bien entendu – en grimpant par une sorte de puits dont les parois instables étaient formées d'éclats de granit semblables à des tibias et des fémurs de mammouth.)

Donc j'étais dans le hall de l'auberge, au milieu d'une quantité de gens, lorsque vint vers moi un de mes collègues, un nommé Felix Alessandrini, que j'avais perdu de vue depuis un bon bout de temps : un homme cultivé, un peu trop intelligent, moqueur, fatigant de malice. Il était exactement tel que je l'avais connu une trentaine d'années plus tôt à Rome, au moment où je publiais, je m'en souviens, un recueil de poèmes bien vite passé aux oubliettes, même si quelques personnes avaient essayé d'en faire un événement littéraire. Toujours maigre comme un clou, blondasse, légèrement courbé en avant comme pour chercher la bagarre, avec ces petits yeux bleus qui ricanaient en permanence. Qu'avait-il fait pendant toutes ces années ? Je ne l'avais pas revu depuis. Et personne ne m'avait donné la moindre nouvelle à son sujet.

Bref, Alessandrini s'approche et me dit sans préambule : « Je viens juste de lire un très beau roman, un véritable chef-d'œuvre », et il m'en résume l'histoire.

Voilà. Et c'est justement dans cette histoire-là que se trouvait l'idée lumineuse. Je l'ai compris avec la plus grande lucidité avant même qu'il ait fini de me la raconter. Et à ce moment précis je me suis réveillé.

Quel prodige ! J'étais éveillé, et j'avais toujours présente à l'esprit, dans ses moindres détails, l'histoire que m'avait narrée Alessandrini. À toutes fins utiles je me suis levé pour la noter sur un cahier. Et je me suis aussitôt lavé et habillé, gai comme un pinson. N'étais-je pas le maître du monde ? Plus je considérais cette idée, plus elle me paraissait parfaite, sans une faille, sans un interstice par lequel aurait pu se faufiler un souffle d'air.

Si ce n'est que tout à coup me vint un doute : cette trouvaille, c'était vraiment moi qui l'avais faite ? Cet Alessandrini qui me l'avait dévoilée, en s'introduisant dans mon rêve, fallait-il penser qu'il était une création de mon esprit ? Ou était-il arrivé là de son propre gré ? Et comment exclure que dans la vie réelle on ait pu publier un roman de ce genre, en Chine peut-être ou en Terre de Feu ? Un livre qui n'aurait pas encore été traduit dans des langues occidentales ? Je me souvins qu'Alessandrini avait un don extraordinaire pour les langues.

Autre hypothèse : c'était bien lui, Alessandrini, qui avait écrit ce roman. (Bien que la chose parût peu plausible, étant donné que cet homme devait avoir à peu près mon âge et que ce n'est pas à nos âges que l'on s'improvise génie.)

Soyons clair. Toutes ces pensées obsessionnelles me causaient un certain ennui, mais je ne leur accordais pas plus d'importance que ça. Peut-être qu'Alessandrini était mort depuis déjà un bout de temps. Et puis ce rêve, je l'avais bel et bien fait tout seul, hier. L'idée, Dieu merci, était entre mes mains. Et je la tenais bien serrée.

Mais hier soir j'ai bien failli être victime d'un infarctus en entrant à Bagutta, le restaurant littéraire milanais. Je l'ai reconnu tout de suite, le déplaisant Felix Alessandrini, assis à la célèbre table en L : vieilli, chauve, décati, mais arborant toujours son maudit rictus.

En face de lui, il y avait une place libre. Je m'assois,

le salue, et prends les devants aussitôt : « Tu sais, Alessandrini, qu'il faut que je te remercie ? Toi, évidemment, tu ne peux pas imaginer de quoi il s'agit, tu ne sais rien de tout cela ; pourtant il y a une quinzaine de jours tu m'as rendu un fier service... »

Une lueur démoniaque dans ses petits yeux bleus. Une étincelle sauvage. En riant, par-dessus la table, il me saisit le poignet : « Non, non ! Ne te fais pas d'illusions. Je ne t'ai fait cadeau de rien du tout. Dieu sait comment, et j'en ai été étonné, je t'ai rencontré en rêve alors que j'avais presque oublié ton existence, tant d'années après. Il y a quinze jours précisément. Et j'ai eu envie de te faire du mal, tu me connais. Vous les écrivains, toujours tellement jaloux, tellement envieux. Te faire souffrir. Sur-le-champ, j'ai inventé avoir lu un livre extraordinaire. Mais le plus beau, c'est qu'il m'est venu, à moi qui n'ai jamais réussi à écrire, je le sais bien, une seule page de quelque valeur, en rêve il m'est venu cette idée merveilleuse dont je t'ai parlé. C'est ce que tu allais me raconter, n'est-ce pas ?

— Qu'est-ce que cela veut dire ? C'était mon rêve, non ?... Et toi tu t'y es introduit. Et donc toi aussi, à ce moment-là, tu m'appartenais. Et le sujet du roman tout pareil ! »

Il se mit à rire sans retenue. « Et qu'est-ce que tu en sais que c'était bien un de tes rêves ? Tu rêvais, je rêvais. Nous nous sommes rencontrés dans le hall d'une auberge, en terrain neutre. Mais l'idée du roman, c'est moi qui l'ai eue, non ? Et toi, tu étais là à l'écouter. Qu'est-ce que tu crois, mon vieux ? D'ailleurs, je l'ai déjà déposée chez le notaire. Ne te fais pas de bile. Tu ne me le souffleras pas, le prix Nobel. »

Il Corriere della Sera,
27 mai 1971.

Duel à mort

Dans une clinique de Bâle, le grand compositeur Ivan Lourine était à l'agonie. Dans le hall d'entrée de cette maison de santé, visages pâles, barbes longues et vêtements en désordre pour avoir trop veillé, s'était installée sa cour. C'étaient les fidèles de toujours, venus exprès des États les plus lointains : disciples, collègues, critiques, interprètes, chanteurs, réalisateurs de décors, chorégraphes, simples admirateurs. Il y avait même une dame immensément riche, venue d'Inde par avion (mais en quoi ses milliards pouvaient-ils désormais être utiles au maestro en train de mourir ?).

Il était neuf heures du soir : éreintés par un après-midi entier d'incessants allers-retours, tous ces gens se laissaient aller, abandonnés avec négligence sur les fauteuils et sur les canapés du hall (Margie, la secrétaire du maestro, jeune femme réputée pour son dynamisme, était la seule à avoir assez de forces pour rester debout), lorsqu'une silhouette bien trop connue se profila derrière les baies vitrées de l'entrée.

« Regarde, regarde le type là-bas, murmura Porossin, le pianiste, à sa femme assise à côté de lui, la tirant de son sommeil. Regarde-le, toi aussi. Ce n'est pas Schlangennest ? »

Ce nom, bien qu'il eût été murmuré à voix basse, fit l'effet d'un coup de tonnerre. Car Schlangennest, ami intime de Lourine dans sa jeunesse, était devenu son principal rival, son concurrent le plus acharné. Concrètement, durant ces trente dernières années, ces deux-là s'étaient partagé les rares succès que le monde mesquin d'aujourd'hui accorde à l'art musical. Schlangennest, d'un tempérament fougueux, en bouleversant les écoles ultramodernes et les écoles antiques par un style génial et chaotique qui n'appartenait qu'à lui, l'autre en s'affrontant au contraire aux glaciaux hermétismes d'avant-garde qu'il appréhendait avec une rigueur mathématique ; mais la première position, ils l'avaient toujours occupée tous les deux, au coude à coude, et cette longue rivalité avait fini par creuser entre eux un fossé de haine.

Depuis au moins quinze ans, en effet, ces deux-là ne s'étaient plus vus. Le fait que Schlangennest tout à coup se manifestât, là, au sein de la clinique, sembla vraiment scandaleux. Et pourtant, qu'on le voulût ou non, c'était bel et bien lui, en chair et en os, grand et considérablement voûté ; avec son sempiternel visage de vieil enfant, émacié, blond, inexpressif.

« Quel toupet », pensèrent tous les gens présents. Et les louriniens ne bougèrent pas d'un pouce ; au contraire, s'enfonçant plus profondément dans les canapés, ils firent semblant de dormir à poings fermés. « Ah, hypocrite, vieux cabotin, pensaient-ils, tu crois nous impressionner par ton *beau geste* *? Tu veux te donner le beau rôle face à un mourant en jouant la comédie de la réconciliation ? Pouah ! Tout ça, ce ne sont que de sordides manigances de bouffon. »

Quand Schlangennest se trouva au milieu du vestibule, il devint impossible de l'ignorer. Avec des gestes exagérément désordonnés, comme quelqu'un tiré brutalement de sa léthargie, Franzisko Botta se redressa dans son fauteuil. Franzisko Botta était le directeur de l'Opéra national ; pris entre deux feux, il s'était toujours efforcé, *pro bona pacis*, de mener double jeu. Il tint plutôt bien son rôle. En chancelant (toujours pour faire croire qu'il se réveillait), il alla à la rencontre de Schlangennest, prenant un air tout à la fois humble, étonné et amical.

« Vous ici, vous ici, Maestro ! (Il serra sa main dans les siennes.) C'est une bonne chose, une très bonne chose !... Pour Ivan ce sera un grand bonheur... vraiment un grand bonheur... Il faut seulement espérer... (Il secoua la tête avec consternation.) Il faut seulement espérer qu'il est encore temps... »

Schlangennest ne fut pas en reste. « Oh ! je *dois* le voir, s'exclama-t-il au comble de l'émotion, vous me comprenez, cher Botta, je *dois* lui parler... je le *dois*... Ivan m'attend... cela fait longtemps qu'il m'attend, je le sais... (Il baissa la voix en prenant des airs mystérieux, puis, plus familièrement.) Nous avons beaucoup de choses à nous raconter... »

Pendant ce temps, les flashes des photographes surgis de partout crépitaient, et Margie, poitrine provocante en avant, sourire machinal réglementaire aux lèvres, s'avançait d'un pas décidé avec la ferme intention de prendre la rencontre en main (pour se mettre au diapason du milieu ambiant elle portait une blouse blanche d'infirmière, moulante au-delà de toute décence).

« Par ici, par ici, Maestro, lui dit-elle avec autorité en le menant vers l'ascenseur. Espérons que nous serons en état de vous recevoir. Nous avons eu une nouvelle crise il y a deux heures... nous devons continuer l'oxygène... (Elle parlait à la première personne du pluriel comme si elle et Lourine ne faisaient qu'un.) Mais grâce à Dieu nous avons une force de caractère étonnante... les médecins n'en reviennent pas...

— Et il y a de l'espoir ? demanda Schlangennest avec une expression d'appréhension qui ne trompait personne.

— Il vaut mieux ne pas se poser la question... Je n'en sais rien... Depuis six jours nous vivons comme dans un cauchemar... On compte sur les dernières ressources... Voilà, on ne peut pas en dire plus... Vous savez que le maestro a une constitution de fer... »

L'ascenseur s'arrêta. Tous deux sortirent dans le couloir où se tenaient debout d'autres affligés, les préférés de Lourine, ceux du clan le plus intime, aux côtés de ses deux filles et de son gendre, l'éditeur Max Bonnarda. Eux aussi tressaillirent devant l'apparition inattendue, abasourdis par une telle impudence. On évita cependant tout incident. Imperturbable, Margie entraîna l'ennemi dans son sillage jusqu'à la porte du malade, là elle lui fit signe d'attendre. Elle seule prenait la mesure exacte du parti que l'on pouvait tirer, vis-à-vis du grand public, de cette situation délicate et elle avait à cœur de l'exploiter au maximum : après tout, cet épisode-là entrerait bientôt dans l'Histoire.

Malheureusement Lourine était au plus mal. « Schlangennest est là ! » lui annonça Margie deux ou trois fois. Mais c'était comme si elle avait parlé à un mur.

Il n'y avait donc pas une minute à perdre. Margie revint vers la porte et fit entrer Schlangennest ; dans son sillage Bonnarda, une dame inconnue et quelques photographes se faufilèrent. Le médecin et l'infirmière qui s'activaient près du lit furent un peu déstabilisés par cette irruption ; puis, supposant que ce type grand et maigre était quelqu'un d'important, ils s'éloignèrent.

Ainsi, entre les deux ennemis, dans la faible lumière bleutée diffusée par d'invisibles ampoules, le tout dernier duel commençait. Les paupières de Lourine, déjà à demi closes sous leur propre poids, eurent un frémissement, les pupilles étincelèrent, une espèce de sourire se dessina sur ses lèvres violacées. Alors Schlangennest eut un élan de compassion, il se rapprocha du lit, saisit tendrement la main gauche du mourant (pendant que crépitaient les flashes des reporters) et y appuya longuement ses lèvres. « Mon cher, mon cher, dit-il à voix basse. Me voilà enfin... après tant de temps... »

Il s'interrompit parce que Lourine, avec beaucoup de peine, essayait de parler. « Non, non, dit-il en effet d'une voix caverneuse, c'est ent... c'est ent... c'est entièrement de ma fff... » Il voulait certainement dire « faute » mais n'y parvint pas.

À ce moment Margie fit un geste semblable à celui que font les fermières quand, à la tombée de la nuit, elles veulent enfermer les poules dans leur cage. Le gendre, la dame inconnue, les deux photographes, le médecin même, et l'infirmière, obéissants, filèrent hors de la chambre. Margie elle-même s'éloigna, mais resta à regarder subrepticement, en tant que témoin indispensable de ce tout dernier dialogue, depuis le petit sas qui servait d'antichambre.

Debout à côté du mourant, très grand, Schlangennest ne sut que dire. Il ne s'attendait pas à ce qu'on le laissât seul avec le malade, cela lui conférait une responsabilité qu'il n'avait pas envisagée. Il avait escompté un entretien rapide, sans façon, de ceux que l'on peut avoir au milieu des infirmières, des médecins, des parents : pas le moins du monde un *tête-à-tête** aussi solennel. Lourine lui inspirait à cette heure, en sa qualité de moribond, une étrange déférence ; comme s'il possédait désormais d'immenses pouvoirs auxquels lui aussi, Schlangennest, était assujetti. En résumé : il ne trouvait pas de mots. Cherchant désespérément de l'aide, il tourna la tête et regarda derrière lui, mais il ne vit que la belle secrétaire qui le fixait de ses yeux de reptile.

De la poitrine de Lourine, au même instant, sortit un gémissement lugubre. Puis la main droite s'éleva et se mit à ondoyer lentement, au rythme, aurait-on dit, d'une musique.

Lourine remua les lèvres. « Adieu mon ch... mon ch... mon cher... cher Hans... adieu... je... j'ent... j'ent... bredouillait-il. Oui... oui... humm... humm... j'en... tends... la m... mu... mu... musique... des sph... des sphères...

« La musique des sphères ? pensa Schlangennest. Quel comédien ! » Et doucereux, prévenant, à haute voix, ne sachant qu'inventer d'autre : « Oh ! tu le mérites, Ivan, tu le mérites... Mais dis-moi... dis-moi... cette musique, c'est quoi ? » Ce n'est qu'après les avoir prononcées qu'il réalisa combien ses paroles étaient stupides.

La main ne cessait d'ondoyer. Et de nouveau les lèvres remuaient.

« Du... dé... dé... du... ca... du... caphoni... du... » Et la voix s'étrangla dans un gargouillis.

« Une musique de *cafoni*[1] ? » s'interrogea Schlan-

1. Jeu de mots intraduisible basé sur la proximité phonétique des

gennest. Était-il possible qu'affrontant la mort, Lourine fît preuve d'un tel orgueil et qu'il jugeât dignes de *cafoni* les harmonies de l'au-delà pour la simple raison qu'elles ne ressemblaient pas à sa propre musique ?

Un regain d'énergie inespéré fit bouger les lèvres du malade qui réussit à mieux s'expliquer.

« Dodé... dodécaphonique... dodécaphonique... », répéta-t-il distinctement. Et son visage ne fut plus qu'un sourire triomphant. « C'est donc moi qui avais raison, semblait-il vouloir dire. Là-haut dans le ciel on joue des musiques qui ressemblent aux miennes et pas aux tiennes, Schlangennest, c'est donc moi qui suis grand et pas toi. »

Schlangennest en conçut effectivement un certain malaise, et il ne savait pas sur le moment comment réagir. Peut-être le malade utilisait-il les dernières forces qui lui restaient pour cette mise en scène ? Ou bien – cette question lui traversa l'esprit –, ou bien dans l'empyrée les chœurs des anges adoptaient-ils réellement les infâmes lois harmoniques élaborées par Lourine ?

Celui-ci, pendant ce temps, à en juger par l'expression de son visage, entrait dans une véritable transe. La main toujours levée fit un geste bien reconnaissable, comme lorsque l'on veut dire à quelqu'un : « Attends, attends un peu... tu n'as encore rien vu. »

« C'est ma... ma..., balbutia-t-il. Ils... ils jou... ils jou... ils jouent... mmmm... mmm... ma musique... ils j... ils jouent... mm... mon... *Humoresque.* » Et de la

---

termes *dodecafonico* « dodécaphonique » et *da cafoni*. *Cafone* (pluriel : *cafoni*) désigne à l'origine un paysan d'Italie méridionale : dans l'italien courant d'aujourd'hui il est surtout employé avec une connotation fortement dépréciative.

tête, pour que l'autre le crût, il acquiesçait, il acquiesçait, convulsivement.

« C'est un peu fort, se dit Schlangennest. Cela ne te suffit pas que les anges jouent de la musique dodécaphonique... il faudrait qu'ils aillent jusqu'à interpréter tes navets ! Dire que j'étais venu pour te rendre hommage et voilà que je me fais humilier. » Ce discours, il se le tenait pour essayer de se convaincre que tout cela n'était qu'une mise en scène. Mais malgré tout, un doute persistait. La félicité qui se peignait sur ce visage, comment aurait-elle pu être feinte ? Comment croire qu'un artiste gaspille les derniers instants de sa vie dans une comédie aussi ridicule, avec pour seul but de se payer la tête d'un collègue ?

La main de Lourine, tremblante de sa propre témérité, accompagnait le rythme du concert angélique ; émanant de sa gorge, malgré de nombreux ratés, un geignement sourd essayait de moduler le refrain de la célèbre *Humoresque*. Cependant, fascinée par ce nouveau triomphe inouï du maître, Margie s'était approchée, toute palpitante, le souffle court, captivée par la puissance grandiose de la scène, presque comme face à un miracle.

Jusqu'au moment où Schlangennest, qui n'en pouvait plus, fut inopinément délivré. Quelque chose lui était apparu, quelque chose de terrible qui renversait complètement la situation. Et son visage s'illumina d'un seul coup, passant du découragement à la jubilation. Musique des sphères et chants angéliques, et puis quoi encore ! Pour sûr, Lourine entendait des dodécaphonies et des passages entiers de son *Humoresque* ! Oh oui, Lourine les entendait certainement, *mais les musiciens n'étaient pas des séraphins* !

« Là, là, regardez là », fit Schlangennest à la secrétaire, abandonnant la main du mourant et reculant d'un pas. La belle Margie regarda, et vit, elle aussi : au fond du lit, de derrière le matelas, avait surgi un diable, pas très grand, noir et lisse comme de la cire à cacheter, avec deux petites cornes en forme de manche de parapluie, et en ricanant, sous les couvertures, il commençait à tirer l'homme par les pieds.

Il Nuovo Corriere della Sera,
18 octobre 1951.

Les vacances du grand ponte

Le célèbre chirurgien Oreste Crona alla passer un mois de vacances à Castellaro, joli petit village sur les rives de la mer Tyrrhénienne. Les célébrités, les habitants de Castellaro n'y faisaient plus attention, tellement ils en avaient vu : des peintres, des poètes anglais, des architectes américains, des réalisateurs et des acteurs de cinéma, des chefs d'orchestre, des princes en exil, des danseuses et ainsi de suite. Mais c'étaient tous des artistes ou des romantiques, des gens pas très sérieux en quelque sorte.

Cette fois-ci, au contraire, c'était un scientifique de renom qui venait et la chose sembla flatteuse. Non pas que les gens connussent Crona. Ils n'avaient jamais entendu ce nom. Mais la rumeur va très vite. Et M. Schmidt, le propriétaire du Grand Hôtel des Moines, eut l'idée de faire une certaine publicité autour de l'affaire. Ce Crona, disait-il, était une sorte de Marconi, d'Einstein de la chirurgie, demandé dans le monde entier pour les cas les plus désespérés et les plus inexplicables. Sa spécialité : les opérations du crâne. Cependant la clairvoyance de ses diagnostics était tout aussi légendaire. À preuve cette anecdote : un jour qu'il consultait à son cabinet, un nouveau patient se présenta. « Asseyez-vous, je vous en prie », dit Crona. L'homme avança de quelques pas. « C'est bon, fit le chirurgien. Vous rentrez en clinique ce soir, et demain à la première heure, on vous opère. C'est une tumeur cérébrale. » Il lui avait suffi de le voir marcher.

Quand Crona arriva, il fit l'objet de grandes discussions au Café Titano, sur la place. Allait-il descendre au village, le professeur, ou avait-il l'intention de rester cloîtré à l'hôtel ? Irait-il se baigner ? Consentirait-il à assister au feu d'artifice de dimanche ? Parmi les clients du café, il y avait le vieux docteur Nunziante Russo, médecin communal du village. « Cher docteur, lui dit quelqu'un, êtes-vous déjà allé le saluer ? — Saluer qui ? — Mais le ponte... ce chirurgien d'exception. Excusez mon audace, mais il me paraît de votre devoir... » Russo se laissa influencer.

Le chirurgien était un homme d'environ cinquante-cinq ans, très grand, maigre, des cheveux blonds coupés en brosse, le visage un peu rouge comme les gens du Nord, d'une élégance rare dans son costume blanc. Le docteur Russo fut surpris de son extrême amabilité. Qu'il fût sincère ou pas, Crona semblait confus de recevoir cette visite de courtoisie, comme si c'était pour lui un trop grand honneur. « Si quelqu'un devait se déplacer, c'était à moi de le faire... », répéta-t-il deux ou trois fois, avec un sourire de reconnaissance. Et c'était bien ce sourire, ainsi que sa façon de parler d'une voix extrêmement lente, qui frappait le plus chez lui. Son sourire se dessinait progressivement sur ses lèvres, et y demeurait des minutes entières, empreint d'une douceur sans pareille, cependant que les pupilles bleues scintillaient de compréhension et de bonté.

Le chirurgien retint Russo pendant plus d'une heure, le faisant asseoir dans la véranda de l'hôtel où l'on servit le thé. Il lui parla de toutes sortes de choses : de la beauté de la contrée, du temps, de l'antique cathédrale que l'on voyait resplendir, là-haut, de ses trois coupoles dorées, de la pêche, de la merveilleuse sérénité du lieu et de ses habitants. Il n'y eut qu'un seul sujet qu'il n'aborda pas : lui-même, il ne parla pas non plus de ses études ni de son travail. Il expliqua même que pour se reposer vraiment, tous les ans, pendant son mois de vacances, il mettait en place un système efficace : non seulement refuser toute consultation ou opération, mais, mieux encore, ne pas lire une ligne qui ait trait à la médecine ou à la chirurgie, et n'en parler absolument jamais, pas même avec sa secrétaire ou avec des confrères. Voulait-il se donner un genre ? Pour Russo, quoi qu'il en soit, ce fut une agréable surprise : plus de danger de se trouver dans l'embarras. C'était un homme généreux, Russo, quelqu'un d'admirable, mais en tant que médecin ce n'était qu'un charlatan, il faut le dire, un puits d'ignorance. Il aurait été bien ennuyé si Crona, dans la discussion, l'avait entraîné à parler de leur profession commune. L'interdiction d'aborder des sujets professionnels lui convenait donc parfaitement. Reprenant confiance, le docteur Russo se sentit bientôt à l'aise, ce qui contribua à faire naître une grande sympathie réciproque.

Il y eut toutefois un épisode qui laissa le médecin perplexe. Le garçon qui servait le thé était un gars du pays, un certain Salvatore, que Russo avait connu bébé : un beau gosse, mais qui avait le défaut de se déplacer par petits bonds, comme s'il sautillait, ce qui au premier abord pouvait paraître étrange. Pendant qu'il s'éloignait de leur table, Crona le suivit intensément du regard : « Vous avez vu ? » demanda-t-il en secouant la tête. Russo ne saisit pas : « Si j'ai vu quoi, professeur ? — Oh, rien, dit Crona avec le plus grand calme.... La façon dont marche ce garçon... » Alors le médecin de village se souvint du jour où il avait dû poser un diagnostic ; il crut comprendre, d'un regard neuf il observa le garçon qui s'en allait en sautillant. « Pourquoi ? demanda-t-il en frissonnant. Vous pensez, professeur, que... ? » Mais le professeur agita son index de façon comique, comme s'il menaçait un enfant : « Eh, docteur, docteur... ne me tentez pas... je vous l'ai déjà dit... pendant un mois j'évite certains sujets fâcheux... » Et sur le visage du chirurgien se répandit ce sourire doux et bon. « Oh, je vous demande pardon », fit alors Russo et il tourna la chose à la plaisanterie. Mais il en garda comme un drôle d'arrière-goût. Et plus tard, en rentrant chez lui, il ressassait ces pensées : « Il plaisantait, Crona ? Il s'amusait à me faire peur ?... Oui, ça doit être ça... Salvatore a toujours marché bizarrement... C'est vrai qu'aujourd'hui il sautillait plus qu'à l'accoutumée... Se peut-il qu'il ait quelque problème au cerveau ? Vacances ou pas, Crona m'en aurait quand même parlé... Ou alors, après avoir attiré mon attention, il n'a rien voulu dire de plus pour ne pas avoir l'air de me donner des leçons ?... Ou ce n'est que coquetterie, histoire de passer pour ce qu'il n'est pas ?... Ils sont tellement orgueilleux, ces grands hommes. C'est sûr, Salvatore aujourd'hui boitillait un peu trop... »

Le lendemain, s'en faisant modestement gloire, Russo accompagna son hôte visiter la cathédrale, le musée municipal, les fouilles moyenâgeuses, puis il lui fit admirer les points de vue, lui montrant les villages dans les montagnes et sur la côte, laquelle se perdait au loin :

décors fantastiquement juxtaposés jusqu'à l'horizon de leur naufrage. Mais il ne cessait de penser à Salvatore. Le seul problème était que, après un premier rappel à l'ordre, il ne savait plus comment aborder le sujet. « Vous avez pris votre petit déjeuner, professeur ? — Oui, oui, je vous remercie, avant de quitter l'hôtel. — Et ce matin, notre... notre jeune... notre jeune danseur était là ? — Quel danseur ? » Crona n'y pensait plus du tout. Russo se mit à rire pour faire comme si sa question n'avait aucune importance. « Ce serveur... celui qui se déplace comme un grillon... » Le professeur fronça les sourcils, singeant la moue typique du boudeur : « Non, non, non, mon cher docteur, vous êtes un petit malin, vous me tendez des pièges ! Vous voulez me faire succomber à la tentation !... Eh bien non ! Sur ce terrain-là, je ne vous suis pas... Dites-moi plutôt : pour la chasse, par là-bas, il y a de bons coins ? » Et il montrait les montagnes tout autour. Russo faillit répliquer : « Mais c'est vous, cher professeur, qui avez soulevé la question hier... C'est vous qui avez remarqué ce serveur. » Mais il n'en eut pas le courage et se tut.

Le soir, par hasard, au village, le docteur Russo se trouva nez à nez avec Salvatore. « Oh, ce cher Salvatore ! Comment vas-tu ? — Ah, docteur, on survit... — Et la santé, ça va ? — Oui, pour l'instant en tout cas... grâce à Dieu. — Mais dis-moi, Salvatore, les maux de tête... est-ce que tu souffres de maux de tête ? — Qu'est-ce qui vous prend, docteur Russo ? Des maux de tête ?... Mais non, non, et pourquoi je devrais avoir mal à la tête ? Pourquoi me demandez-vous ça ? — Rien, rien, juste comme ça... — Non, non, docteur, je vous connais, vous me cachez quelque chose... Allez, dites-le : où voulez-vous en venir ? — Mais non, je te dis, il n'y a rien. » L'autre demeura pensif. « Et pourtant, pourtant... maintenant que j'y pense. Mais oui, quelquefois je sens comme un poids, là, au niveau de la nuque... Ça me prend quand vient le soir... »

Puis il y eut l'histoire du capitaine Scimonella.

Tous les soirs, vers cinq heures et demie, Crona, en compagnie du médecin, s'asseyait au Café Titano, sur la place. Et autour d'eux, respectueusement, les anciens du village faisaient cercle. Dieu sait pourquoi, le scientifique se réjouissait de cette minuscule gloire provinciale comme d'une distraction pittoresque. Il y avait là le maire, le secrétaire de mairie, le professeur de musique, l'inspecteur des impôts, le pharmacien, mais aussi Antonio Scimonella qu'on appelait le capitaine même s'il ne dirigeait que la cale des bateaux assurant le service côtier. Un jour, tout à coup, Scimonella se leva en disant : « Excusez-moi, il faut que j'y aille... Le bateau-mouche va arriver... Je viens d'entendre la sirène à l'instant. » Il partit et disparut en direction du port mais trois minutes plus tard il était de retour. « Je m'étais trompé. Le bateau n'était pas là. Il est encore trop tôt. — Je le savais bien », approuva Crona à la stupéfaction générale, car personne n'aurait pensé qu'un homme aussi important que lui pût s'intéresser à Scimonella.

Se faisant l'interprète de la curiosité générale, Russo demanda : « Mais comment diable le saviez-vous, professeur ? — Parce que, malgré mon âge, j'ai encore l'ouïe fine. Et il n'y a pas eu de mugissement de sirène. » En prononçant ces mots, Crona fixait le capitaine avec le plus grand intérêt. « Ça, c'est vrai, intervint quelqu'un. Moi non plus, je n'ai pas entendu de sirène. » Gêné, le capitaine Scimonella demanda : « Et alors, qu'est-ce que cela signifie ? — Rien, rien », dit

Crona, et petit à petit sur ses lèvres se dessinait son fameux sourire. « Pourquoi ?... s'enhardit alors le docteur Russo. Vous pensez, professeur, que... ? » Et il lui vint à l'esprit de sinistres hypothèses de lésions cérébrales. « Oh, cher docteur Russo, tenons nos promesses ! » le réprimanda le chirurgien en levant un doigt réprobateur. Les autres, autour d'eux, ne pouvaient pas saisir. Cependant il y eut un froid, comme lorsque l'être humain assiste à un phénomène qui lui est incompréhensible, mais que, par instinct, il pressent un malheur.

Inondé d'un soleil fabuleux, le petit village reposait au bord de la mer, vivante image du bonheur. Mais de l'Hôtel des Moines descendait tous les matins le professeur habillé de ses vêtements blancs tout propres. Ses regards se posaient de-ci, de-là et les gens le suivaient avec crainte. À ses côtés, le docteur Russo tremblait. Et voilà que les yeux du grand chirurgien s'arrêtaient ; un passant, sans distinction de sexe ni d'âge, attirait tout à coup son attention. Qu'avait-il de spécial ? Personne, pas même Russo, ne le savait. Pourquoi alors Crona le fixait-il ? Pourquoi ce spectacle le faisait-il sourire ? Il devait bien y avoir une raison. Peut-être était-ce une maladie rare que le malheureux couvait et qui se manifestait par des symptômes infimes et bizarres. Seul lui, Crona, pouvait les percevoir grâce à son prodigieux sixième sens. Et les autres, zéro. Mais le professeur était en vacances, il ne prononcerait pas même une syllabe à propos de médecine : bref, il ne donnait aucune explication, la raison de ces terribles sourires, il la gardait au plus profond de lui-même.

La nuit le docteur Russo commença à rester debout. Il s'était mis à compulser les vieux ouvrages de l'université, qui prenaient la poussière depuis quarante ans.

Et des profondeurs de ses souvenirs d'étudiant remontaient des noms étranges, des maladies insolites et mystérieuses, des particularités anatomiques, des cas anormaux, oubliés depuis des lustres. Puis il en parlait avec des amis, et les amis, en faisant d'abominables confusions, en parlaient ensuite avec d'autres amis, et la panique ainsi se propageait dans tout le village. Maintenant il suffisait de le voir arriver de loin, Crona, pour sentir aussitôt son cœur battre la chamade. Et si ses regards effleuraient quelqu'un, celui-ci se demandait : « Qu'est-ce qu'il a, à me fixer comme ça ? Il a remarqué un symptôme suspect ? Pourquoi sourit-il ? Pour dissimuler un verdict fatal ? C'est vrai que depuis quelque temps je ne me sens pas très bien... le matin je vois comme des mouches qui tournent devant mes yeux... parfois j'ai la tête comme dans un étau... et de temps à autre je perds l'équilibre... Misère, et si j'avais une araignée au plafond ? »

Russo ne connut plus de repos. Tout le monde lui demandait un avis médical. « Docteur, je n'arrive plus à dormir... J'ai des tremblements dans les mains, qu'est-ce que ça peut être ?... » « Docteur je suis en train de perdre la mémoire... » « Docteur, je vois une ombre devant les yeux... » « Docteur, cette nuit j'avais l'impression que mon nez était devenu gigantesque... » « Docteur, j'ai un bourdonnement terrible dans les oreilles... » Et lui épluchait ses vieux ouvrages et plus il cherchait, plus il s'égarait dans l'abîme de son ignorance. Il aurait voulu courir chez Crona et le supplier : « Professeur, pour l'amour de Dieu, parlez !... Qu'est-ce qu'il a, exactement, Salvatore ? Quelle maladie horrible le capitaine couve-t-il ? Et Assunta la fleuriste que vous regardiez avec une telle insistance ce matin, dites-le-moi, a-t-elle encore un espoir ? »

Jusqu'au matin où, étant monté jusqu'aux Moines, Russo n'y trouva pas son illustre ami. « Mais vous n'êtes pas au courant ? lui dit le portier. Il est parti par le premier autobus ce matin ! — Parti ? Et il n'a pas laissé de message pour moi ? — Non, pas que je sache. — Mais vous êtes sûr ? Absolument rien ? »

Il avait du mal à le croire, après tant de témoignages d'amitié. Et cela lui sembla être un geste ignoble, une vexation amère à avaler. Mais, s'étant retourné sans y prendre garde, derrière les baies vitrées, il vit son village sous le soleil, tranquille, serein, d'une beauté émouvante ; et sur le môle la respiration de la mer butait, exténuée, dans un délicat brassage d'écumes.

Pendant quelques instants il resta immobile à regarder. Puis il se précipita dehors avec frénésie, comme un gamin il trébuchait en descendant les escaliers quatre à quatre. Et il hurlait tout seul comme un fou : « C'est fini, si Dieu le veut ! C'est fini ! Continue à sautiller à ta guise, Salvatore, tu te portes comme un charme... et toi capitaine écoute donc les sirènes, car tu vivras jusqu'à cent ans, c'est moi qui te le dis !... Et toi Assunta jette tes spaghettis dans l'eau, c'est ça le remède qu'il te faut ! »

Il arriva chez lui, il prit les livres de l'université remplis de maladies effroyables et les lança par la fenêtre. « C'est fini ! criait-il, fou de joie. Il a foutu le camp, le bougre ! »

Il Nuovo Corriere della Sera,
20 août 1952.

La grande frayeur de l'anthropologue

« Un jour dans le val de San Lucano, raconta le professeur Cino B., j'étais en train d'explorer une petite grotte quand, à l'entrée de celle-ci, apparut un vieil homme qui s'arrêta pour me regarder. C'était un berger, son visage émacié avait une expression rusée, ses vêtements dégageaient une insupportable odeur de brebis.

"Vous cherchez des os, monsieur ? me demanda-t-il en dialecte, et sa voix sifflait entre les chicots de ses dents.

— Oh, mon Dieu, pas seulement des os, répondis-je, amusé, et je lui expliquai : Peut-être qu'en un temps reculé des hommes ont vécu ici. Et moi, je cherche s'ils ont laissé une quelconque trace.

— Alors, c'est pas ici qu'il faut chercher, fit-il comme s'il en connaissait un rayon. Ici, il n'y a rien. Vous perdez votre temps. Moi, je sais où aller. À Tiei, c'est là que vous devriez aller.

— Tiei ? Où ça se trouve, Tiei ?

— C'est mon village, dans le val Cesilla. Là-bas, il y a huit ou neuf grottes. Je pense à une, en particulier. Dans celle-là, c'est sûr, vous en trouverez, des trucs.

— Quoi, comme “trucs” ?

— Ah, j’en sais rien, moi... Personne n’est jamais entré. Mais il y a les os du géant...”

« Nous, les passionnés des vestiges du passé, nous sommes toujours à l’affût, prompts à dresser l’oreille, vous savez bien. Le moindre indice provoque en nous des palpitations cardiaques. L’homme, qui s’appelait Gero, ne dit rien de précis. Mais il insistait avec son histoire d’os et clignait de l’œil d’un air entendu comme s’il lui était interdit d’en dire plus. Espérait-il ainsi gagner quelque pourboire ? Ou cherchait-il à me tromper ? Même si ça avait été le cas, j’étais désormais trop intrigué. Mieux valait essayer. Je lui offris mille lires pour qu’il m’accompagnât. Il en exigea deux mille.

« Nous partîmes en voiture le matin suivant ; mes deux assistants, Vigoni et Bettel, que vous connaissez, étaient du voyage. Gero, pour la circonstance, avait fait un effort de présentation, mais on était loin du compte : l’avoir à ses côtés était un supplice.

« En Italie aussi, et même chez nous, en Vénétie, il existe des villages qu’on peut atteindre en moins d’une heure de voiture, et qui sont pourtant tellement arriérés, à des millénaires de distance. Avez-vous jamais eu l’occasion d’en voir ? Ils sont misérables, oubliés, mystérieux. Personne ne s’y rend jamais. Des villages regorgeant de légendes. Les gens, des bergers et des paysans pour l’essentiel, sont habillés comme tout le monde, les maisons sont en maçonnerie, avec des carreaux aux fenêtres, il y a l’électricité, on y rencontre quelques mobylettes, on entend même parfois une radio. Qu’est-ce que ça change ? Même quand le soleil resplendit, il y règne un profond sentiment de tristesse. L’aspect même des maisons, grises, nues, de guingois, sans la moindre fleur, nous coupe le souffle. Et les habitants, aussi absurde que cela puisse paraître, donnent l'impression d'appartenir à la nuit des temps, nés il y a des milliers d'années et n'ayant jamais changé ; ils portent en eux une lassitude indéfinissable qui touche jusqu'aux enfants. Comme si, dans de tels lieux, depuis des temps immémoriaux tout était resté figé tandis que le monde allait de l'avant, bloqué aux ères lointaines où l'on ne connaissait pas encore le fer et où l'on se battait contre les bêtes sauvages. Des êtres obtus, méfiants, menteurs, sans espoir, éloignés de Dieu.

« Tiei était comme ça. Vraiment, je n'ai jamais vu de contrée aussi triste et désolée, bien que le paysage fût vert. En réalité, les collines tout autour, protubérances massives, sans caractère, couvertes de prairies et de broussailles, se contentaient d'être laides, sans posséder la tristesse romantique qui souvent apaise les déserts. De surcroît il faisait gris le jour où j'y arrivai. Cela devait certainement jouer sur mon état d'âme. Mais il y avait quelque chose d'autre : comme un sortilège accablant, une atmosphère de malédiction, une sorte de torpeur qui pesait sur ce coin de terre.

« On traversa le village. Quelques rares femmes immobiles sur leur pas de porte, deux ou trois chiens, et c'était tout. On ne voyait pas d'enfants. Puis nous nous engageâmes sur une route qui montait en pente raide à travers la vallée, à peine meilleure qu'un sentier muletier. Ici et là, dans les champs, des paysans occupés à travailler. Gero les appelait depuis la fenêtre. Ils ne tournèrent même pas la tête.

« "Nous y voilà, c'est là-haut", fit enfin le berger au détour d'un virage serré, en montrant un petit vallon. Nous nous arrêtâmes là, mais j'avais déjà perdu l'envie d'aller plus loin. Je ne saurais dire, j'avais comme un sentiment de honte. Imaginez-vous un homme riche entrant dans une masure habitée par des gueux faméliques pour y demander de l'eau. C'était à peu près ça. Et ce n'est pas pour dire que les hommes, là-bas, ne souffraient pas de la faim. C'était pire que la faim : seuls, abandonnés à eux-mêmes, exilés, incapables même d'éprouver de la peine.

« Alentour, des champs en friche, de longues murailles de pierres noirâtres, quelques pieds de vigne, de rares arbres fruitiers. On ne voyait âme qui vive.

« Je laissai à Vigoni la charge de garder la voiture et nous descendîmes tous les trois vers la caverne. Laquelle s'ouvrait sur le front d'un petit abrupt rocheux à demi caché par les broussailles.

« "C'est ici, demandai-je au berger. — C'est ici, dit-il. — Tu m'attends dehors ?" Il ne répondit pas, se contentant d'un sourire. Au même moment retentit le cri d'un oiseau, plaintif, insistant. Un autre lui répondit au loin. Quelque chose bougea derrière moi (ou du moins j'eus cette impression). Je me retournai ; il n'y avait personne. Et si on était en train de m'espionner ?

« "Dis-moi, Gero, demandai-je, pris d'un trouble que je ne m'expliquais pas. Dis-moi, il y a quelqu'un par ici ?

— Non, non, monsieur. Qui voulez-vous qu'il y ait ?"

« Bettel s'avança, se frayant un chemin au milieu des broussailles. Voici l'entrée. Pliés en deux, nous pénétrâmes dans la grotte, éclairés par deux lampes électriques. La cavité s'élargissait tout de suite après le seuil, si bien que l'on pouvait s'y tenir debout. Les faisceaux fouillèrent dans toutes les directions. "Là, professeur, regardez", fit Bettel qui s'était aventuré jusqu'au fond. De l'extérieur, modulé de façon très étrange, parvint à nouveau le cri de l'oiseau. "Qu'y a-t-il ?" demandai-je, sans bouger. J'étais inquiet.

« "C'est un crâne, professeur, dit Bettel du fond de la grotte. Un crâne d'homme.

— D'homme ? fis-je, en m'avançant. Tu en es vraiment sûr ?

— On dirait bien, en tout cas... Peut-être un *Neanderthalensis...*"

« La petite coupole blanche dépassait d'une strate de boue qui s'était solidifiée avec les années (ou les millénaires ?). Et l'on apercevait les orbites, dépassant à moitié, avec leur expression d'intense amertume. Sur la voûte crânienne, une fêlure.

« Je m'agenouillai pour mieux voir. Un crâne d'homme, sans aucun doute. Mais de quelle époque ? Assez ancien pour entrer dans mon domaine de compétences ?

« Ce fut Bettel qui se mit à tousser le premier. Quelque chose d'âpre me saisit moi aussi à la gorge dans les secondes qui suivirent. Un hoquet violent me secouait.

« "L'air est nocif, là-dedans", dit Bettel. Moi : "Peut-être des émanations. — Mais c'est de la fumée, ça, professeur !"

« De la fumée. Cela venait de l'entrée. Des nuages épais surgissaient de là, tellement denses qu'ils cachaient la lumière du jour. Les yeux nous brûlaient.

« "Bettel, criai-je en suffoquant. Vite ! Sortons !"

« Nous nous élançâmes vers la sortie tandis que, derrière le rideau de fumée noire, des ombres humaines s'évanouissaient. Sur le seuil, un tas d'herbes brûlait.

« J'étais sur le point de l'enjamber, quand un objet noir passa à un doigt de mon visage, s'écrasant à terre avec un bruit sourd. Une pierre. Une autre suivit, qui faisait peut-être dix kilos. Par chance, je fis un bond en arrière. Il en tomba une avalanche.

« C'était un guet-apens. L'ennemi n'avait ni bombes, ni mitraillettes, ni fusils. Là-bas c'était la technique des temps fabuleux qui régnait encore, de l'époque où l'on traquait le dragon en allumant un feu devant sa caverne et en bombardant de moellons le monstre contraint à en sortir. Mais pourquoi ? Par pur instinct de haine envers l'étranger ? Ou à cause d'obscures superstitions obsolètes ? Ou pour défendre un secret ?

« Derrière moi, Bettel, à demi asphyxié, gisait à terre. Moi aussi, je sentais que j'étouffais. Je ne pouvais rester une minute de plus dans cette grotte. Tentant le tout pour le tout (peut-être que les ennemis croyaient nous avoir réglé notre compte et quittaient déjà les lieux), je soulevai Bettel de terre et le tirai à l'air libre. Les projectiles redoutés ne vinrent pas.

« Mais dès que je fus sorti, je tombai sur Vigoni, effrayé.

« "Que se passe-t-il, professeur ? Un homme est venu me prévenir, il a dit que vous m'aviez appelé...

— Quelqu'un t'a prévenu, dis-tu ?

— Mais oui... Ah, regardez, regardez, les salauds !"

« Je regardai vers l'endroit où j'avais laissé la voiture sur le bord du virage. Au milieu des volutes de fumée du brasier, livides, les fous, les sauvages, les brutes, jaloux de leur solitude et résolus à la défendre jusqu'à la dernière goutte de sang. Il y en avait quatre et, à contre-jour, on aurait dit des hommes préhistoriques géants. (Alors que j'en cherchais dans les grottes d'éventuelles traces, ils étaient là, à deux pas de nous, en chair et en os, terriblement vivants !) Arqués dans leur effort, ils soulevaient la voiture par un des côtés dans le but évident de la précipiter dans le ravin.

« “Eh, crapules !” hurlai-je, tandis que Vigoni, qui avait son revolver sur lui, tirait en l’air.

« Dans le même moment, avec un rugissement bestial, les quatre hommes réussirent à soulever la voiture, juste ce qu’il fallait. Ils disparurent alors comme des fantômes. L’automobile resta un instant en équilibre, puis elle bascula vers le ravin. Elle fit un saut de trois ou quatre mètres, se fracassa contre un gros rocher, puis rebondit et continua sa terrible chute, renvoyée d’un bloc à l’autre, jusqu’au fond où elle arriva complètement disloquée.

« “Fuyons, vite, vite !” Bettel était revenu à lui dans l’intermède. Nous nous précipitâmes à pied sur le chemin du retour, Vigoni marchait en tête, son revolver à la main. À Tiei, nous allions trouver quelqu’un qui nous aiderait.

« Vallées, champs, ravins, tout était désert et silencieux. Même Gero avait disparu. Et le soir allait tomber. Tandis que nous avancions, il nous semblait sentir dans notre dos mille yeux qui nous épiaient.

« Mais Tiei aussi était désert. Les portes, les fenêtres, les boutiques, les auberges, fermées à double tour comme au cœur de la nuit. Pas un bruit de voix, de pas, même les poules avaient disparu. Et pourtant nous savions qu’ils étaient tous là, derrière les contrevents, retenant leur respiration, en train de nous surveiller. À travers les fentes étroites, on voyait scintiller les pupilles qui nous fixaient. Nous frappâmes à la porte d’une maison qui semblait plus civilisée. Des profondeurs du bâtiment répondit l’aboiement d’un chien.

« Aucun de nous trois ne pipait mot. Comment parler au milieu d’un tel silence, chargé de haine ? J’adressai à mes compagnons un signe muet : partir, s'en aller, fuir, ne pas perdre une minute, avant que ne tombe l'obscurité.

« Comme nos pas résonnèrent bruyamment parmi les maisons silencieuses ! Nous nous retournions. Rien. Tout était absolument immobile (et pourtant ils nous regardaient ; de tous les côtés, on nous dévorait des yeux). Puis la fuite, à travers champs.

« Voilà l'histoire. Par la suite, je parcourus la zone pour interroger les habitants. J'appris que d'autres chercheurs étaient allés avant moi aux grottes de Tiei : un professeur de Naples, me dit-on, deux anthropologues hollandais, un prêtre professeur de géologie. Les deux Hollandais, on les avait retrouvés devant la caverne : morts. Le professeur et le prêtre traversèrent Tiei en direction de la montagne ; on ne les revit plus jamais. »

« Et ensuite ? demandai-je. Il s'est passé autre chose ?

— Je ne crois pas, dit le professeur. Le crâne du géant, comme disait Gero, doit toujours être là, dans l'antre, à demi enfoncé dans la boue. Pour ma part, cela ne m'intéresse plus. J'ai bien peur qu'il ne soit pas très ancien. »

Il Nuovo Corriere della Sera,
20 septembre 1950.

Le cas Mastorna

Sur la route départementale entre Sebalia et Greti, dans la province de Mortara, il y a une très longue portion rectiligne appelée couramment « la tirée », flanquée de deux files ininterrompues de platanes.

Le matin du 30 juin 1957, qui était un dimanche, à trois heures quinze, c'est-à-dire peu avant l'aube, un motocycliste dont il est inutile de donner le nom, arrivant de Sebalia, découvrit, juste à l'endroit où finit la portion rectiligne, une voiture encastrée dans un arbre. Il s'arrêta, s'approcha et vit que dans la voiture se trouvaient trois personnes dont deux au moins avaient cessé de vivre.

Le motocycliste donna l'alerte, une ambulance arriva, on emmena les trois victimes à l'hôpital de Mortara. Il s'agissait des dénommés Mastorna, de Mortara, le père, la mère et le fils, de dix-neuf ans, qui, la veille au soir, s'étaient rendus à une fête chez des parents à Serravalle Scrivia. Sur le chemin du retour le fils qui conduisait, gagné par le sommeil, était allé finir à vive allure contre un arbre. Lui et sa mère tués sur le coup ; le père, arrivé à l'hôpital dans un état très sérieux, mourait deux jours plus tard. Jusque-là, rien d'extraordinaire.

Pratiquement sept mois plus tard, le 23 février, vers quatre heures du matin, le chauffeur d'un camion qui parcourait la route entre Sebalia et Greti, arrivé presque à la fin de la portion rectiligne, aperçut une automobile écrasée contre un arbre. Il s'arrêta, s'approcha, et vit dans la voiture trois personnes dont deux au moins avaient cessé de vivre.

Le camionneur donna l'alerte, une ambulance arriva, les trois victimes furent emmenées. Il s'agissait d'un jeune homme, d'une dame âgée, d'un monsieur âgé. Le jeune homme et la dame étaient morts. Le monsieur âgé semblait être dans un état grave.

Le conducteur de l'ambulance (mais pas les trois infirmiers) était celui qui, fin juin, était venu chercher les malheureux Mastorna. Il fut frappé par la ressemblance. On aurait vraiment dit que c'étaient les mêmes personnes. Et ils se trouvaient à bord d'une voiture de la même marque, du même modèle, de la même couleur ; et ils étaient allés percuter le même arbre, à peu près à la même heure, avec les mêmes conséquences. N'était-ce pas incroyable ?

Mais, alors que l'ambulance arrivait aux portes de Mortara, il se produisit une chose épouvantable. À la lumière relativement faible qui éclairait l'intérieur de l'ambulance, en quelques secondes, les deux infirmiers (le troisième était monté devant avec le conducteur), alors qu'ils s'affairaient à donner des soins de première urgence à l'homme âgé, virent avec une horreur indicible le visage de celui-ci se décomposer en une atroce tête de mort, le corps entier se putréfier en une répugnante bouillie grouillante d'asticots, qui exhalait une odeur nauséabonde. Exactement ce qui était arrivé au personnage imaginaire de M. Valdemar, dans une nouvelle de Poe, mais pour de tout autres raisons, comme on le comprit plus tard. Simultanément, le même phénomène altérait, pourrissait et anéantissait les corps de la dame âgée et du jeune homme.

Et nous sommes là au cœur de l'incroyable phénomène : d'après les papiers trouvés dans la voiture et dans leurs vêtements, les trois personnes s'avérèrent être précisément le père, la mère et le fils Mastorna, lesquels étaient morts sept mois plus tôt dans des circonstances identiques et avaient été enterrés comme il se devait dans le tombeau de famille, au cimetière de Mortara.

L'événement était tellement incompréhensible, et il aurait pu être à l'origine d'une telle panique et d'une telle peur superstitieuse, que les autorités cherchèrent à étouffer l'affaire.

Toujours est-il, puisqu'on ne savait qu'en faire, que les trois squelettes (car désormais il ne restait en fait de chair que quelques lambeaux putréfiés), après avoir été mis en bière, furent portés au cimetière de Mortara pour être ensevelis dans le caveau Mastorna, *où se trouvaient déjà les dépouilles mortelles de ces trois mêmes personnes*.

Les gens présents à la cérémonie éprouvèrent un certain soulagement quand on constata que les trois cercueils des époux et du fils Mastorna, déposés le 3 juillet dans les niches du caveau, ne s'y trouvaient plus. Chose qui, en un certain sens, remettait le compteur à zéro. Mais n'éclaircissait en rien le mystère.

Commentaire

Aujourd'hui la science croit avoir eu raison de l'affaire de la famille Mastorna, plus communément appelée « le cas Mastorna » : elle considère ce cas comme l'exemple le plus classique et peut-être le plus académique qui soit d'une déformation du temps, un des problèmes les plus intéressants qui se posent à la physique, pour l'explication duquel on n'a pas réussi à élaborer de théorie satisfaisante.

Il s'agit d'un sujet extrêmement complexe et passionnant notamment à cause de ses implications philosophiques et, au-delà, en tant qu'argument pour invalider, *risum teneatis*, la pertinence de la seconde loi de la thermodynamique.

Dans de rares, même très rares, cas – très rares si l'on ne compte que les cas dotés d'une documentation scientifique, car par ailleurs on en recense des milliers peu dignes de foi –, le temps a un comportement anormal. Et puisqu'il ne peut être conçu comme une substance ni comme une entité en soi, mesurable sans que l'on prenne des points de repère dans divers cadres paramétriques, il est nécessaire d'avoir recours, au moins dans ce cas de figure qui n'appartient pas au cadre scientifique *stricto sensu*, à une métaphore assez pertinente.

Imaginons donc le temps sous la forme d'une couverture d'une épaisseur indéterminée, qui nous entoure, un *continuum* à l'intérieur duquel se produisent des phénomènes.

Eh bien, dans des conditions normales, cette couverture est parfaitement lisse, parfaitement tendue, et tout marche à la perfection. Mais il arrive parfois, et à ce jour on en ignore encore les causes, qu'en certains endroits le temps se gonfle ou se fronce ou qu'il fasse des plis ou qu'il se dilate ou qu'il se rétracte, ou qu'il forme des protubérances et des bosses, ou même qu'il se délite et qu'il se divise en deux couches distinctes.

Ce dernier type de déformation, extrêmement rare, serait justement celui qui s'est produit dans la région de Mortara. Au niveau de la portion de route rectiligne, dans la nuit du 30 juin, le temps aurait subi un clivage, se divisant en deux couches. L'une d'entre elles a suivi le cours normal, alors que la seconde, s'étant détachée, ne s'est réagrégée à la structure de base que sept mois plus tard.

À ce stade, il est naturel de se poser la question suivante : cela signifie-t-il donc que les trois Mastorna, morts fin juin, ont continué à vivre pendant sept mois ? Évidemment non. Cet éclat, ce lambeau de temps, durant lequel les trois Mastorna sont revenus avec les apparences d'une seconde vie, ne se rapporte qu'à une brève, peut-être même extrêmement brève période de la nuit et à une zone très restreinte. La preuve en est que, lorsque l'ambulance est arrivée aux portes de Mortara, la survie des trois a cessé d'un seul coup et *tout est redevenu comme avant*.

Bien sûr l'explication n'est pas claire et en vérité notre esprit se perd dans les labyrinthes ouverts par cette extraordinaire histoire.

En tout cas, le fait que les trois Mastorna soient morts fin juin 1957 et que ces trois mêmes personnes, sept mois plus tard, aient eu le même accident de voiture exactement au même endroit, est prouvé de façon certaine.

Et que se serait-il passé, peut-on se demander, si l'automobile, cette nuit-là, n'avait pas rencontré le platane ? Probablement rien du tout. À cause du clivage du temps, sept mois plus tard, la même automobile avec les mêmes passagers aurait parcouru la même portion de route, puis l'écaille de temps hors norme serait parvenue à sa fin et, puisque rien de grave ou de sensationnel ne se serait passé, personne, à commencer par les trois Mastorna, ne se serait rendu compte de rien.

Il faut également reconnaître que le cas Mastorna semble, sur le plan conceptuel, excessivement difficile. On n'en a pas encore élaboré jusqu'à ce jour, pas même au plan des mathématiques pures, une représentation satisfaisante.

Quelle que soit l'explication donnée, reste toujours ouverte, noire fissure sur un abysse sans fin, la béance de cette fracture irréductible : comment les deux strates de temps ont-elles pu se greffer à nouveau l'une à l'autre ? En réalité, les corps des Mastorna s'étaient-ils dupliqués ou étaient-ce en fait les mêmes ? Et si c'étaient les mêmes, comment avaient-ils pu sortir de la tombe, se recomposer, reprendre vie et voyager à nouveau en automobile ? C'est une énigme décourageante.

À tel point que certains ont essayé, pour se rassurer, de mettre en cause la substance historique des faits, prétendant que toute cette histoire était le fruit d'hallucinations de personnes exaltées ou malades. Mais les documents sont trop précis, accompagnés de trop nombreux témoignages, y compris les photographies des trois squelettes en putréfaction allongés sur les brancards de l'ambulance.

Mais, je le répète, ces clivages, ces éclats du temps, si l'on peut dire, sont rarissimes. Plus encore, le seul cas indiscutable est celui de Mortara.

D'autres déformations du *continuum-tempus* sont beaucoup plus fréquentes et, soyons francs, plus concevables. Il arrive parfois, par exemple, que le temps se fronce, formant une multitude de petits plis successifs qui, serrés les uns contre les autres, peuvent s'interpénétrer (étant donné que le temps n'est pas un solide) ;

et le résultat en est que, au niveau de ces petites plissures, le temps revient en arrière et puis repart en avant, puis revient en arrière à nouveau et ainsi de suite un certain nombre de fois, jusqu'à ce que, une fois arrivé au bout de la série de plis, il reprenne un cours normal.

Précisons bien : jusqu'à ce jour en tout cas, et heureusement, de telles anomalies ont pris des dimensions minimes, elles ne concernent en règle générale que des individus isolés. Et pour cette raison même elles échappent, dans la plupart des cas, à l'observation collective. Quelle catastrophe, en effet, si de telles anomalies prenaient des proportions importantes en s'étendant, par exemple, à des villes entières ou à des États. Cela pourrait engendrer des conséquences graves, voire tragiques.

« Étranges déformations de ce que l'on appelle le temps », *Pianeta*, nº 9, septembre-novembre 1965.

Anecdotes à propos du grand mur

Une légende orientale dit :

Le pèlerin arriva fatigué aux portes d'un château. Il y frappa, un vieil homme vint lui ouvrir, le fit entrer dans un merveilleux jardin où coulaient des ruisseaux et où se dressaient des arbres dont les branches ployaient sous les fruits. Quand il eut mangé et bu à satiété, l'homme alla flâner dans le jardin et s'aperçut qu'à un endroit donné tous les chemins butaient contre un mur. Alors il demanda au vieux : « Monsieur, qu'y a-t-il au-delà de ce mur ? Un autre jardin ? » Et le vieux répondit : « Au-delà de ce mur il y a une propriété plus grande encore que celle où nous nous trouvons. Je t'ai accueilli sur mes terres en me promettant justement de te permettre de franchir ce mur. Mais pas aujourd'hui, non ; quand le temps en sera venu, quand je jugerai que cela sera opportun. C'est pourquoi tu dois te contenter de ce qui t'entoure et te garder de franchir cette frontière même si un passage s'ouvre devant toi. En effet, ici et là, le long du mur, se trouvent des portes, dont – les voilà – je te confie les clefs. Pour te prouver que j'ai confiance. » L'homme promit, mais au fur et à mesure que le temps passait, il s'accoutuma aux délices du jardin et de plus en plus souvent, il se demandait ce qui pouvait bien se trouver là-derrière, imaginant des prés, des fleurs et des plantes encore plus merveilleuses. Jusqu'au jour où sa curiosité fut telle qu'il ne put résister davantage. Il ouvrit l'une des portes. Puis il passa le seuil, mais au-delà, à perte de vue, il n'y avait qu'une plaine aride et caillouteuse. Et la porte se ferma dans son dos.

L'interprétation de cette fable est facile : le pèlerin représente l'homme, le jardin représente la vie, le vieux monsieur incarne Dieu, et le mur est la frontière avec la mort, celle-ci passée on est confronté au mystère. Quant à la plaine caillouteuse, on peut donner deux interprétations : ou elle est une métaphore du châtiment sanctionnant la désobéissance, ou elle exprime en termes naïfs un scepticisme désespéré ; comme si l'espoir d'une seconde vie qui anime le commun des mortels était vain. En effet, lorsqu'on l'interroge, le vieux ne dit pas que derrière le mur se trouve un *autre jardin*, il fait seulement allusion à une *propriété*, terme vague et ambigu. Mais la seconde interprétation est pessimiste, et probablement sans fondement. La question, en effet, reste entière : si l'homme avait tenu sa promesse, se serait-il trouvé face aux pierres stériles le jour où le maître du jardin lui aurait spontanément ouvert la porte ? Ou, au contraire, aurait-il été récompensé par de plus magnifiques ravissements ?

Quelle que soit sa signification, nous n'aurions pas évoqué cette légende, si proche de tant d'autres fables très connues, si certains faits étranges, tout à fait tangibles et fort éloignés de toute dimension allégorique, n'avaient présenté d'extraordinaires analogies avec la fable antique ; au point de nous amener à nous demander si la fable du jardin a été inventée, si elle ne correspond pas plutôt à des données réelles. Nous pensons tout particulièrement au mur, qui est en fait au centre de l'histoire. Ces épisodes récents n'ont pas trouvé, jusqu'à maintenant tout au moins, une explication convaincante. Comme cela arrive souvent, confrontés au mystère, certains, parce qu'ils n'étaient pas en mesure de le résoudre, se sont sentis dans l'obligation de le nier, en affirmant qu'il s'agissait de fantasmagories absurdes, d'hallucinations d'esprits dérangés, et cetera ; et cela en dépit des nombreux témoignages. Mais au point où nous en sommes, il nous faut en dire plus long. Voici quatre exemples qui nous viennent de journaux d'époque ou de connaissances personnelles.

En 1923 le professeur Jean Vindaz, un géologue français, alors qu'il parcourait le Sahara libyen en caravane en direction du Tibesti, remarqua plusieurs jours d'affilée, à l'horizon, du côté du couchant, comme une bande sans fin qui s'élevait au-dessus de l'interminable platitude du *serir*. Tandis que la caravane allait de l'avant, ce rideau se maintenait toujours à une distance égale, c'est-à-dire qu'il reculait à mesure que celle-ci progressait, et l'on aurait cru que cela n'allait jamais finir. L'idée qu'il s'agissait d'un simple mirage traversa l'esprit du Français ; cependant, l'ayant regardé de près avec son binocle, il lui sembla distinguer, non pas une dune, certes, mais une espèce de barrière verticale, de couleur sombre, qu'il estima haute d'une dizaine de mètres. Attiré par l'extrême singularité de cette structure, qu'il aurait voulu pouvoir étudier, il donna ordre aux chameliers de dévier un peu vers l'ouest ; toutefois ces derniers refusèrent catégoriquement, alléguant que là-bas se trouvaient les « pierres noires » : il était interdit de les dépasser et il ne fallait pas s'en approcher car cela portait malheur. Vindaz renonça donc. Mais par la suite – comme la muraille se prolongeait toujours, tant et si bien qu'on ne pouvait pas en voir l'extrémité –, un neveu de Vindaz, un certain René Languepin, âgé d'à peine vingt ans, se riant des terreurs superstitieuses des Arabes, quitta le groupe et, sourd aux appels de son oncle, partit au galop sur le dos de son chameau en direction des « pierres noires ». On le vit s'éloigner à vive allure jusqu'à ce qu'on le perdît de vue dans les éclats de lumière aveuglants du désert. Craignant qu'il ne s'égarât, Vindaz s'apprêtait à se lancer à sa recherche lorsque la nuit tomba. Il fallut attendre l'aube. Mais le matin suivant, de manière inexplicable, la muraille avait disparu. Comme ils s'étaient aventurés dans cette direction sur une demi-douzaine de kilomètres, le géologue français et deux de ses compagnons aperçurent une tache sombre, statique. Ils allèrent voir. C'était Languepin et son chameau, morts. L'homme comme l'animal, constata-t-on, souffraient de nombreuses fractures très sévères « comme s'ils étaient tombés du haut d'un abrupt ». Et pourtant, à perte de vue, tout autour d'eux le désert s'étendait uniformément plat comme les eaux d'un lac.

En juillet 1927 se produisit une collision ferroviaire à la périphérie de Houston, Texas, entre l'express venant du Mexique et un convoi en train de manœuvrer. On déplora six morts. Parmi les témoignages des survivants, celui d'un certain Rufus W. Everett, commis voyageur, fut particulièrement surprenant.

Environ une demi-heure avant la catastrophe, alors

que le train traversait la campagne, un homme d'une cinquantaine d'années, aux cheveux roux, s'était tourné vers sa jeune épouse assise à ses côtés pour lui montrer quelque chose à propos du paysage. Elle regarda par la fenêtre et poussa un grand cri de surprise. Everett, qui était assis en face, demanda, intrigué, ce qu'ils avaient bien pu voir de tellement étrange. L'homme répondit : « Vous ne voyez pas ? C'est extraordinaire ! Hier, il n'y avait rien, je suis absolument formel. »

Everett, qui ne comprenait pas de quoi l'autre parlait, regarda à l'extérieur mais ne remarqua rien de spécial. « Je ne vois rien », dit-il. En réponse à quoi l'homme lui expliqua : « Peut-être que vous n'êtes pas un habitué de cette ligne, moi, je la prends deux ou trois fois par semaine. Bon, vous voyez cette longue construction, cette sorte d'enceinte maçonnée ? Je vous assure qu'hier matin elle n'y était pas. » Sa femme et une autre dame âgée confirmèrent ses propos. Mais Everett avait beau scruter la campagne, il ne voyait absolument rien. Cela donna lieu à une vive discussion. Plus le train avançait, plus les trois voyageurs se disaient stupéfaits de ce phénomène. Car le mur – d'après eux – se prolongeait indéfiniment, se rapprochant toujours plus de la voie de chemin de fer. Pour finir, ils se levèrent tous les trois, épouvantés car – disaient-ils – le mur maintenant frôlait le train, encore quelques centimètres et l'on risquait la catastrophe. Pourtant M. Everett continuait à ne rien voir. De plus en plus paniqué, l'homme roux s'apprêtait à tirer le signal d'alarme. « Le mur, le mur ! » hurlait-il. C'est exactement à cet instant que se produisit la collision. Le quinquagénaire, sa femme et la vieille dame périrent écrasés. Everett s'en tira avec deux semaines d'hôpital. Quand il en fut sorti, il retourna sur place pour voir la configuration des lieux. Mais il n'y avait pas trace du mur.

En août 1935 j'étais en vacances à Rimini. Sur la plage, tous les matins, venait s'installer à côté de mon parasol une dame, venue de Ferrare je crois, encore jeune, avec son fils d'une douzaine d'années. Cet enfant, on le comprenait bien vite, était malade ; au lieu de se jeter dans l'eau comme les autres, de courir et de jouer, il restait toujours étendu sur une chaise longue, à l'ombre. Ce dont il souffrait, je l'ignorais. La maman en concevait un grand désespoir, c'était ostensible. Une bien triste situation d'autant plus que le petit était d'une sensibilité et d'une intelligence rares. Tous les jours, nous bavardions longuement. Mais je dois avouer que je n'avais pas vraiment réalisé dans quel état il se trouvait jusqu'au jour où il me tint des propos curieux. « Tu sais bien nager ? me demanda ce garçon. — Bien, non, mais je me débrouille. — Tu serais capable, me demanda-t-il encore, en pointant son doigt devant lui en direction de la surface paisible de l'Adriatique, immobile sous le soleil, tu serais capable d'aller à la nage jusqu'à la digue ? — Quelle digue ? fis-je, car on ne voyait aucun ouvrage de ce type. — La digue, là-bas, expliqua-t-il. Juste là, devant nous. » À ce moment-là, sa mère intervint : « Oh Enrico, Enrico chéri, n'ennuie pas le monsieur avec des questions idiotes... Ne sois pas assommant, mon chéri. » Et sa voix trahissait une telle angoisse que je me retournai pour l'observer. À son tour la pauvre femme me regarda et ses yeux brillants m'adressaient une supplication muette : comme si son fils avait eu un mot déplacé et qu'elle espérait que je n'avais pas bien entendu. « Mais pourquoi, demanda le garçon avec cette inconscience cruelle de la jeunesse, pourquoi, maman, te mets-tu en colère chaque fois qu'on parle de la digue ? J'ai remarqué, tu sais. Hier, c'était pareil... Qu'est-ce que ça a de mal ? » Elle ne répondit pas. Et moi, j'avais enfin compris. En effet, il n'y avait aucune digue devant nous. Malgré tout, l'enfant la voyait ; et c'était là le signe, l'odieuse frontière, le mur qui, prématurément et pour toujours, lui barrait l'horizon.

Il y a aussi le cas de ce très cher Ernesto G., avocat de profession. À plus de quatre-vingts ans, il vit seul, attendant ce que le sort lui réserve et, avec une grande sagesse, il contemple le passé et le temps qui reste. De temps à autre, je vais lui rendre visite, dans les deux pièces où il habite, ici à Milan, du côté de la rue Melchiorre Gioia – mais je ne peux pas donner plus de détails. Un jour il me conduisit à la fenêtre, d'où l'on voyait le spectacle déprimant de maisons inaccessibles, semblait-il, aux rêveries, non pas à cause d'une misère noire mais plutôt parce que la sombre tristesse des esprits les contamine et les dégrade (même le plus joyeux soleil d'avril ne parvient jamais à les éclairer vraiment). « Tu vois ? » dit-il en me montrant un grand mur couleur de suie qui délimitait, me parut-il, le terrain d'un établissement industriel. « Pour moi, c'est là que se trouve le problème. Qu'y a-t-il là-derrière ? Cela fait plus de cinquante ans que j'habite ici et je ne le sais toujours pas. Ni la lecture de milliers de livres, ni l'expérience de la vie ne sont d'un quelconque secours. Je regarde et regarde encore, et le mur est toujours là, massif, impénétrable. Qu'y a-t-il de l'autre côté ? » Je réponds : « Mais c'est le mur d'une usine, après tout... » Il sourit avec douceur : « C'est ce que je croyais moi aussi, autrefois, quand j'avais ton âge. Mais maintenant les choses ont bien changé. Ce n'est certainement pas une usine, mon cher ami. Personne, personne, tu entends ? n'a réussi à jeter un œil sur ce qu'il y a là-dedans et à revenir pour le raconter... C'est le grand mur, et année après année, j'ai l'impression qu'il s'approche de plus en plus. — Pardon, lui dis-je, mais tu n'as jamais essayé de grimper sur le toit de la maison pour regarder de là-haut ? — Si, j'ai essayé, une fois. — Et alors, tu as pu voir ? — Oh, si c'était aussi simple, répond-il en riant, sans pour autant s'expliquer davantage. On voit bien que tu es jeune ! » Il fait un geste de la main comme pour englober le ciel et la terre ; il me semble l'entendre dire : « Les livres tant aimés, les amis, le soleil, les derniers réconforts de la vie, pauvres choses : la seule chose qui compte se trouve là-bas, au-delà du mur. Mais qu'y a-t-il véritablement ? Qu'y a-t-il ? »

Il Nuovo Corriere della Sera,
7 novembre 1953.

L'ami du méchant

Après déjeuner, Mme Angela Conz, qui lit son journal, sursaute tout à coup.

« Stefano, Stefano ! crie-t-elle à son mari d'une voix oppressée. Mon Dieu ! Lis donc, lis ! »

Stefano Conz, négociant en meubles, est penché sur son échiquier, absorbé par la partie. Il se redresse vivement. « Qu'est-ce qu'il y a ? Qu'est-ce qui se passe ?

— Ils ont arrêté Lughi pour l'assassinat de la dactylo... Lughi, ton ami. » Son épouse est tellement émue que les mots ont du mal à sortir de sa gorge. « Ton ami Lughi soupçonné d'assassinat... Stefano, tu n'as pas entendu ? Lughi en état d'arrestation. Et toi tu restes là, tu ne bouges pas, tu ne tiques pas, tu ne dis rien...

— J'étais au courant, répond-il avec flegme.

— Tu étais au courant et tu ne m'as rien dit ?

— Non. Je ne t'ai rien dit parce que tu es toujours si maladivement craintive, impressionnable...

— Tu as préféré que je reçoive le choc en l'apprenant par le journal !

— Mais quel choc ? Ça y est ! Tu en fais tout un drame.

— Ah, si pour toi c'est sans importance... »

Elle reste pensive quelques instants, le journal ouvert entre les mains. Puis elle se lève lentement, en le fixant de ses yeux écarquillés.

« Mais qu'est-ce que tu as à me regarder comme ça ? fait Stefano. Tu deviens folle ?

— Tu as mangé ! dit-elle, en détachant chaque syllabe comme si c'était un acte horrible.

— Qu'est-ce que ça veut dire : “Tu as mangé” ?

— Tu savais que Lughi avait été envoyé au trou pour assassinat et tu as mangé de bon appétit !

— Et que voulais-tu que je fasse, que je saute un repas ?

— Ah, Stefano, je te jure, je ne te comprends pas... On arrête pour assassinat un de tes amis intimes...

— Un intime, et puis quoi ! Je t'en prie !... Juste une connaissance, quelqu'un que je vois au café. Je le rencontrais le soir, tout au plus on faisait une partie... Si tu appelles ça être intimes...

— On arrête, je te le répète, un de tes amis intimes accusé d'avoir étranglé une jeune fille et toi tu restes là tranquille comme Baptiste !... Et il lui a fait subir des violences... Un maniaque... Lughi est un maniaque... Et toi tu es là à faire joujou avec ton fichu jeu d'échecs. » Elle change de ton, elle passe un registre plus bas, comme les inspecteurs de police au cinéma : « Tu es bizarre Stefano... j'aime autant te le dire, ce soir tu es vraiment bizarre. »

À ce moment, Anna, leur fille, surgit sur le pas de la porte, prête à partir au cinéma avec son fiancé. Sans piper mot, elle a écouté les dernières répliques. Maintenant elle intervient à son tour, tout excitée. « Maman !

Tu dis qu'ils ont arrêté M. Lughi ?... Pour l'assassinat de la dactylo ?

— Lughi en personne, confirme sa mère, avec une sorte de complaisance ambiguë.

— Mais non, Maman ! C'est impossible !... Et toi, Papa, tu n'as pas joué avec lui, hier soir ?

— Tu vois ? fait Mme Conz s'adressant à Stefano comme si elle avait reçu la confirmation de quelqu'un d'autorisé. Tu vois bien qu'Anna aussi est abasourdie, elle est même devenue toute pâle... Mais toi, rien. Tu t'en fiches, tes amis se promènent en violant et en égorgeant les femmes et toi, ça ne te fait absolument rien... Bravo ! Tu vois, Stefano, tu vas même me faire penser que... (Elle pousse un profond soupir.) Oh ! Stefano, ce serait effrayant... » Et elle met sa main devant sa bouche.

Au magasin aussi, le lendemain matin, Conz trouve une atmosphère insolite. Ce sont les deux commis qui s'y mettent les premiers : des coups d'œil et des petits rires énervants ; puis les propriétaires des boutiques voisines viennent lui demander des nouvelles. (« Mais dites un peu, quel genre d'homme est-ce, ce Lughi ? C'est vrai que c'était un coureur de jupons invétéré ? Et ces derniers jours, au café, vous n'avez rien remarqué ? Comment est-ce possible ? Le soir du crime il est venu faire une partie de *scopa* comme d'habitude ? ») On voit même revenir d'anciens clients que l'on n'avait pas vus depuis des années parce qu'ils ont des ardoises. C'est que le nom de Conz est cité dans les journaux comme celui d'une des personnes interrogées par le commissaire.

Lorsqu'il rentre pour déjeuner, sa femme navigue toujours sur une mer démontée. Elle s'est affalée sur le divan au milieu d'une mer de journaux dépliés.

« Oh, Stefano, je ne sais plus que penser, je ne sais plus... » Elle pleurniche un petit coup. Puis, se reprenant incroyablement vite : « Écoute, écoute ce qu'ils écrivent : "Un autre client du café, Stefano Conci, cinquante-trois ans (ils se sont trompés sur ton nom, ces crétins), a déclaré que l'attitude du comptable ces derniers jours était tout à fait normale, si ce n'est que Lughi, contrairement à son habitude, partait tôt, pas plus tard que dix heures..."

— C'est exactement ça, approuva le commerçant.

— Ah, voilà, tu es content ! Mais tu vas me faire le grand plaisir, aujourd'hui même, d'aller demander un rectificatif au journal...

— Un rectificatif de quoi ?

— Ils doivent écrire ton nom comme il faut. Depuis quand est-ce que tu t'appelles Conci ?

— Mais c'est mieux comme ça, non ? Moins on en parle, mieux c'est.

— Tu veux te cacher alors, tu veux disparaître... Dis-le franchement... Je ne crois pas, moi, que ce soit la meilleure attitude pour quelqu'un qui est soupçonné de complicité de meurtre...

— Mais qui est soupçonné ?

— Toi, toi, Stefano. Écoute voir un peu... » Lisant : « Une enquête est menée pour identifier le complice – peut-être même étaient-ils plusieurs – qui a dû aider Lughi à transporter la dépouille depuis le grenier jusqu'à la cave. Compte tenu de la corpulence de la victime, on présume qu'il s'agit d'un homme doué d'une force exceptionnelle. » Et toi, pauvre imbécile, toi qui te précipites dès qu'il y a la foire au pied des remparts, et qui fais ton fortiche en jouant au bras de fer... Stefano, Stefano, regarde-moi dans les yeux... Je t'en supplie... dis-moi la vérité... des fois, il ne te serait pas venu à l'idée de... ?

— Eh ! mais ça suffit comme ça, toutes ces histoires sans queue ni tête. Ma parole, tu m'as tout l'air d'être devenue cinglée !

— Non, non, je sais très bien à quoi je pense... Je te connais... Toi, si on te demande un service, tu es incapable de dire non. Je parierais que si ce Lughi t'avait demandé de...

— Mais allez, arrête. Il faut pas plaisanter avec des choses comme ça. Si quelqu'un t'entend, va savoir ce qu'il peut s'imaginer ensuite... »

Il est de mauvaise humeur pendant le repas, il sort tout de suite après. Dans les escaliers, au premier étage, la jeune veuve Anfossi sort précipitamment de son appartement, et il manque la percuter. Cette femme, parce qu'elle est fort belle, se montre toujours très hautaine. Mais aujourd'hui, pour la première fois depuis des années, elle décoche à Conz un magnifique sourire. Et trouve le moyen d'entamer la conversation. « Oh, vous, monsieur Conz, vous devez être un homme terrible ! — Terrible, et pourquoi donc ? répond le marchand de meubles en piquant un fard. — Oh, vous alors ! » Et la veuve lui fait du doigt un gentil signe de menace. « Vous êtes un petit coquin, vous savez ? Vous me faites peur ! J'ai entendu dire tellement de choses sur vous... mais des choses ! » Et elle s'échappe, agitant toujours son joli petit doigt.

D'autres femmes encore, qui d'habitude ne daignent même pas lui jeter un regard, comme s'il n'existait pas, maintenant – allez savoir pourquoi – le fixent effrontément en souriant, et dans la rue parfois elles se retournent. En faisant une allusion plus que claire, la caissière du café, qui est une fille splendide, lui palpe les muscles du bras : « Eh, mais vous êtes encore un athlète, monsieur Stefano, Dieu sait combien de kilos vous êtes capable de porter. »

Le soir, sa femme lui rapporte que Carmela, la vieille bonne à leur service depuis dix-sept ans, est partie brusquement. « Je dois aller dans ma famille, a-t-elle dit. L'une de mes tantes est gravement malade... Et puis, Madame, si je dois vous dire la vérité, avec ce qui se passe ici... vous comprenez... M. Stefano... Rien de tout cela ne doit être vrai... mais le soir j'entends la chouette crier, je n'arrive plus à m'endormir... »

Carmela s'est congédiée elle-même, mais Mme Conz ne l'a pas mal pris du tout. Au contraire, il semblerait que cela soit de son goût. « Quand je pense, dit-elle gaiement à son mari, quand je pense que tout ça, c'est de ta faute ! » Par ailleurs, à la maison, la situation de crise dure peu. Le jour même, comme si la nouvelle avait volé sur les ailes du vent, une douzaine de jeunes femmes de service se sont présentées et Mme Conz n'a eu que l'embarras du choix.

Qu'est-ce qu'elle a en tête, Angela ? Depuis quelques jours, on ne la reconnaît plus. Vive, spirituelle, désinvolte, elle a même rajeuni. Et comment se fait-il que tant d'amies viennent la voir ? Pourquoi cette atmosphère surnaturelle d'état de siège ? Là-bas, la cuisine bourdonne de bavardages incessants, on se croirait dans une volière. Et dominant toutes les autres voix, la sienne, celle d'Angela. « Mon mari... Mon mari... » Toutes ses phrases commencent ainsi, maintenant. Et ses amies : « Oh non, madame, ce n'est pas possible, personne ne le croira jamais... M. Stefano... si bon, si gentil, une si brave personne... — Il faut espérer, c'est tout, fait Angela, s'efforçant laborieusement d'émettre un début de sanglot. Mais il y a tant de méchanceté

dans ce monde. Je ne serais pas étonnée si quelqu'un...
— Et puis quoi, encore !... Nous viendrons témoigner sur-le-champ, nous autres. Vous pouvez y compter, vous savez ? Madame... Nous, nous savons quelle bonne pâte c'est, M. Stefano... Un ange en vérité. » Son épouse alors prend la mouche. « Si on va par là, il ne faut pas exagérer, réplique-t-elle aigrement. Mon mari est un homme qui... qui, lorsqu'il sort de ses gonds... non, non, il vaut mieux ne pas s'appesantir.
— Pourquoi ? Sérieusement ? Allez, dites-nous, dites-nous, madame. » Derrière la porte, Stefano écoute, abasourdi.

Quelques jours plus tard, Conz se retrouve de nouveau nez à nez dans les escaliers avec la jolie petite veuve. Mais cette fois-ci elle fait comme si de rien n'était, elle file sans répondre à son salut.

Rentré chez lui Stefano trouve une atmosphère de deuil. Sa femme de mauvaise humeur, mal peignée, mal habillée, enlaidie. Aucune amie en visite. Et à la place de la nouvelle femme de service, Carmela est revenue, plus déprimante que jamais.

« Angela, demande Conz, que s'est-il passé ?

— Pourquoi ? Rien. Carmela est revenue, c'est tout. »

Et il n'y a pas moyen d'obtenir davantage d'explications.

Jusqu'au moment où, à table, après un très long silence, elle demande :

« Dis, ce soir, tu es allé au café ?

— Oui.

— Et lui, il s'est manifesté ?

— Qui, lui ?

— Eh bien, Lughi ! Tu ne sais pas qu'ils l'ont relaxé ?

— Non, je n’en savais rien.

— Eh, je m’en doutais bien, moi..., dit Angela avec une moue de mépris. Il n’avait pas la trempe, Lughi... Et toi non plus, tu sais ? » Elle ajoute avec méchanceté : « Toi non plus je ne te vois pas te lancer dans des trucs pareils.

— On dirait que ça te déçoit ?

— Oh, les déceptions, tu sais, maintenant, à mon âge... », murmure-t-elle avec amertume.

Il Nuovo Corriere della Sera,
27 novembre 1951.

Un scandale à l'envers

Il y a deux ans, déjà, une vilaine rumeur avait couru à propos de Mme Léa Elfenkranz, l'une des femmes les plus en vue de K..., petite ville de province. Olivia, la femme de chambre des Pensotti qui habitaient l'hôtel particulier en face, avait confié à la boulangère avoir vu, de ses yeux vu, dans la rue Pilatus, Mme Elfenkranz en train de faire l'aumône à un gueux.

Personne n'avait pris la nouvelle au sérieux. La chose paraissait bien trop énorme. Et puis Stefania Giri, obstétricienne et amie intime des Elfenkranz, avait réagi aussitôt : il était scandaleux qu'en accordant foi aux commérages d'une simple servante on diffamât de la sorte une femme on ne peut plus comme il faut ! Et personne, c'est vrai, n'avait plus trouvé rien à redire. Toujours est-il que les graines de la médisance étaient semées. Depuis ce jour, sans s'en rendre compte, les Elfenkranz – elle, son mari, sa fille étudiante en lettres et ses deux fils mineurs – vécurent dans une atmosphère de méfiance. Et c'est aussi pourquoi on s'étonna si peu lorsque le scandale éclata, voici comment :

Ornella, la fille du comte Gus-Dorè, encore jeune et assez jolie femme, mais réputée pour être une langue de vipère, tomba nez à nez avec Mme Giri, de bon matin, sous les arcades.

« Salut, Nietta, où vas-tu d'un si bon pas ?

— Salut, Ornella, je vais à l'hôpital, comme tu peux t'en douter. Excuse-moi si je file mais...

— Eh ! Quelle précipitation, et justement ce matin, comme par hasard...

— Pourquoi ? Qu'est-ce qu'il y a de spécial ce matin ?

— Mais, la nouvelle du jour, tiens ! On a dû te la raconter, non ? La dernière de tes amis Elfenkranz, pour qui tu t'enflammes toujours tant.

— Les Elfenkranz ? Je ne sais absolument rien...

— Nietta, je t'en prie, ne me dis pas que tu ne sais encore rien, dans un trou de province comme celui-ci, c'est même toi qui devrais le savoir la première, toi qui travailles à l'hôpital.

— Mais non, je t'assure... Parle... Je suis sur des charbons ardents... »

Le plaisir voluptueux d'être la première à colporter une médisance illumina le visage d'Ornella :

« Lui, Ernesto, l'ingénieur, celui des briqueteries, c'est rien qu'un pauvre malheureux.

— Ma petite chérie, tant que tu parles par énigmes...

— Tu veux savoir dans quel pétrin il s'est mis ? La nuit dernière, alors qu'il rentrait en voiture d'une espèce de tripot clandestin – c'est lui qui le dit –, il a renversé un cycliste...

— Bon, jusque-là, à mon avis, rien de grave...

— Tu as raison, mais tu sais ce qu'il a fait ensuite, lui ?

— Il a dû prendre la tangente, j'imagine.

— À d'autres. Il s'est arrêté, cet imbécile, il a fait monter dans sa voiture le cycliste plus mort que vif et l'a conduit à l'hôpital. Évidemment, il n'a pas pu étouffer l'affaire... Ça a fait un foin... Mais je te laisse, chère amie, il vaut mieux que je m'éclipse. Salut, Nietta. »

Séance tenante, Ornella Gus-Dorè lui tourne le dos et s'en va. En effet, elle a vu s'approcher au loin l'épouse de l'homme en cause et elle a préféré éviter une rencontre embarrassante.

Nietta Giri, au contraire, s'est laissé surprendre. Et Léa Elfenkranz l'entreprend aussitôt : « Dis-moi, Nietta, qu'est-ce qu'elle a, cette guenon d'Ornella, à se défiler comme ça ? Je suis sûre qu'elle m'avait vue. Elle a fait exprès de décamper !

— Mais, je ne sais pas, il ne me semble pas...

— Dis-moi la vérité. C'est à cause de ce qui est arrivé à Ernesto ? Je parie que c'est elle qui te l'a appris... Elle s'est levée à l'aube pour aller raconter ça aux quatre coins de la ville, cette harpie...

— Oui, c'est elle. Moi, je n'en savais rien. Mais explique-moi : comment Ernesto a-t-il pu... ?

— Oh, Nietta, arrête de m'en parler. » Léa a les larmes aux yeux. « Je ne comprends pas. Sans doute Ernesto avait-il un peu trop bu... Bref, il a perdu la tête... Il aurait quand même pu le laisser là, au milieu de la chaussée, ce cycliste de malheur ! Eh bien non ! Qui sait ce qui lui a pris... À l'hôpital ! il a fallu qu'il l'emmène, à l'hôpital !

— Allez, ma petite Léa, ne t'en fais pas ; tu verras, d'ici un ou deux jours plus personne ne s'en souviendra. »

Mais un scandale, une fois qu'il a éclaté, n'est pas facile à endiguer. Sitôt qu'on a découvert une action honteuse, d'autres remontent à la surface ; un engrenage dont on n'arrive pas à voir le terme, et plus on fouille, plus on enquête, plus on examine les indices, les souvenirs, les on-dit, les hypothèses, plus le gouffre du déshonneur se creuse. L'un après l'autre, les voiles tombent. Et l'on découvre la pourriture qu'ils cachaient. Écoutez les discours des anciennes amies :

« Tiens donc, ils avaient beau prendre leurs grands airs ! Mais moi, je le sentais bien, je me disais toujours : ces Elfenkranz, leur tête ne me revient pas ! On ne me la fait pas, à moi ! Et maintenant, maintenant...

— Qu'est-ce à dire, comtesse, y aurait-il quelque chose de nouveau ?

— Quelque chose ? Mais c'est maintenant qu'on va voir le plus beau. L'histoire du cycliste, ce n'était rien. Maintenant, c'est tout le reste qui va venir au grand jour, et il y a de quoi s'amuser, je vous le garantis.

— Comtesse, aurait-on par hasard appris quelque chose ?

— Mais comment, chère madame, vous ne lisez pas les journaux ? En tout cas lui, Elfenkranz, il est ingénieur comme moi je suis pape, il n'a jamais obtenu un diplôme de sa vie, c'est tout juste s'il a le certificat d'études. Et vous savez ce que c'est, en réalité, ces deux hôtels ultramodernes qu'il a construits hors les murs ? Un bon placement de capitaux, hein ? Des hôtels ! Tu parles ! On a découvert que c'étaient bel et bien des hospices pour les pauvres, qu'il gère à perte. Il leur donne de quoi dormir, à cette armée de canailles pouilleuses, de quoi dormir et de quoi manger, tout ça gratuitement.

— C'est vrai ? Il ferait, comment dire, œuvre de bienf... bienf... enfin ce vilain mot que nous connaissons tous ?

— Exactement, ma chère : œuvre de bienfaisance, sauf votre respect... Et l'histoire des traites, vous savez ce que ça cache ?

— Quoi, même les traites ? Noon ! On a parlé des traites ?

— Mais oui, des traites. Trois jolies petites traites pour la coquette somme de treize millions. Financements des banques. Elles arrivaient à échéance la semaine dernière. Eh bien, croyez-moi si vous voulez, mais ce fameux M. Elfenkranz les a...

— Tu veux dire qu'il les a pay...

— Mais oui, mais oui ! *Payées jusqu'au dernier centime !*

— Mais c'est inouï, c'est incroyable. Dieu sait le coup que cela lui a fait, à son épouse. Tout de même, je dois dire que ça me fait de la peine pour elle, cette pauvre femme.

— Eh ! mais, votre Léa était de la partie, elle aussi, et pas qu'un peu... Tiens, je parierais que ces hospices clandestins, c'est elle qui en a eu l'idée... Et puis elle a son domaine réservé, bien à elle... une fois que le bouchon a sauté, ce sont toutes leurs cochonneries qui se sont déversées... Mme Elfenkranz, avec ses grands airs !

— Pourquoi, son épouse aussi... ?

— Mais bien sûr, elle aussi, Léa. Mais cela m'ennuie de devoir vous raconter tout ça moi-même, il y aura bien quelqu'un ensuite pour dire que j'ai colporté des commérages, et je déteste ceux qui s'amusent à dire du mal...

— Oh, comtesse Ornella ! Puisque tout le monde vous connaît. Une personne réservée comme vous ! Qui pourrait bien penser ça ?

— Allez, soyez gentille, comtesse, racontez-nous !

— Bon, je vous le raconte parce que maintenant ce n'est plus un secret, dorénavant c'est tombé dans le domaine public... Alors, vous savez où se rend Léa régulièrement tous les samedis ? Vous pensiez, comme moi d'ailleurs, vous pensiez qu'elle partait prendre son petit week-end avec son amant, le colonel Calza, un vieil ami de la famille ? Elle aussi, elle le laissait croire. Mais voilà que l'on découvre ses petits secrets. Vous savez où elle va, la malheureuse ? Elle va dans un bled de campagne, tous les samedis – imaginez un peu – pour s'occuper d'une vieille tante ! Tu parles d'un amant !

— Non, Ornella, tu ne devrais pas dire ça, c'en est trop, c'est une véritable infamie. Léa est mon amie après tout, nous avons été à l'école ensemble, je la connais... je ne peux pas croire...

— Moi aussi, pour tout vous dire, j'ai trouvé que l'histoire était un peu grosse... Son mari encore, je comprends : il est d'origine nordique et l'on sait bien que dans ces pays, quatre-vingt-dix pour cent des gens sont... sont... sont honnêtes, c'est le terme, et passez-moi cette horrible expression... enfin, lui, Elfenkranz, ça peut encore se comprendre. Mais sa femme qui est d'excellente famille... Qu'est-ce que tu veux, Ornella, cela me paraît aberrant...

— Pourtant il y a des témoins...

— Mais s'il en est ainsi, ça veut dire qu'elle est vraiment capable de faire la charité, cette sale bonne femme. Alors, c'est la bonne des Pensotti qui avait raison. Et je parie qu'aujourd'hui encore...

— Mais oui, bien sûr, aujourd'hui encore ! Le marchand de journaux, celui qui se trouve juste là, à l'angle, assure l'avoir vue plusieurs fois en train de donner de l'argent à des malheureux.

— Mon Dieu, qui l'aurait cru ? Une dame aussi chic ! Quand on dit qu'il ne faut jamais jurer de rien !

— Tu sais quoi ? Ceux qui sont à plaindre, ce sont les enfants, les pauvres. Ce sont eux qui vont en subir les conséquences, et ils n'y sont pour rien.

— Les enfants ? Tu rigoles. Les enfants ? Mais ils sont encore pires ! La plus grande, Cochi, elle a beau s'afficher avec des garçons, jamais les mêmes, avoir toujours un décolleté plongeant, s'asseoir en laissant voir ses jambes jusque-là et avoir un langage que même un charretier... Tu sais où on l'a retrouvée, l'autre jour ?

— Où ça ?

— À l'orphelinat, habillée en infirmière, en train de soigner les enfants malades !

— Elle n'est quand même pas tombée si bas ?

— Les faits parlent d'eux-mêmes... Les garçons, les chairs dévoilées, les gros mots, tout ça, c'est de la comédie, un vernis pour faire illusion... Mais dès que tu grattes un peu !

— Et ses petits frères ? Eux, au moins, ce doit être des enfants comme il faut, non ? Ils ont reçu une bonne éducation. Leur père – ça, il faut bien le reconnaître – a fait en sorte qu'ils vendent leur âme au diable alors qu'ils n'avaient pas dix ans...

— Qu'est-ce que tu crois ? Si rien que ça, ça suffisait... Au contraire, il semblerait que les deux gamins soient sur une mauvaise pente... J'ai même entendu dire qu'ils sont studieux, qu'ils aident leurs copains à faire leurs devoirs, que lorsqu'il s'agit de taper sur un bossu quelconque ou de se payer la tête d'un vieux, à tous les coups, ces deux-là se défilent...

— C'est pas vrai ? Les enfants aussi ? Il faut bien reconnaître que, dans cette famille, ils n'ont pas que du sang noble dans les veines. »

Pour les Elfenkranz, qui jouissaient jusque-là d'une grande considération, ce fut un coup terrible. L'histoire des soi-disant hôtels qui abritaient une authentique œuvre de bienfaisance consciencieusement menée, surtout, fut fatale à Ernesto. On avança des raisons de diplomatie pour le démettre de sa fonction de président du Cercle social, fonction qu'il exerçait depuis huit ans. Dans les jours qui suivirent, M. Abbé, son bras droit au sein de l'entreprise, donna sa démission. Le vide se fit autour d'Elfenkranz.

En vain chercha-t-il à retrouver ses lettres de noblesse. Il parvint, c'est vrai, à gruger le gouvernement en lui fournissant une grosse cargaison de briques défectueuses (et cette opération géniale redora son blason pour un court laps de temps) ; il poussa à la faillite et à la misère un de ses vieux amis auquel il avait prêté une grosse somme d'argent ; il se fit repérer comme tricheur aux tables où l'on jouait au baccara et au chemin de fer, et un jour, dans la rue, il roua de coups un paralytique. Mais au moment de faire le bilan, cela ne servit à rien. L'honneur est un édifice fragile, il peut s'écrouler en quelques secondes et une vie entière ne suffit pas à le reconstruire. Personne ne lui faisait plus confiance. Et le malheureux, après s'être battu pendant trois ans, mourut de chagrin.

Quant à sa famille, elle connut un déclin aussi infamant que rapide. Léa, restée veuve dans de si pénibles circonstances, essaya à son tour de se racheter. Et les anciennes affinités refirent surface l'espace d'un instant lorsque l'on entendit par les fenêtres de la villa les hurlements furieux qu'elle poussait en fouettant cruellement la bonne et qui se mêlaient aux gémissements de la fille martyrisée. Puis on découvrit que justement à cette période-là la domestique se trouvait ailleurs. Il s'agissait en fait d'une mascarade orchestrée par la mère et sa fille pour faire fausse impression sur le voisinage ; et qui eut par conséquent un effet néfaste.

Les Elfenkranz ne tirèrent pas davantage bénéfice des provocations ostentatoires de leur fille qui s'était abandonnée au vice avec un zèle touchant. Qui pouvait encore la croire ? Les deux garçons eux aussi, devenus grands, se mirent en quatre pour soutenir les efforts de leur mère, en essayant de se faire remarquer dans les bas-fonds les plus louches.

Tout cela ne servit à rien. Il est très difficile, lorsque la société a prononcé « Crucifiez-les », de la faire revenir sur cette sentence.

Mis au ban de la société, les Elfenkranz finirent par se résoudre à aller vivre ailleurs, dans l'espoir de se refaire une réputation sous d'autres cieux. Ils vendirent, tant bien que mal, tout ce qu'ils possédaient en ville et s'en allèrent sans donner d'explication. Depuis ce jour, on ne les a plus revus.

Il Nuovo Corriere della Sera,
10 décembre 1953.

« Happening » à Sparte

À Sparte, on s'amuse bien, mais c'est une ville difficile.

Le régime a donné au progrès une orientation différente de la nôtre.

Au lieu de combattre les maladies, les misères, les injustices, il combat, par l'éducation, les peurs qui y sont liées. Dans cette perspective il a fait un immense effort. Les résultats sont surprenants.

La peur de la mort, par exemple, d'habitude si fastidieuse, a été je ne dirais pas abolie mais réduite, chez la plupart des citoyens, d'au moins quatre-vingt-dix pour cent par rapport à ce que nous ressentons nous.

En conséquence la vie dans le pays a pris un caractère de violence et de détermination à la limite de la sauvagerie.

La circulation routière en offre un exemple.

Chaque week-end, les propriétaires de résidences secondaires, c'est-à-dire une majorité de la population, se lancent sur les autoroutes qui partent de Sparte vers les collines, les montagnes et la mer. Et chaque fois, avant le dimanche soir, on assiste à un massacre.

Pour autant, les habitués du week-end ne renoncent pas. Bien au contraire, la conduite automobile, poussée au summum de la vitesse et de l'aléatoire, est devenue le sport national. On dirait que le pourcentage élevé d'accidents graves augmente la satisfaction de ceux qui partent.

Même les divertissements mondains ont ce caractère intense et cruel. À preuve, je vais vous raconter la grande fête qui s'est déroulée ces derniers jours à l'occasion de l'inauguration d'un grand magasin, dans un immeuble du centre-ville.

Les invitations étaient prisées, car il s'agissait du bal le plus grandiose de la saison. L'architecte Calascibetti, qui avait réalisé les décors et la mise en scène, est un personnage très en vogue.

Moi-même, bien que privilégié en tant qu'étranger, j'eus beaucoup de peine à obtenir une invitation. Le smoking était de rigueur. Je m'y rendis en compagnie de l'artiste peintre Antonietta Tosi Banchi et du radiologue Tulio Brosada, un ami commun.

La veille, les gens du comité firent savoir que le clou de la fête serait un *happening* comme on les fait à New York.

Par *happening*, on entend qu'il se passe quelque chose, c'est-à-dire un spectacle excentrique auquel le public est convié à participer lui aussi : on y présente des scénographies, des pantomimes, des sketches d'un goût bizarre ou surréaliste, des divagations d'artistes.

L'annonce du *happening* piqua la curiosité. Non pas que la bourgeoisie de Sparte soit friande d'élégances intellectuelles, mais parce qu'il était légitime de penser que la surprise serait excitante.

À trois cents mètres du nouveau magasin, déjà, ce soir-là, un bouchon se forma. Beaucoup de gens venus en voiture retournèrent se garer chez eux pour revenir ensuite vers le centre en prenant un taxi ou l'une des nombreuses lignes de métro. De telle sorte que devant les bouches de métro s'attroupèrent quantité de curieux venus admirer les jolies femmes et leurs *toilettes**.

On estime que cinq mille invitations avaient été distribuées. Mais, comme toujours, les participants furent au moins sept mille.

Tout Sparte était là : les autorités, la noblesse, les nantis, la grande et la moyenne industrie, le barreau, la banque, les assurances, le sport, les arts, tous les vices possibles et imaginables.

Par un heureux concours de circonstances, jamais une fête, du moins à Sparte, ne s'était annoncée aussi réussie. Jamais autant de gens haut placés, pleins d'allégresse et fermement décidés à s'amuser.

Jamais, par-dessus tout, autant de femmes jeunes, belles, provocantes et d'une élégance démoniaque. Il y avait des décolletés qui découvraient au moins les trois quarts de la surface du corps. Il y avait des coiffures extravagantes, des perruques violettes, vertes et cyclamen. La magnificence des tissus et des bijoux offusquait la vue.

La jeunesse déchaînée se massa au second étage où deux orchestres jouaient en alternance. Des rythmes frénétiques. Les danseurs entraient rapidement dans une sorte de transe.

Enlevée par un jeune homme blond avec des cheveux jusqu'au milieu du dos, je vis disparaître Antonietta, emportée dans le tourbillon.

Le *happening* démarra tout à coup, sans préambule. Un tube de plastique transparent, long de plusieurs centaines de mètres, avait été déroulé, Dieu sait comment, de façon à imiter une couleuvre ; partant du dernier étage il descendait jusqu'au rez-de-chaussée, parcourant toutes les salles. Et il se gonflait rapidement.

« Chers amis, prévint une sympathique voix d'homme venue des haut-parleurs, les portes d'en bas ont été fermées. Jusqu'à la fin du *happening* personne ne peut sortir. »

Que signifiait cet avertissement ? Je regardai autour de moi. Nul ne semblait y prêter attention.

Très vite on comprit en quoi consistait le *happening*. Se gonflant de façon démesurée, le tube de plastique allait peu à peu occuper tout l'espace disponible, pressant l'assistance contre les murs et le sol. Souple comme il était, cela ne posait pas de problème. Mais n'allait-t-on pas manquer d'air pour respirer ?

« Chers amis, fit de nouveau la voix cordiale, nous vous recommandons de ne pas couper le tube de plastique, de ne pas le percer et de ne pas tenter de le brûler avec des cigarettes car il est gonflé avec un gaz toxique et inflammable. »

Il répéta l'avertissement en anglais, en français, en allemand et en espagnol, comme sur les vols intercontinentaux.

À ce moment-là je notai autour de moi quelques signes d'inquiétude.

Les baies vitrées des salons ne pouvaient pas s'ouvrir, c'étaient des panneaux de verre d'au moins un centimètre d'épaisseur. Il y avait l'air conditionné.

La monstrueuse baudruche brillante gonflée à bloc appuyait maintenant sur les têtes. Les musiciens de l'orchestre, pour pouvoir continuer, dressèrent des poutres de bois pour faire comme une tente. Mais les danseurs avaient du mal.

Je vis l'architecte Calascibetti et sa gracieuse épouse

entourés par une foule de gens qui demandaient des explications. Je m'approchai.

Le plus excité de tous était un grand monsieur vêtu d'un frac, âgé d'une soixantaine d'années, qui parlait avec un accent italien. Mais Calascibetti restait impassible.

« Mes amis, je suis ici avec vous, il n'y a rien à craindre. Les *happening*, on sait comment ça commence, mais on ne sait jamais comment ça va finir. Dans le pire des cas...

— Qu'est-ce que vous voulez dire ? demanda le frac sexagénaire.

— Je veux dire, cher ami, que dans le pire des cas nous mourrons tous étouffés. Ce qui serait un brillant résultat, vous êtes bien d'accord ?

— Je ne comprends pas, fit l'autre en essayant de soulever la couverture pneumatique qui lui appuyait sur le crâne. Je veux sortir.

— Je suis désolé, monsieur. C'est impossible.

— C'est de la folie... Je suis étranger... Je suis un diplomate... Je ferai un scandale...

— N'ayez pas peur, continua l'architecte avec flegme. Je plaisantais. Nous ne mourrons pas asphyxiés. Un seul d'entre nous mourra.

— Comment ?

— Il y aura un mort. Un seul. Un mort au hasard. Procédé intéressant. Conçu par mon ami Florio. Vous n'allez pas tarder à voir.

— Je ne suis pas d'accord. Je suis étranger. Je suis un diplomate. Si vous êtes des barbares, je... Faites-moi accompagner jusqu'à la sortie !

— Au contraire, monsieur. Vous êtes un invité de marque, nous devons vous garder.

— Ça suffit ! Il fallait me le dire avant !

— Au contraire, monsieur. La surprise est le sel de la soirée. Sans la surprise, vous...

— Et les autorités permettent ça ?

— Les autorités, monsieur, se sont montrées compréhensives. Étant donné l'importance de la fête, au départ ce *happening* exigeait au moins dix morts, cinq hommes et cinq femmes. Cela aurait été magnifique... Cependant, compte tenu de la présence de nombreux étrangers... ils ont consenti... Bref, au total, il ne s'agira plus que d'une bagatelle.

— Mais vous êtes fou, monsieur. Je, je... Faites-moi accompagner jusqu'à la sortie. »

Un mouvement de foule sépara les deux adversaires. Sensiblement étouffées par la baudruche, des exclamations d'enthousiasme s'élevèrent et, dans l'espace exigu encore disponible, des mains s'agitèrent pour applaudir. Il faisait une chaleur épouvantable. On commençait à ne plus pouvoir respirer.

« Magnifique ! Divin ! Fabuleux ! Quel génie ! » Les commentaires fusaient.

Un gros insecte ailé, d'un noir de jais, l'incomparable *Sagitta crustularia* (à cause de son goût pour les gâteaux), avait été introduit dans le tube de plastique où il allait et venait en bourdonnant de manière caractéristique. On distinguait le dard mortel dépassant de l'abdomen.

La *Sagitta*, redoutée dans le monde entier pour son venin capable d'abattre un bœuf en dix petites secondes, était ici, dans Sparte que rien n'étonnait plus, un *cotillon** de carnaval. Le gaz dans lequel elle volait devait la gêner, elle bourdonnait, allant et venant comme prise de folie, se cognant contre les protubérances du tube, qui correspondaient à des têtes humaines, à des épaules, à de tendres flancs féminins.

Au fur et à mesure que le diptère passait d'une salle à l'autre, d'une salle à l'autre se déplaçait le hurlement de la foule ; lequel n'était pas tant vocifération de terreur que cri d'exaltation hystérique.

« Descends, descends, joli petit ange ! » l'exhortait à côté de moi une jeune femme aux cheveux blancs accoutrée d'une tunique d'or.

Le monsieur en frac tira de sa poche un stylo, en ôta le capuchon et, de la plume, il fit mine de piquer la surface de plastique.

En riant, on l'en empêcha. « Mais vous êtes devenu fou ? Vous voulez nous faire crever tous autant que nous sommes ? Du calme, du calme, monsieur ! »

L'épilogue se déroula dans la salle même où je me trouvais. La *Sagitta*, après avoir volé de-ci, de-là comme indécise, tout à coup fonça droit devant elle comme une flèche, et buta contre la paroi élastique du tube, ou c'est ce que l'on crut. Elle retomba ensuite sur le sol, inerte.

J'aperçus là-bas un mouvement de foule. Tout de suite après l'enveloppe de plastique commença à se dégonfler. Puis dans la confusion qui régnait émergèrent deux jeunes hommes portant une femme corpulente, en pantalons de lamé argent. Morte. C'était une princesse Van Der Lohe, qui dans les années trente avait fait beaucoup parler d'elle. La *Sagitta*, on l'apprit par la suite, l'avait piquée à une épaule, perçant de son dard la vessie de plastique.

Deux *hostesses* en justaucorps pop blanc et violet accoururent, souriantes, tenant à la main un sac de polymère de couleur orange dans lequel on glissa la dépouille. L'une d'elles ouvrit, au ras du sol, une trappe pour l'évacuation des déchets, la seconde y glissa le cadavre et le laissa tomber. Quelques secondes après, on entendit un bruit sourd.

Il n'y eut pas un cri, pas un sanglot, pas un mot pour la défunte. Au contraire, une fois le risque passé, la gaîté reprit de plus belle.

« Ce fut un moment fort, commenta la marquise Paturno. Amusant à en mourir. Ce Calascibetti est un amour ! »

Il Corriere della Sera,
20 février 1966.

Les hypocrites

Certains parfaitement et d'autres moins bien, tous les hommes savent, même s'ils le nient, où se trouvent les officines du démon. Spontanément l'homme apprend à les reconnaître : ces magasins étroits et obscurs aux enseignes indéchiffrables arborant en vitrine des objets communs ou sans intérêt, des articles de mercerie, par exemple, ou des vieilleries, ou des bouteilles de vin, ou des livres d'occasion. Mais la manière désinvolte avec laquelle sont exposées les marchandises montre bien que cette exhibition n'est qu'un prétexte et qu'à l'intérieur on ne trouve pas d'autres vieilleries ou d'autres livres, mais tout autre chose. Celui qui passe essaie de regarder, seulement à l'intérieur il fait sombre, ou les vitrines sont sales.

Parfois, d'ailleurs, il n'y a même pas de magasin. Juste une entrée de couloir, un petit escalier, une porte dont le battant ne ferme pas ; comme si c'était l'entrée d'un souterrain, d'un réduit à charbon, d'un débarras abandonné. On en trouve par milliers dans des villes comme Rome, Naples, Milan. Un peu moins, bien sûr, dans les villages, mais une bonne quantité quand même.

Selon quel critère le démon les gère-t-il – les ouvre, les ferme, les transfère ? Allez savoir. Un beau jour sur le côté d'une cour, par exemple, où jusque-là se trouvait un mur lisse – ou du moins c'est tout ce qu'on se rappelle –, d'un seul coup une petite porte apparaît : porte qui a cependant les bords tout sales et tout abîmés, comme si elle était vieille. Et pourtant on jurerait qu'hier elle n'y était pas.

Par cette petite porte, des gens commencent à entrer et à sortir. Des hommes, des femmes, des vieux, des petits jeunes. Mais il est extrêmement difficile de les surprendre au moment où ils franchissent la porte, tant ils sont méfiants.

Il n'y a que dans certains quartiers malfamés, où l'habitude du vice a fait disparaître toute dignité humaine, que le public se presse sans aucune retenue dans les boutiques du démon, se fichant complètement du jugement des autres. Dans ces cas-là, toute pudeur abandonnée, c'est un va-et-vient continuel, semblable au ballet des abeilles à l'entrée des ruches. En règle générale, cependant, les usagers entrent et sortent en cachette, honteux à l'idée qu'on les voie.

Les propriétaires des lieux ne protestent donc pas ? Ils n'interviennent pas pour faire cesser le scandale ? Généralement non. La présence de l'un de ces magasins, en théorie, nuit à la respectabilité de tout l'immeuble. Mais c'est un appel auquel on ne saurait résister. Et cela augmente la valeur de l'immobilier. Pour entrer dans cette maison, les clients, soucieux de leur dignité, ont besoin d'un prétexte. Si ce sont des hommes, ils se rendront chez le dentiste, au cabinet de l'avocat ou du notaire, au bureau de quelque représentant. Si ce sont des femmes, la couturière, la brodeuse, la voyante fourniront de magnifiques excuses.

Le dentiste, l'avocat, la couturière, indépendamment de leurs compétences, voient leur clientèle s'accroître. Et le propriétaire augmente le loyer, il peut demander des sommes faramineuses, les locataires les paieront de bonne grâce du moment qu'on ne les expulse pas. Tout cela sans qu'il soit fait l'ombre d'une allusion à la boutique diabolique, chacun faisant semblant de ne pas savoir.

Et maintenant écoutez. Mon grand-père et mon père fabriquaient des étuis et ils avaient une très bonne clientèle, tout particulièrement parmi les orfèvres. J'ai repris l'affaire. J'y ai ajouté des cadres, des bonbonnières pour les mariages, des nécessaires de bureau, et cetera. Le magasin, toujours le même, se trouve dans un vieil immeuble en plein centre, au troisième étage, et donne sur le palier. J'ai un commis, que mon père m'a laissé ; il s'appelle Fabrizio, il a soixante ans. Je n'ai pas d'ouvriers. Deux ou trois petits artisans travaillent chez eux pour l'entreprise. L'immeuble est presque entièrement occupé par des bureaux, des cabinets, des magasins comme le mien. Il y a un ascenseur. Voilà pour le décor.

Il y a deux mois, M. Lampertico, orfèvre de métier et l'un de mes clients préférés, vient me trouver. Il a besoin d'étuis pour des bracelets et des colliers, dont il me montre les modèles.

« Pour le cuir, faites comme la dernière fois, un beau maroquin bleu, je compte sur vous », dit-il. Puis il a un petit rire curieux. « Hé, hé, l'ascenseur était occupé, je suis monté à pied par les escaliers... je ne savais pas. » Il ricane, hilare.

« Vous ne saviez pas quoi ? demandé-je sans comprendre.

— Eh, je disais ça comme ça, chaque maison a sa spécialité... Et puis moi, vous savez, pour certaines choses, ça ne me fait ni chaud ni froid. Vous inscrirez mon nom en lettres dorées, des petites majuscules, sur le bord, au niveau du fermoir, comme d'habitude.

— D'accord, d'accord, répondis-je. Mais, monsieur, de quoi parliez-vous ? Vous avez vu quelque chose d'extraordinaire ? »

Mais lui continue à ricaner : « Oh je ne suis pas un jouvenceau, j'en ai vu d'autres dans ma vie, que diable... Maroquin bleu, on a dit, comme la dernière fois. N'allez pas croire que je me formalise. Et puis, vous n'y êtes pour rien. Est-ce que l'immeuble vous appartient ? »

Bref, il n'y a pas moyen qu'il s'explique.

Sitôt M. Lampertico sorti, j'appelle Fabrizio qui fait marcher la photocopieuse dans la petite pièce à côté. « Fabrizio, dis-je, tu as entendu ce que disait Lampertico ? Tu as compris ce qui lui passait par la tête ?

— Moi ? Moi, monsieur, répond-il avec son accent traînant, je l'ai entendu parler d'étuis.

— Mais tu n'as pas entendu le discours bizarre qu'il m'a tenu ?

— Non, non absolument pas », répond-il avec précipitation. Mais pourquoi se met-il à rougir ? Pourquoi garde-t-il les yeux rivés au sol et retourne-t-il en vitesse à sa photocopieuse ?

Ce même jour deux clients nouveaux se présentent. D'abord un jeune homme d'une trentaine d'années, bien habillé. « Bonjour, en quoi puis-je vous être utile ? — Voilà, fait-il avec hésitation, et il regarde les vitrines autour de lui ; puis il paraît se décider et montre du doigt un modèle. Voilà, je voudrais un étui de cuir comme celui-ci. — Un écrin ? Nous avons aussi des modèles plus grands. — Ah, c'est un écrin, dit le jeune homme. Je... je pensais que c'était pour les cigarettes. — Un étui à cigarettes, alors ? — Oui... Non... et puis si, faites comme vous voulez... » Je le regarde. C'est un homme très étrange. Pourquoi est-il venu ici s'il ne sait même pas ce qu'il veut acheter ? On dirait quelqu'un qui, voulant échapper à des poursuivants, entre dans le premier endroit venu pour se cacher et s'efforce de faire comme si de rien n'était. Il est pressé, il ne tient plus en place. Il prend le premier étui que je lui présente, paie, remercie deux ou trois fois, et s'en va. Quand je lui propose d'appeler moi-même l'ascenseur : « Non, non, répond-il sèchement, j'irai plus vite à pied. »

Je retourne au magasin, mais à travers la vitre en verre dépoli de la porte, j'observe le jeune homme qui s'en va. Après un étage, il s'arrête, titubant, regarde derrière lui, puis se penche pour scruter le bas de l'escalier, il semble rassuré, il reprend sa descente et disparaît à ma vue.

Un peu plus tard arrive un commandant de l'armée. Il est en nage, comme s'il venait de courir. « En quoi puis-je vous être utile ? » Celui-ci aussi a l'air très embarrassé, il ne sait pas s'il va s'asseoir ou non, il soupire. « Je voudrais... je voudrais... je voudrais un étui. — Un étui pour quoi faire ?... pour des bijoux ? — Oh, moi (cela lui échappe), moi, cela m'est complètement égal... Non, non, je voulais dire oui, un écrin, c'est pour faire un cadeau, voyez-vous. » Je lui en dispose une douzaine sur le comptoir. « Mon commandant, permettez-moi de vous poser une question. » Lui, soupçonneux : « Allez-y, allez-y. — Je voudrais vous demander : Notre adresse, c'est sans doute un de vos amis qui vous l'a indiquée ? — Non, répond-il, puis il se reprend aussitôt. Eh si, un ami, c'est cela... Voilà, celui-là me paraît tout à fait bien. » Et il choisit au hasard le premier écrin venu, comme s'il n'en avait rien à faire.

Que signifient ces hésitations, ces ambiguïtés, ces manèges mystérieux ? Tant mieux pour moi s'il y a des gens qui viennent m'acheter des étuis dont ils ne savent apparemment que faire. Mais ce n'est qu'un prétexte : quel est leur véritable objectif ? Intrigué, je me penche par-dessus la rampe de l'escalier et je jurerais apercevoir, deux étages plus bas, un képi militaire. Une fraction de seconde. Il disparaît aussitôt, comme happé par une porte.

Se peut-il que ce soit encore le commandant ? Je descends. Et au premier étage, au bout du palier, là où s'est toujours trouvé le petit cagibi vitré abritant la bouche à incendie, s'ouvre un couloir étroit, sombre et de guingois. Mais il n'y a aucune plaque, aucune indication d'aucune sorte. J'entre, je vois qu'une dizaine de mètres plus loin le corridor tourne sur la droite, de là parvient un brouhaha de voix sur lequel se détachent des éclats de rire bruyants. « Comme c'est étrange, me dis-je, ça fait quarante ans que j'habite cet immeuble et je n'ai jamais vu ce couloir. »

Je serais très curieux d'en savoir plus mais je ne voudrais pas avoir l'air d'espionner mes voisins. Renonçant à inspecter le couloir, je descends tout en bas et demande au portier : « Pardon, Giovanni, qu'est-ce qu'il se passe au premier étage ? »

Le portier répond par un ricanement. « C'est à moi que vous demandez ça ? Ici, maintenant, on se croirait sur un champ de foire, vous n'avez pas remarqué ?
— Je vous assure que je n'en savais rien. » Giovanni à ce moment-là me fait signe de me taire, il s'approche

et murmure à mon oreille : « Cela fait dix jours, vous voyez ce que je veux dire... Il a ouvert une espèce de bureau au premier étage, vous comprenez, et il faut voir comment le bruit s'est répandu...

— Mais qui ? Qui donc ? » demandé-je.

Giovanni s'approche encore davantage de moi et me murmure le nom à l'oreille.

Ça y est, j'ai compris. « Mais tu les laisses entrer ?
— Que voulez-vous ? Ils ont tous un bon alibi. L'un va chez le pédicure, l'autre chez maître Torres, l'un vient livrer un paquet, l'autre veut acheter un bel écrin. » Il part d'un éclat de rire retentissant.

Ça, c'était il y a deux mois. Et depuis, c'est un défilé permanent de clients, y compris dans mon magasin. Ils ne font pas de gros achats mais ils ne discutent pas les prix non plus. Ce qui compte, c'est de se trouver un alibi, de ne pas perdre la face si on rencontre une connaissance à l'entrée de l'immeuble. Des jeunes gens, des jeunes filles, de vieilles célibataires endurcies, des professeurs barbus, et même quelques prêtres. Certains, comme le commandant dont j'ai parlé, se trahissent naïvement. Mais il faut voir comme d'autres sont de rusés renards, qui tiennent leur rôle à la perfection. Par exemple il y a une dame d'une cinquantaine d'années qui passe des heures et des heures chez moi, discutant interminablement de détails futiles. Tous les deux ou trois jours elle vient avec un bijou, elle dit en avoir toute une collection et elle veut changer tous les écrins. On croirait une maniaque dont mes boîtes seraient l'unique obsession. Cette boîte-là a un fermoir qui ne fonctionne pas, cette autre est trop rembourrée, cette autre encore n'est pas exactement identique à sa jumelle, autant de bonnes excuses pour revenir. Ensuite, à son insu, je l'épie tandis qu'elle descend l'escalier. Dès qu'elle se croit à l'abri des regards, elle sort de son sac un foulard noir, le noue autour de sa tête à la manière d'un béguin et attifée de la sorte elle s'engage dans l'étroit couloir. Quelles affaires peut-elle bien faire avec le démon ? Poison ? Lettres anonymes ? Cocaïne ? Amours adultères tardives ?

Mais au milieu d'une telle surenchère de faux-semblants, le personnage le plus stupéfiant est un professeur. Je l'avais rencontré chez un de mes amis qui enseigne à l'université... Un jour, il arrive dans le magasin. Mais ce n'est pas pour acheter des étuis. Aurais-je l'amabilité de lui indiquer où se trouve le « centre d'infection » ? Ce sont ses mots. Il est chargé, dit-il, de mener une enquête ; d'autres collègues à lui contrôlent les boutiques de même type çà et là dans le coin. Lui a la charge de surveiller mon quartier. « Mais vous, je lui demande, vous êtes obligé d'y entrer ? — Hélas, répond-il en prenant un air contrit, sinon, comment pourrais-je recueillir les preuves nécessaires ? Pendant des heures et des heures, je dois rester là. Et inutile de vous dire combien cela me coûte. »

Je lui indique le lieu, en m'excusant de ne pas l'accompagner. Trois heures après, le revoilà, le visage en feu. « Je venais, dit-il, vous dire au revoir. — Alors, comment ça s'est passé ? demandé-je avec un sourire qui s'efface aussitôt de mes lèvres. — C'était extraordinairement intéressant, répond-il avec un sérieux hiératique. Extraordinairement... C'est-à-dire cette boutique-ci, plus que les autres, représente l'un des observatoires les plus significatifs pour l'enquête... Bien sûr c'est un travail long et difficile. » Il prend congé, il me prie de lui garder, si possible au coffre-fort, une sacoche avec des notes (fermée à clef). Il reviendra la chercher demain. En effet il lui faudra quelques semaines pour faire les observations nécessaires. Je pense : à coup sûr, cet homme est un serviteur dévoué de la cause scientifique, si dans les escaliers il croise une de ses connaissances, il n'a aucune raison de rougir, il peut entrer et sortir la tête haute. Il ne doit trouver aucun plaisir à fréquenter des endroits pareils, juste la chaste satisfaction d'approfondir sa connaissance de l'humain. Pourtant... pourtant, je me dis, quel formidable alibi ce serait !

Et puis il y a une dernière question, la plus importante, si vous voulez : dans ces fameuses boutiques du démon, qu'y a-t-il ? En quoi consistent-elles ? À quels types d'affaires, de vilenies, de turpitudes se livre-t-on ? Mais cette question aussi est hypocrite. Regardez-vous dans un miroir, soyez francs, jetez un coup d'œil, allez, séance tenante, sur les profondeurs obscures que chacun porte à l'intérieur de soi, là où il est impossible de mentir.

C'est fait ? Et vous persistez toujours à demander ce qu'il y a dans les boutiques du démon. Sérieusement, vous soutiendriez n'en rien savoir ? Allons, allons. Vous changez d'idée tout à coup ? Vous retirez votre question ? Eh, eh, alors nous nous sommes compris !

Il Nuovo Corriere della Sera,
29 avril 1952.

Contrefaçons

La contrefaçon des produits de consommation a depuis quelque temps dépassé les limites de la décence. On dirait que les fraudeurs, plus encore que par appât du gain, se livrent à la falsification comme à un art, une fin en soi. Une passion équivoque qui prend des formes monstrueuses. Passe encore que l'on contrefasse le pain, le beurre, le fromage, le vin, l'huile, le caviar et la mortadelle de Bologne. Mais voilà que maintenant le fléau menace de paralyser jusqu'à notre bonne vieille délinquance.

Non pas que je m'exprime ici en tant que représentant officiel du démon en Italie du Nord. Je l'étais il y a encore deux ou trois ans, jusqu'à ce que je sois licencié, pour rendement insuffisant je crois. Mais j'ai gardé la passion du métier. Il me sera donc permis, je l'espère, de faire entendre ma voix en tant qu'amateur des beaux-arts, un amateur sincère, bien que modeste.

L'expérience vécue au service de Lucifer me permet de recueillir des informations en tout genre inaccessibles à la quasi-totalité de mes semblables. Je me sers beaucoup, dans ce but, d'une faculté que l'on m'avait donnée à titre d'indemnité lorsque je fus démis de mes fonctions : la faculté de lire sur le visage des hommes leurs pensées les plus secrètes. C'est ainsi que j'ai eu connaissance de plusieurs épisodes édifiants.

On me dira que ces derniers temps le crime se porte plutôt bien. C'est vrai. Des tâches plus ou moins importantes exécutées à la perfection et parfois d'une conception géniale. Je vous assure cependant que la *season* aurait été bien plus brillante sans l'influence néfaste de ces escrocs.

Commençons par l'un de nos instruments de travail classiques, le plus apprécié même, car le temps lui a donné ses lettres de noblesse : je veux parler des poisons. Bien, mais est-ce que vous avez une idée, vous, de l'endroit où l'on peut trouver de la strychnine digne de ce nom ?

Le docteur Ferrari, répondrez-vous. Bien sûr, si c'est vraiment lui qui a manigancé ce qui s'est révélé être un désastre – et ce n'est pas encore prouvé –, on peut dire qu'il a eu de la chance. Là-bas en province, il reste encore quelques vieux stocks d'excellente strychnine. Tant mieux pour eux. Pour le docteur Ferrari, rien n'était plus facile que de tomber sur un bon fournisseur – si c'est lui qui a fait ça, soyons clair.

De la chance. C'est tout. En soi le délit (si c'est vraiment le docteur Ferrari qui l'a perpétré) ne nous émeut pas le moins du monde. Au contraire, il dénote un dilettantisme pitoyable. Soyons clair : nous ne sommes pas opposé à ce que des hommes et des femmes volontaires, même dépourvus d'une solide instruction et sans *curriculum vitae* digne de ce nom, s'essaient à prendre leur envol en faisant quelque gros coup ; très souvent, je dois convenir qu'un certain style amateur donne à ces délits une fraîcheur appréciable. Mais la fraîcheur est une chose, la candeur puérile une autre. Et le docteur Ferrari a vraiment poussé le bouchon trop loin en comptant sur la crédulité d'autrui. L'idée en elle-même, un bitter envoyé comme échantillon publicitaire, était loin d'être mauvaise, je dirais même plus : c'était une trouvaille de tout premier ordre. À moi, et à d'autres amateurs, elle a énormément plu. Mais, sacrebleu, pouvait-on mettre ce plan en œuvre d'une manière plus fruste et plus niaise que ça ? Et je vous prie d'excuser ma digression, où se libère l'amertume de celui qui voit une aussi magnifique idée gâchée misérablement.

Une hirondelle, répétons-le, ne fait pas le printemps. De la strychnine non trafiquée, où peut-on en trouver dans le coin ? Même si l'on disposait de fonds, le projet – proposé par un de mes amis – de développer à l'échelle industrielle la production du bitter Ferrari ne pourrait avoir d'autre avenir que de rester une fascinante mais naïve utopie. Pas plus tard que la semaine dernière, un monsieur riche qui habite notre ville depuis fort longtemps – bien évidemment je dois taire son nom – a dévoré et digéré sans coup férir le gâteau décoré de quatre-vingts bougies que ses petits-enfants lui avaient offert pour son anniversaire bien qu'il ait contenu une dose de strychnine suffisante en théorie pour décimer l'ensemble d'une division blindée sur le pied de guerre : et ils se l'étaient procurée – m'ont confié les larmes aux yeux ces jeunes gens énergiques – auprès d'un des laboratoires les plus sérieux et les plus reconnus. Ils se délectaient par avance, en plus de l'héritage, d'une scène vivifiante de convulsions préagoniques semblable à celle qui a transformé un navet comme *La Mort civile* en un succès irrésistible et indémodable. Mais allez savoir quelle cochonnerie il y avait dans cet ingrédient fondamental. Le grand-père coriace mangea tout et le lendemain, après un sommeil de dix heures d'affilée, il se réveilla frais comme un gardon.

Et la situation n'est guère plus réjouissante en matière d'arsenic. Si quelqu'un en sait quelque chose, c'est bien cette noble dame de Venise qui, s'étant procuré chez un pharmacien de confiance un pot plein de cette sympathique petite poudre, l'administra en augmentant progressivement les doses, soir après soir, à son mari amateur de potages. Il lui semblait qu'au fil des ans, il devenait de plus en plus assommant et qu'il prenait la fâcheuse habitude de demander « Hein ? Hein ? » chaque fois qu'elle lui disait quelque chose, si bien qu'elle devait répéter sa phrase, et cela lui était devenu insupportable. Elle avait donc décidé de s'en débarrasser.

Elle parvint, en augmentant la quantité petit à petit, à des doses telles qu'une seule aurait suffi, selon les calculs du spécialiste lui-même, à régler son compte à un bison gros comme la gare de Milan – à partir du moment où c'était de l'arsenic véritable. Mais c'était de l'arsenic de contrefaçon et le mari s'en tira avec une légère gastrite. La bonne dame en somme obtint le résultat exactement opposé au but poursuivi puisque le mari, pris de douleurs à l'estomac, devint encore plus pénible ; et à chacune des phrases de son épouse, il répétait « Hein ? » jusqu'à quatre ou cinq fois de suite. Que pouvait faire cette pauvre femme ? Cruellement déçue, elle s'est retirée du monde, pour se consacrer – c'est terrible à dire – à des œuvres pieuses.

On me dit fort heureusement que pour ce qui est de frelater le cyanure de potassium, ces maudits trafiqueurs rencontrent actuellement des difficultés. Mais allez savoir où s'arrête leur sagacité ? Il ne se passera pas longtemps avant que le roi des poisons – ainsi que l'a défini le grand Fossanga – devienne à son tour immangeable.

Et encore, si l'activité des filous se limitait aux poisons ! Non. C'est l'ensemble du savoir relatif au crime qui est atteint. On contrefait jusqu'aux explosifs, au plomb, au fer, à l'acier. Un magnifique pain de plastic préparé par les partisans du général Salan à Bône et déposé sur une place où devait passer de Gaulle a bien explosé mais s'est transformé en un feu d'artifice aussi inoffensif que spectaculaire : et dire que cela aurait pu donner un si joli carnage !

En Sicile, on me signale pendant ce temps que les responsables en charge de la mafia sont sérieusement inquiets : depuis déjà quelque temps les balles des fusils locaux s'écrabouillent contre n'importe quel obstacle, aussi molles que du beurre. Samedi dernier, un garde champêtre sicilien atteint quasiment à bout portant s'en est tiré avec quelques bleus un peu partout : et voilà, pour les insulaires, un nouveau motif de grief à l'égard des industries du Nord.

Est-il vrai que même les œufs n'échappent pas aux manœuvres malhonnêtes des manipulateurs ? Je n'en sais rien. En tout cas on m'affirme un peu partout que les œufs du commerce ne pourrissent pas comme autrefois. Le fait est que depuis un bon bout de temps on n'entend plus parler de ces magnifiques intoxications alimentaires collectives qui animaient les fins des grands banquets familiaux lors des fêtes et des mariages (d'où le terme technique de « dysenterie de la mariée »). Une autre de nos traditions anciennes et pittoresques va-t-elle donc sombrer dans l'oubli ?

Face à l'offensive massive des mystificateurs, même les candidats au suicide – à ce que j'en sais – commencent à se trouver sérieusement dans l'embarras. C'est là un domaine pour lequel, je l'avoue, je n'ai jamais eu aucun penchant. Il compte toutefois une troupe bien garnie de fins amateurs et nous ne pouvons pas ne pas en tenir compte. Eh bien, on se plaint que les cordes que l'on trouve actuellement dans le commerce ne résistent pas à la secousse produite par une pendaison normale, pas même quand l'impétrant est de constitution fragile et donc d'un poids minime ; que les lames de rasoir ont, de nos jours, un fil tellement fragile que sacrifier au rituel de se tailler les veines du poignet devient pratiquement impossible ; que le gaz de ville, dont on a célébré les vertus euthanasiantes, au lieu de procurer le sommeil éternel, aurait aujourd'hui des effets hilarants, raison pour laquelle les intéressés se réveillent frais comme des gardons et en proie à des crises irrépressibles d'hilarité ; et que dans le secteur des barbituriques, qui jouissent de puissantes vertus létales, les grands laboratoires pharmaceutiques produisent désormais exclusivement des médicaments du genre « spécial divas du cinéma », de telle sorte que l'ingestion simultanée de plusieurs tubes entiers peut certes provoquer le remue-ménage attendu chez les parents et les amis, mais ne porte pas à des conséquences autres qu'un bon mal de crâne.

Devons-nous pour finir prêter attention au bruit alarmiste selon lequel même l'encre et le papier seraient l'objet de falsifications illicites qui en compromettraient l'action ? Et donc que les amateurs de lettres anonymes – lesquels sont légion innombrable chez nous – verraient leurs efforts de tous les instants réduits à néant ? Aux destinataires – c'est le bruit qui court –, beaucoup de ces lettres arrivent transparentes comme des voiles fragiles que le moindre souffle pulvérise alors que le message, ayant pâli précocement, est devenu illisible. J'ai du mal à le croire. Si intense est la passion de ces délateurs anonymes, si ingénieuse et acharnée leur application, que tout obstacle serait bien rapidement écarté. En l'absence d'encre et de papier, du moment que leur poison pourrait atteindre son but, ils n'hésiteraient pas à écrire sur des lambeaux de leur propre peau, avec leur propre sang (ou, encore mieux, le sang et la peau de leurs parents, conjoints et enfants respectifs). Comme il serait dommage, vraiment, qu'un art aussi florissant, qui nous assure une réputation glorieuse et méritée dans le vaste monde, soit destiné à disparaître.

Il Corriere della Sera,
3 octobre 1962.

Partir ?

Ils somnolaient dans la salle d'attente.

À un moment donné ils entendirent des voix qui se disputaient dehors.

Au début on crut à une altercation sans gravité, mais les voix devenaient de plus en plus fortes et coléreuses.

« On peut jamais somnoler tranquilles ! protesta Mme Mirtilli, en réveillant son petit garçon. Qu'est-ce qu'ils peuvent être mal élevés à brailler comme ça ! Va voir, Fabio, va voir un peu ce qui se passe ! »

À contrecœur, Fabio s'avance jusqu'à la porte vitrée qui donne sur les quais. Par la porte entrouverte, les bruits de la dispute parviennent plus fort. Peu après, le gamin revient et raconte.

« Il y a une locomotive qui fume, elle est très grande, j'ai jamais vu de locomotive aussi grande. Et il y a deux chefs de gare qui discutent, alors j'ai demandé à un passant et il m'a dit qu'ils voulaient faire partir la locomotive.

— Ils n'ont qu'à la faire partir ! peste Mme Mirtilli. Qu'est-ce que ça peut nous faire ? Qu'ils la fassent partir et qu'ils nous laissent tranquilles !

— Ce n'est pas si simple, madame, l'informe, venue d'un coin sombre, la voix éraillée du professeur Schiassi. Tout laisse à penser que cette salle d'attente est elle aussi accrochée à la locomotive.

— Très drôle, commente une jeune fille portant un manteau rouge.

— Ça n'a rien de drôle, mademoiselle. Le fait est qu'ils ont mis des roues à cette salle d'attente. Justement pour pouvoir l'accrocher aux locomotives qui partent.

— Si c'est vrai, c'est une honte », fait la fille.

Mme Mirtilli : « Autrefois ce n'était pas comme ça. Autrefois les salles d'attente étaient tout simplement des salles d'attente, bien arrimées à la terre.

— Mais alors, demande avec fougue un jeune homme nommé Ottavio, si cette locomotive part, il faut que nous partions nous aussi ?

— Cela me paraît inévitable, répond Schiassi.

— Mais c'est scandaleux, protesta la jeune Mme Marcolini qui se trouvait dans un état intéressant. Pourquoi est-ce que je devrais partir ? Qu'ils s'en aillent, s'ils en ont envie. Qu'est-ce que j'ai à voir avec tout ça ?

— Autrefois ça ne se passait pas comme ça, répéta Mme Mirtilli. Je ne comprends pas, autrefois dans les salles d'attente on pouvait somnoler en toute tranquillité.

— Mes chères amies, dit Schiassi, après tout, nous sommes dans une salle d'attente : vous aussi vous êtes ici pour partir à un moment ou à un autre, non ? Alors ? Un peu plus tôt ou un peu plus tard, ça ne fait pas grande différence.

— C'est vous qui le dites, répond la jeune fille. Si je pars, je veux partir quand ça me plaît et où j'en ai envie. Pas quand et où ça convient aux autres.

— Moi par exemple, dit Mme Marcolini, je ne savais même pas que c'était une salle d'attente...

— Mais ce n'est pas écrit dehors ? Vous ne savez pas lire ?

— Je croyais que c'était une plaisanterie. »

On entend à l'extérieur la locomotive qui siffle, puis des bruits métalliques, exactement comme quand on accroche un wagon, puis la salle entière tremble sous l'action d'une secousse.

Beaucoup se lèvent d'un bond. Des hurlements. De la confusion. « Au secours ! crie Mme Mirtilli.

— Du calme ! leur recommande le professeur Schiassi. Pour le moment en tout cas, on ne part pas, sauf incident imprévisible.

— De toute façon, dit Mme Mirtilli, moi, je pars d'ici. Fabio, prends ton manteau, on y va. Je ne vais sûrement pas prendre le risque d'être embarquée d'un moment à l'autre, et qui sait pour quelle destination. »

Voix nasale : « Si ce n'est que cela, la destination, on la connaît très bien. »

Mme Mirtilli : « Ce serait ? »

En réponse un éclat de rire amer.

« Allez, dépêche-toi, Fabio, on y va, fait Mme Mirtilli, mal à l'aise, en se dépêchant pour atteindre la porte. Je ne voudrais pas que l'autre donne le signal. »

Schiassi : « Et où voulez-vous aller, madame, si je puis me permettre ? »

Mme Mirtilli : « Mais dehors ! N'importe où pourvu qu'on sorte de cette maudite salle.

— Et ensuite ?

— Quoi, ensuite ?

— Je veux dire : une fois que vous serez sortie d'ici, que pensez-vous faire ?

— Mais tiens ! Éviter le départ.

— Éviter rien du tout. Dites-moi par exemple : une fois sortie d'ici avec votre enfant, où avez-vous l'intention de vous rendre ?

— Nous irons au parc. Les bancs sont aussi confortables que les banquettes d'ici, et au moins on aura la paix.

— Ce n'est pas sûr, madame. »

La fille en rouge : « Vous n'allez quand même pas nous dire maintenant qu'ils ont aussi mis des roues aux jardins publics ?

— Je suis désolée, mademoiselle, vous avez deviné juste.

— Et vous pensez qu'on va vous croire ?

— Faites comme vous voulez, mademoiselle, il ne se passera pas longtemps avant que vous aussi...

— Je m'enfermerai chez moi jusqu'à ce que cette maudite locomotive soit partie, fait Mme Mirtilli.

— Ce n'est pas suffisant. On attachera aussi votre maison à ce train.

— J'irai en montagne, insiste Mme Mirtilli. Nous avons une petite maison à Valtinella.

— Ce n'est pas suffisant. Les montagnes aussi seront accrochées. Vous ne vous êtes pas encore rendu compte que le monde entier est devenu une gare ? »

Un cri hystérique de Mme Marcolini : « Pourquoi ? Pourquoi ? Qu'est-ce qu'on a fait de mal ? J'attends un enfant. Je ne peux pas partir. »

Long, pénétrant ; un sifflement de vapeur traverse l'air et le cœur de ceux qui sont là. Cela provoque un certain émoi. Beaucoup vont regarder à l'intérieur de la gare.

« La locomotive est encore là... Ils ne nous ont pas encore reliés... Misère, comme elle est grande ! »

La machine en effet a des proportions effrayantes.

Elle est au moins aussi grande qu'une maison. L'altercation de tout à l'heure est finie, il règne maintenant un grand silence que traverse lentement le halètement de l'immense locomotive à vapeur. Et, sur le quai désert, sont alignés les chefs de gare au garde-à-vous, avec leur béret rouge ; ils doivent être des milliers et des milliers. On voit bien que c'est un instant solennel.

Un petit groupe, dans lequel se trouve la fille en rouge, s'enhardit et s'approche des chefs de gare. Mais le grand chef n'est pas là, on l'aperçoit là-bas, perché tout en haut d'un vieil engin, au poste de manœuvre.

Le petit groupe est maintenant une véritable foule. Un chœur de supplications s'élève, cela fuse dans tous les sens : « Monsieur le chef, ohé, monsieur le chef ! Tu es devenu fou ? Où veux-tu nous emmener ? »

Maintenant on voit très bien qu'à la locomotive, au moyen de gros câbles d'acier, on a attaché la salle d'attente, on a attaché les maisons alentour, et les maisons un peu plus loin ; la ville tout entière a été amarrée sans que personne s'en aperçoive.

Une colonne de nuages noirs s'élève au-dessus de la cheminée comme une tour qui toucherait le ciel. À l'évidence, le ventre de la locomotive est saturé de vapeur.

« Monsieur le chef, crie, hors d'elle, la fille en rouge, pourquoi voulez-vous nous faire partir ? Nous, on n'y est pour rien. Attendez au moins le mois prochain. Après-demain je me marie. »

— Écoute, chef, crie un homme en blouse blanche, dans mon laboratoire il y a une expérience importante en cours... On a débuté juste ce matin... Peut-être avons-nous trouvé un traitement pour... » Et là un mot que l'on ne comprend pas. « Attends au moins que nous ayons fini !

— Attends, chef, crie le jeune Ottavio, ce soir à huit heures j'ai rendez-vous avec Pucci, après des mois et des mois elle a fini par me dire oui. Je ne peux pas partir, tu peux bien comprendre ?

— Moi non plus, chef, je ne peux pas venir, crie un petit homme aux cheveux gris. C'est totalement exclu. Je dois prendre l'omnibus pour Voghera, pas ce rapide infernal. À Voghera il y a ma vieille maman qui m'attend, elle m'a écrit qu'elle ne se sentait pas très bien.

— Laisse tomber, chef, crie un ouvrier électricien. Ne t'inquiète pas, ta locomotive, personne ne va te la prendre. Ou alors, si tu veux partir, vas-y tout seul et laisse-nous tranquilles. Dimanche mon équipe joue à l'extérieur, il faut absolument que j'y sois.

— Chef, sois gentil, pourquoi veux-tu partir tout de suite ? crie une femme d'une quarantaine d'années. J'ai à peine fini mon déménagement, il me reste encore la nouvelle maison à ranger, pour le moment on dirait un champ de bataille, crois-moi, je ne peux vraiment pas partir.

— Sois généreux, chef, crie un petit vieux qui s'appuie sur une canne. Attends au moins demain. Ce soir je tiens absolument à regarder la télévision, il y a une émission de variétés extra sur la deuxième chaîne ! »

Le professeur Schiassi, toujours très bien informé, intervient : « Inutile de vous égosiller comme ça, les enfants. Vous avez beau hurler, il ne peut pas vous entendre, vous ne voyez pas comme il est loin ?

— Et alors ?

— Alors, mes enfants, l'espoir est notre seul remède.

— Mais nous, au moins, les hommes dans la force

de l'âge, dit le jeune Ottavio, on pourrait faire quelque chose, non ?

— Non. Vous ne pouvez rien faire.

— C'est injuste, c'est honteux, crie Mme Mirtilli. Autrefois il n'y avait que ceux qui voulaient partir qui partaient. Autrefois personne ne pouvait nous obliger à partir si on ne voulait pas. Autrefois, ce n'était pas comme ça. »

Ils ont tous le visage levé, ils fixent avec angoisse le chef, là-haut, assis au poste de manœuvre. Immobile, celui-ci fixe devant lui le rail qui se perd à l'horizon. Qui sait à quoi il pense ?

Il Corriere della Sera,
27 octobre 1962.

Table des matières

Dino Buzzati

Panique à la Scala

Un dragon qui terrorise un village de montagnards, un grand chef d'orchestre aux prises avec un groupe terroriste, et une étrange peste qui décime des automobiles… Dans ces vingt-quatre nouvelles, Buzzati joue avec maestria à brouiller les pistes pour mieux nous surprendre, mêlant l'étrange au quotidien, l'humour à l'angoisse, le merveilleux au réalisme. Dans un univers à la frontière entre le rêve et la réalité, il trace une peinture délicieusement acerbe de la nature humaine, de ses angoisses et de ses passions.

n° 3942 - 7,40 €

DOMAINE ÉTRANGER, DES ROMANS D'AILLEURS ET D'AUJOURD'HUI

Adolfo Bioy Casares

L'invention de Morel

Un homme, condamné à perpétuité pour un crime qu'il n'a pas commis, trouve refuge sur une île réputée maudite, contaminée par une peste mystérieuse. Effet de l'épidémie, de la chaleur insoutenable, de la folie ? Les lieux où gisent des objets témoins d'une vie passée se peuplent périodiquement d'habitants fantomatiques, parmi lesquels il faut survivre sans être découvert. Sorte de Robinson à la Kafka, le fugitif s'éprend d'une des apparitions, découvre l'extraordinaire machination de son rival Morel et cède peu à peu aux séductions d'une hypothétique vie éternelle… Un livre étrange, inquiétant, infiniment envoûtant.

n° 953 – 4 €

DOMAINE ÉTRANGER, DES ROMANS D'AILLEURS ET D'AUJOURD'HUI

Haruki Murakami

Après le tremblement de terre

Japon, 1995. La ville de Kobe est dévastée par un tremblement de terre. Cette catastrophe, comme un écho des séismes intérieurs de chacun, est le lien qui unit les personnages de tous âges, de toutes conditions. Qu'advient-il d'eux après le chaos ? Séparations, retrouvailles, découverte de soi, prise de conscience de la nécessité de vivre dans l'instant. Un recueil de nouvelles qui montre avec délicatesse la part d'ombre existant derrière les choses et les êtres.

n°3379 – 6,50 €

DOMAINE ÉTRANGER, DES ROMANS D'AILLEURS ET D'AUJOURD'HUI

Impression réalisée par

CPI
Brodard & Taupin

La Flèche (Sarthe), 52665
N° d'édition : 4115
Dépôt légal : décembre 2008
Nouveau tirage : avril 2009

Imprimé en France